IMPRIMERIE DE Mme HUZARD (NÉE VALLAT LA CHAPELLE),
rue de l'Éperon, n° 7. — Juillet 1838.

RECHERCHES

SUR

L'ORIGINE DE L'IMPOT EN FRANCE;

PAR

POTHERAT DE THOU.

> Dissimiles igitur formæ glomeramen in unum
> Conveniunt; et res permixto semine constant.
>
> LUCRÈCE.

A PARIS,

Chez LEVRAULT, libraire, rue de la Harpe, 81;

A STRASBOURG,

Même maison, rue des Juifs, 33.

1838.

AVANT-PROPOS.

La révolution de 1789 a plutôt déplacé le pouvoir politique qu'elle n'en a changé la nature. Alors comme aujourd'hui, le gouvernement disposait seul des ressources du pays; une armée soldée relevait de lui; la justice, sauf quelques exceptions sans importance, se rendait en son nom : ses revenus étaient le produit de taxes directes ou d'impôts sur la consommation : l'action du souverain sur les sujets s'exerçait comme elle s'exerce de nos jours, sans intermédiaire; seulement la souveraineté est passée dans d'autres mains; elle est devenue le patrimoine non d'une famille, mais du pays.

L'État se résumait dans une unité puissante qui dirigeait toutes les forces de la société, sans être arrêtée par aucun obstacle. L'ancien régime a légué au nouveau cette omnipotence. La révolution n'a été stable que pour avoir eu ses racines dans le passé : l'instantané, le subit ne durent guère. Elle a donné une sanction définitive à une œuvre commencée depuis huit siècles.

Cependant, si, au lieu de pénétrer au fond des choses, on n'en aborde que la superficie, il semblera que tout ait été bouleversé : avant 1789, il n'est question que de fiefs, d'hommages, de seigneuries ; le vocabulaire du XIIIe siècle est encore en vigueur, et qui se bornerait à lire les traités de jurisprudence croirait voir la féodalité subsistant au XVIIIe siècle.

Il était arrivé ce que l'on voit souvent dans l'histoire, les mots avaient plus résisté que les choses. En effet, rien ne rappelle moins l'indépendance féodale que la monarchie de Louis XIV et de Louis XV ; tout pliait devant elle, et les grands seigneurs n'avaient d'autre force que celle qu'elle voulait leur prêter. Ces anachronismes dans les mots ne frappaient pas les contemporains; des modifications successives étaient passées inaperçues, même de leurs auteurs, et c'était gravement qu'un magistrat philosophe, Malesherbes (1), citait au siècle de Montesquieu et de Voltaire les ordonnances du Franc Clotaire Ier.

La société était renouvelée ; mais, comme le changement n'avait pas été systématique, qu'il

(1) Mat. d'impôts.

n'avait pas une date certaine, on aimait à croire que les droits de Louis XVI étaient ceux de Clovis et de Philippe-Auguste. La vanité se repaissait de ces illusions (1); ces dénominations surannées, sans être assez puissantes pour embarrasser le gouvernement, l'étaient assez pour être oppressives. Les rapports des citoyens entre eux étaient gênés par des préjugés législatifs, contradiction vivante des lumières du temps. Enfin, à la destruction réelle du pouvoir féodal avaient survécu quelques débris que leur isolement faisait remarquer, et qui soulevaient les haines populaires; les priviléges conservés aux gentilshommes n'aboutissaient qu'à les rendre odieux et ne les faisaient pas assez forts pour se défendre.

La révolution a agi d'une tout autre manière: il ne lui a pas suffi que le pouvoir exclusif de la noblesse n'existât plus en fait, elle a déclaré que le nom même en serait effacé. Il se peut que, plus tôt, le tiers-État eût été obligé à garder quelques ménagements; mais ses ennemis, pour lui résister, ne s'appuyaient que sur des fantômes. Cette destruction d'un pouvoir imaginaire a soulevé une

(1) Boulainvilliers parle encore des sujets de la noblesse.

opposition que n'avaient pas rencontrée les réformes bien plus réelles de Charles VII et de Louis XIV. Les hommes tiennent plus à leurs préjugés qu'à leur puissance. Il y avait longtemps que le polythéisme, miné par les philosophes, n'était plus qu'un voile transparent pour l'incrédulité générale, quand le christianisme s'éleva. La nouvelle religion ranima la vie de l'ancienne, qui prodigua à sa rivale des persécutions épargnées à de plus dangereux ennemis.

Loin de nous l'idée de rabaisser le mérite du XVIIIe siècle : jusqu'à lui la société, dans sa marche progressive, n'avait fait valoir qu'un principe, l'égalité; il l'a consacrée et dégagée de cet entourage de restrictions, legs des temps barbares; mais il n'a pas voulu que l'égalité fût dans la servitude, et le premier il a proclamé la liberté. Il n'y eut plus en France qu'une nation, et une nation souveraine. La France et l'Europe vivront longtemps sur ces idées, tant que les conditions actuelles de la société ne seront pas modifiées. C'est là une gloire immense, surtout lorsqu'on songe que la Constituante ne s'est pas bornée à des abstractions, mais que toutes les institutions ont été réformées par elle en vertu de cette théorie.

Les auteurs de ces grands changements ne sont pas encore tous disparus, et nous n'avons déjà qu'une connaissance confuse et incomplète de ce qu'ils ont fait. Captivés par la grandeur des évènements, les historiens de cette époque célèbre ont oublié de déterminer leur point de départ. Ils avaient hâte d'arriver à ces récits dramatiques où l'écrivain fait passer dans l'ame du lecteur une émotion partagée, et laissaient négligés derrière eux des détails arides sur les finances et l'administration. Cette lacune se fait sentir dans les meilleurs ouvrages.

En effet, la révolution ne s'est annoncée que comme une réforme des abus dénoncés depuis un siècle : décrire ces institutions, en indiquer l'origine, les développements successifs, voir si l'esprit novateur n'y avait pas déjà pénétré, mettrait chacun en état de prononcer en connaissance de cause. Un tel travail, s'il était fait avec conscience, jetterait peut-être quelque lumière sur la polémique des deux partis qui se sont fait une arme des évènements de cette époque. Notre sympathie est acquise à l'un d'eux; mais nous le croyons trop juste et trop fort pour avoir besoin du mensonge, et la sincérité de notre conviction sera le gage de notre impartialité.

L'histoire s'offre à nous sous deux points de vue divers : on peut se donner le spectacle des faits brillants, des batailles, des guerres, des grands hommes, de la vie extérieure d'un peuple; ou bien s'arrêter à considérer la constitution de la société en elle-même, les phases diverses qu'elle subit en traversant les évènements. Cette dernière méthode a pour elle la brièveté et l'unité : à des personnages qui se succèdent avec rapidité sur la scène, sans qu'on ait à peine le temps de les distinguer et de les reconnaître, elle en substitue un toujours vivant, toujours agissant, le peuple même dont elle s'occupe. C'est un drame immense auquel le lecteur s'intéresse, parce qu'il voit l'action naître, se développer et marcher vers un dénouement. L'écueil à éviter, c'est l'ignorance des faits réels, le vague des idées et les jugements précipités. Une histoire parfaite serait celle qui réunirait les avantages des deux méthodes; mais cette perfection est-elle possible? nous ne le pensons pas. Que l'écrivain introduise dans un récit détaillé ces études minutieuses sur la marche du gouvernement; en vain seront-elles dans l'ouvrage, elles échapperont aux yeux du lecteur. Les événements de cette histoire intérieure seront perdus dans la narration générale; trop d'intervalle les séparera les uns des autres pour qu'il soit possible d'apercevoir le rapport qui les unit.

L'ensemble d'un tel travail est au dessus de nos forces. Dans ce vaste sujet, nous avons choisi la partie la plus bornée et la plus aride : la fiscalité de l'ancien régime. Le lecteur nous pardonnera si, passant à côté des plus graves questions, nous ne nous sommes pas toujours renfermé dans les limites étroites de notre sujet : rien n'est isolé ni dans le passé, ni dans le présent.

Ces recherches prendront un intérêt bien plus vif que celui de la curiosité si l'on veut réfléchir que leur histoire est celle du peuple : la portion la plus nombreuse de la société n'a longtemps pris part aux événements que par ses souffrances; les gentilshommes, le clergé, étaient seuls sur la scène, ils avaient la gloire, la puissance; mais au dessous *étaient ces bonnes gens qui cultivaient les terres avec le bétail dont ils soulaient* (1) *être garnis;* les classes pauvres et laborieuses, comme les animaux, étaient une propriété ; si elles n'eussent contribué à la richesse de leurs maîtres, à peine soupçonnerait-on leur existence. Les seigneurs et les rois ne songeaient à elles que pour les exploiter; leurs droits et leurs devoirs politiques se résumaient dans ce mot : *payez!* Les détails de finance et d'administration pourront donc seuls nous révéler l'état de cette masse populaire sans nom dans l'histoire, et nous permettront de suivre les progrès lents qui l'ont élevée au niveau de ses anciens maîtres. Nous espérons faire voir que les modifications successives de l'impôt et de l'administration n'ont point été arbitraires; qu'elles ont été relatives aux changements de la société. Peu à peu, de nouveaux-venus prenaient rang dans les classes éclairées; la royauté laissait le type féodal, et le remplaçait par la magistrature de la nation renouvelée. Le peuple et le roi ont longtemps marché de concert, s'enrichissant de conquêtes mutuelles faites sur un ennemi commun ; mais quand enfin il n'y eut plus en France que

(1) Mémoires de Villeroi.

deux choses, un souverain et un peuple, l'hostilité remplaça la concorde, et les deux pouvoirs devenus rivaux se disputèrent le champ de bataille.

Cette révolution graduelle, qui a élevé les serfs du moyen-âge, non pas seulement à la franchise, mais au pouvoir, est ce qui distingue la civilisation moderne de l'ancienne. Dans l'antiquité, les esclaves sortaient quelquefois de la servitude, mais pour être remplacés par d'autres : les individus étaient affranchis; la population esclave, jamais.

La lutte du peuple contre la noblesse remplit l'histoire romaine ; mais il n'est pas question de ces hommes, dont le nombre dépassait celui de leurs maîtres, qui travaillaient pour eux, qui les nourrissaient : ils étaient hors de l'humanité. Dans l'Europe chrétienne, au contraire, la civilisation a marché en ouvrant toujours ses rangs, et peu à peu tous ont été appelés à jouir de ses bienfaits ; les faits qui jettent quelque lumière sur un si grand résultat ont donc leur importance, surtout aujourd'hui que la société, dans sa halte momentanée, sonde d'un œil inquiet les profondeurs de l'avenir où elle va s'engager.

Sous le rapport politique, ce fait a une importance égale : il semble qu'une loi fatale attache la décadence à tout ce qui a brillé ; que les races les plus belliqueuses, les plus vives, s'abâtardissent ; enfin que les nations comme les hommes aient leur vieillesse ; elles ne peuvent se régénérer qu'en prenant ailleurs la sève et la vigueur qui leur manquent. Mais autrefois c'était avec du sang qu'elles payaient cette vie nouvelle. Il a fallu que des hordes de Barbares conquissent l'Europe romaine pour que celle-ci retrouvât ces vertus viriles sans lesquelles un peuple n'existe pas. Dans les temps modernes, la société s'est renouvelée elle-même ; quand les classes qui se trouvaient à sa tête ont été énervées, elle s'est rajeunie en s'associant la portion du peuple à laquelle l'enivrement et les jouissances du pouvoir étaient inconnus. L'expérience du XVIIIe siècle a prouvé que l'énergie nationale se retrempait aussi fortement dans une classe que dans une race nouvelle. Ainsi donc, à le bien prendre, l'histoire de notre pays est à son début. Le rôle de l'ancienne France a été achevé en 1789 ; mais la France nouvelle, celle qui date de cette époque, a devant elle une longue carrière.

La république et l'empire n'ont été que ses premiers pas.

Notre tâche est difficile et ingrate, les documents étaient rares sous l'ancienne monarchie qui ne rendait de comptes qu'à elle-même. L'ordre établi paraissait tellement nécessaire, qu'il n'était guère l'objet de la curiosité : nous nous efforcerons de faire un seul corps de révélations éparses. Si quelques personnes trouvaient plusieurs parties de notre travail incomplètes, nous leur rappellerions que notre intention n'a pas été de faire un traité spécial sur chaque matière, mais seulement un tableau général qui comprît les principaux objets. L'ancienne France appartient désormais à la spéculation, et non à la pratique ; ses finances, sa législation doivent être l'étude de l'historien plutôt que celle du jurisconsulte et de l'administrateur.

RECHERCHES

SUR

L'ORIGINE DE L'IMPOT.

CHAPITRE PREMIER.

DE LA FÉODALITÉ.

Sa nécessité. — Elle régularise la violence. — La souveraineté devient privée. — Du droit de guerre et du droit de justice. — Du service militaire. — Confusion des lois politiques et des lois civiles. — Du droit civil. — Les lois personnelles deviennent réelles. — Trois classes d'hommes en France. — Du droit de propriété. — Il n'est pas absolu. — Droit de tester. — Droit d'aînesse. — Influence de la religion sur la législation. — Douaire. — Communauté. — Prêt à intérêt. — De la procédure. — Combat judiciaire. — Appels. — Revenus attachés à la juridiction. — Amendes. — Confiscation. — Des aides légales. — Du pouvoir royal. — Sa faiblesse. — Du peuple. — Il est en dehors de l'action politique. — Sa condition.

La féodalité a succédé à la barbarie : l'époque précise de cette révolution a engendré bien des systèmes et n'a point été déterminée ; il est probable que le changement eut lieu peu à peu. Les anciennes coutumes germaines, les débris du droit romain, les rapports nés de la conquête et de la force donnèrent naissance à cet ordre de choses.

Depuis longtemps quelques uns des droits de la puissance publique avaient été démembrés, les seigneuries et leur juridiction spéciale remontent, d'après les auteurs les moins favorables, à l'an 630 (1). Les comtes et les missi dominici conservaient sur ces justices un droit d'inspection ; mais quand Charles le Chauve eut rendu à la fois les bénéfices et les comtés héréditaires (2), les rapports des seigneurs avec le roi disparurent, les comtes se cantonnèrent dans leurs comtés, et trouvèrent les vassaux, les possesseurs de fiefs déjà faits à leur autorité. La division ne s'arrêta pas là ; au dessous des comtes, les seigneurs se saisirent comme eux des droits du souverain ; au dixième siècle, la France était couverte de petits États indépendants les uns des autres, et comptait presque autant de peuples que de grands fiefs. La féodalité s'était imposée à toute la société ; les deux pouvoirs qui ont lutté contre elle et qui ont fini par la vaincre sont eux-mêmes entrés dans le cadre qu'elle avait tracé ; la royauté n'a pas réclamé de pouvoirs plus étendus que ceux des vassaux ; l'oriflamme, l'étendard royal, était celui de l'abbaye de Saint-Denis, dont le roi tenait le Vexin

(1) Mably. Observations sur l'histoire de France, tom. 1, p. 397.

(2) Capit., an. 877, art. III. Ce capitulaire est pour les comtés. Les fiefs ou bénéfices passaient déjà du père aux enfants.

en fief (1); l'Église elle-même, si puissante au moyen-âge, a été féodale (2); des évêchés, des cures (3), des dîmes étaient devenus des fiefs et furent donnés en dot.

La propriété allodiale, c'est à dire celle qui, pleine et entière, ne reconnaissait pas de supérieur, disparut sous la seconde et sous la troisième race ; dès le temps de Charlemagne, les propriétaires changeaient leurs aleux en fief. La coutume devint si générale, qu'au temps de Beaumanoir (4) il n'y avait plus d'aleux en Beauvoisis. Un comte d'Aurillac (5) fut obligé, après une longue résistance, de reconnaître un suzerain.

Tout devint fief ; comme les devoirs du suzerain et du vassal étaient réciproques, les faibles y cherchaient un appui, les grands un moyen d'influence.

Il est difficile de croire qu'une institution aussi générale ne fût pas nécessaire. A l'époque où elle s'établit, vers le xe siècle, les hommes avaient si peu de rapports communs, les communications étaient si difficiles, qu'un pouvoir général n'eût pas été obéi ; un empire étendu suppose des lumières

(1) Quem comitatum rex Franciæ debet tenere de dictâ ecclesiâ in feodum. Guillaume de Naugis, cité par Ducange ; établis., pag. 250.

(2) Ordonnances, tom. I, page 27.

(3) Duc., voc. Decimæ militares.

(4) Beaumanoir, page 123.

(5) Raynouard, Droit municipal, tom. II, page 262.

et dans celui qui commande et dans ceux qui obéissent; maîtres et sujets étaient plongés dans la même ignorance.

Les ravages des Normands, en révélant l'impuissance royale, avertissaient chacun de se protéger soi-même; la société eût donc péri, si elle ne se fût fractionnée et si chacune de ses fractions n'eût possédé les pouvoirs nécessaires pour subsister. Ce morcellement est la loi inévitable de toutes les civilisations à leur début. La Grèce, Rome elle-même, destinée à une telle fortune, n'ont été dans l'origine que les centres autour desquels se sont agglomérés de petits États indépendants. Les efforts des trois grands hommes qui se sont succédé dans la famille carlovingienne n'ont pu fonder un empire; ils avaient pour eux leur génie, contre eux l'État social; à la longue, une influence passagère devait céder à une cause générale.

Après Charlemagne, on ne trouve que la barbarie, c'est à dire le règne de la force irrégulière; le régime féodal accepta la force, mais la soumit à de certaines règles. Ainsi, par exemple, le droit de guerre, tradition germaine (1), ne fut pas enlevé aux gentilshommes. Il y eut des principes, des limites posés à l'exercice de ce droit antisocial; on peut en voir le détail dans Beaumanoir.

Un gentilhomme entraînait dans la guerre non

(1) Suscipere tam inimicitias seu patris, seu propinqui quam amicitias necesse est. Tacite. Germ.

seulement sa famille, mais encore ses amis (1); la guerre n'était pas permise entre les frères germains, non pas à cause des liens du sang, mais parce qu'ils avaient la même famille et que les parents n'auraient su de quel côté se ranger; les frères non germains, au contraire, pouvaient se guerroyer (2); on prit plusieurs précautions pour qu'il n'y eût pas de surprises : un délai de quarante jours fut donné à tous ceux qui n'étaient pas présents au fait, ou aux paroles de défi, origine de la guerre. Enfin, le seigneur put obliger l'une des parties, sur la demande de l'autre, à conclure avec elle une trêve ou une paix. Par cela seul qu'une chose mauvaise en elle-même n'est plus laissée aux caprices individuels, elle tend à se restreindre; quand il s'agit de régler des rapports généraux entre les hommes, il faut bien que les idées naturelles d'équité se fassent jour, puisque c'est la seule loi commune. Ainsi la féodalité a fait un grand bien en introduisant les formes de la justice dans la violence.

Aucun gouvernement n'est possible s'il ne peut se défendre contre ses ennemis et rendre la justice à ses sujets. Dans les sociétés primitives, ce sont presque les seules attributions essentielles : juger et conduire les hommes à la guerre est le rôle des rois d'Homère et des barons du moyen-âge;

(1) Puet l'on voir que li gentilhoume chieent en guerre pour le fet de leurs amis. Beaumanoir, page 302.

(2) Beaumanoir, page 300.

l'une et l'autre fonction a pour but la paix, soit au dehors, soit au dedans; le droit de justice et celui de guerre fut donc dévolu aux seigneurs représentant les petits États féodaux : mais des États sans étendue ne se distinguèrent pas des propriétés privées. Cette confusion des lois politiques et des lois civiles est le caractère spécial du gouvernement féodal; elle a fait longtemps partie du droit public de l'Europe. Si le pouvoir souverain est tombé si souvent entre les mains des femmes, si les mariages ont tant de fois changé le sort des peuples et les rapports des États, c'est que la souveraineté ne rappelait pas une magistrature. Le roi lui-même n'était que le propriétaire d'un plus grand fief, le pardessus des barons.

Chaque baron était souverain dans sa terre, il avait le pouvoir législatif, le droit de justice, le droit de grâce, le droit de monnaie; ce pouvoir était même si absolu entre les mains des vassaux qu'ils pouvaient le déléguer (1). Chaque baronnie avait donc en elle-même tout ce qui constitue une société; cette petite société elle-même se subdivisait; le baron n'avait pas une autorité entière sur ses vassaux : ils lui devaient un service militaire, mais ce service était limité dans sa durée et varia-

(1) Concedo etiam monachis duellum suum et sanguinem et latronem. Chart. de 1149, cit. par Duc., voc. Sanguis.

Dans une autre charte, le comte d'Anjou donat prædia cum sanguine et latrone. *Ibid.*

ble selon les fiefs; quelquefois il s'étendait à tous les cas de guerre, quelquefois il n'était exigible que pour la défense du sol (1). Le seigneur rendait la justice; mais ses hommes devaient concourir au jugement. Les vassaux devaient une aide au seigneur dans certains cas; mais ces cas étaient définis par les coutumes; en un mot, dans les rapports des possesseurs de fiefs entre eux, le pouvoir absolu ne se trouve nulle part. La société féodale est la seule qui ait reposé sur un contrat. Ce contrat se renouvelait à chaque mutation par l'hommage.

Le seigneur s'engageait envers son vassal comme le vassal envers lui; ainsi la foi mentie entraînait pour tous les deux la perte du fief (2). Le vassal ne pouvait appeler son seigneur sans

(1) In expeditionem vel exercitum nunquam ibunt quin eadem nocte revertantur ad sedes suas. Charte cit. par Duc., voc. Hostis.

Ita quod homines terræ cum rege irent, sed ipsa nocte redirent, nisi pro amore plus remanerent.

Quelquefois le service militaire n'était dû que pro patriâ recuperandâ. Dans d'autres coutumes, il s'étendait à tous les cas de guerre. Duc., *ibid.*

Et ainsi li homes coustumiers des chevaliers si doivent aux barons leurs chevauchiées, si les doivent el corps du châtel au commandement du baron. Établis. de Saint-Louis.

Et libers ne les doit mener en lieu dont on ne puisse revenir jusqu'au soir, et se li sire le voloit mener si loin, ils n'iroient pas se ils voloient. *Ibid.*

Les évêques étaient soumis au droit d'ost. *Ibid.*

(2) Tout autant li hons doit à son seigneur de foi et de loiauté pour le reson de son houmage, tout autant li sire en doit à son houme. Beaumanoir, p. 311.

renoncer à son fief; le seigneur ne pouvait appeler son vassal sans renoncer à son hommage.

La féodalité avait essayé de prévoir par avance les devoirs du souverain et du sujet; pour éviter toute volonté arbitraire, elle avait tout immobilisé, même les charges (1). Les comtes d'Anjou étaient sénéchaux héréditaires de la couronne; les sires de Joinville l'étaient des comtes de Champagne. Ces fonctions, d'abord domestiques, avaient pris une haute importance : elles donnaient la première place à l'armée, le droit de recevoir les hommages, de rendre la justice. Ainsi le souverain était obligé d'exercer une autorité déjà bornée par des lieutenants qu'il ne nommait pas et presque aussi puissants que lui; le principe de la propriété envahissait tout, les femmes même furent juges et arbitres (2).

Comme à cette époque les lois politiques étaient les mêmes que les lois civiles, il est impossible de les isoler les unes des autres. Le tableau abrégé que nous allons en donner aura même cet avantage qu'il nous expliquera tout l'ancien droit de la France; quand les principes

(1) Ducange, voc. Senescallus.

L'office de cuisinier était héréditaire dans le couvent d'Argenteuil. Il fallut que l'abbé de Saint-Denis réglât les droits du cuisinier et de ses héritiers sur les plumes des oies, les queues de poissons. Au XVIIe siècle, il y avait encore un couvent dont la cuisine était féodale. Duc., voc. Coquus.

(2) Elles ont voix, jus ès jugements, dit Pierre de Fontaines, cité par Laurière. Note sur les institutes de Loisel, tome I, page 93.

féodaux n'ont plus réglé les rapports du souverain avec les sujets, ils ont toujours continué à régler ceux des sujets entre eux.

Les lois personnelles des Barbares avaient fait place à des coutumes réelles. Sous les deux premières races, le Romain, le Franc, le Bourguignon étaient jugés par la loi franque, romaine ou bourguignonne; mais cette jurisprudence était trop compliquée pour être suivie dans un temps de ténèbres : l'on appliqua à chacun les usages du territoire où il vivait.

Toutefois, dans quelques dispositions, l'ancien principe prévalut. A la distinction des races avait succédé celle des castes; il n'y eut plus de loi franque ou bourguignonne, mais une loi noble et une loi roturière; le tribunal qui jugeait les bourgeois n'était pas celui des gentilshommes. Dans le royaume de Jérusalem, les croisés établirent la Cour des Syriens pour les naturels du pays. A cette époque, où les diverses classes de la société formaient autant de nations distinctes, il eût été impossible d'appliquer une seule législation; les idées, les intérêts, les habitudes même de la vie, tout différait.

Trois classes d'hommes habitaient le sol de la France (1) : les gentilshommes, les roturiers et

(1) On doit savoir que trois estats sont entre les gens de poote du siècle. Li uns si est de gentillesce..........

Beaumanoir, page 256.

les serfs. Il paraît qu'à la fin du XIIIe siècle les roturiers se rapprochaient de la classe souveraine par la possession des fiefs. Un établissement du roi leur avait défendu d'en posséder aucun (1); mais la loi elle-même prouve l'existence du fait qu'elle prohibe. Beaumanoir parle en plusieurs endroits des devoirs des hommes de poote possesseurs de fief. Dans tout ce qui ne regardait pas leur personne, ils étaient traités comme des gentilshommes (2).

Il s'était déjà introduit un nouveau privilége, celui du sol à côté de celui de l'homme (3); il y avait des terres nobles et des terres roturières régies par des lois spéciales et différentes. Dans les successions, les droits de l'héritier; dans les ventes (4), les taxes de mutation variaient selon qu'il s'agissait de fiefs ou de terres en vilenage; peu importait que le possesseur fût noble ou roturier. La loi de la terre gouvernait la terre; celle de l'homme gouvernait l'homme. Ainsi le droit était à la fois réel et personnel. La première de ces deux distinctions a été respectée jusqu'en 1789; tandis

(1) Beaumanoir, page 205.

(2) Beaumanoir, pages 90, 152, 226.

(3) Nous appelons vilenage héritage qui est tenu de seigneur à cens ou à rente, ou à champart; car de cheli qui est tenu en fief, l'on ne doit rendre nulle redevance.

Beaumanoir, page 79.

(4) Beaumanoir, pag. 138 et passim.

que la seconde, celle de caste, avait presque entièrement disparu.

Les aleux qui ne reconnaissaient pas la hiérarchie féodale, qui ne devaient ni l'hommage ni les services, ainsi que le fief, ni les redevances ainsi que les terres en roture, restèrent comme une exception peu nombreuse. La maxime nulle terre sans seigneur était reçue dans toute la France (1), sauf dans le midi où le droit romain était en vigueur. Ce sont précisément les provinces où, selon M. Augustin Thierry, l'établissement des Barbares a été le moins général; c'est une nouvelle preuve à ajouter à celle qu'a donnée sur ce fait l'illustre historien.

L'invasion des Francs au ve siècle a laissé des traces qui subsistaient encore au XVIIIe; c'était la conséquence du système qui cherchait le droit dans l'antiquité de l'usage et non dans la raison. Des modifications lentes et indirectes peuvent se faire jour; mais jamais un changement total n'est admis.

En général, les dispositions applicables aux biens roturiers se rapprochaient de nos lois actuelles; il n'y avait point de droit d'aînesse dans les successions(2); le seigneur ne pouvait les saisir, faute du paiement de redevance. C'était, en quelque sorte, la partie du sol abandonnée au droit

(1) Bouhier, Observations sur la coutume de Bourgogne.

(2) Beaumanoir, page 79.

commun, universel; dans les fiefs, au contraire, les lois sur la propriété découlaient des institutions politiques.

Sous la féodalité, le droit du vassal sur son fief n'était pas un droit de propriété absolue; sans ce principe tout est inexplicable, avec ce principe tout est clair, tout est facile. Le seigneur avait abandonné au vassal un bien, une terre, sous de certaines conditions, dans un certain but; celui-ci ne pouvait donc les changer par sa seule volonté. Si le fief était vendu, il était obligé de prendre le consentement du seigneur, qui pouvait même, dans l'origine, le refuser (1); plus tard, il se borna à le faire payer : le droit était du cinquième du prix de la vente. Dans les successions collatérales, l'héritier devait le rachat, ou le revenu d'une année du fief (2). Mais, dans aucun cas, il ne pouvait lever les fruits, sans avoir fait l'hommage au seigneur; s'il le faisait, le fief était saisi par le seigneur. Ainsi le titre de la concession primitive était rappelé à chaque changement. Il y avait dans la propriété elle-même une portion réservée au seigneur; celui-ci héritait à défaut de parents. Le fief appartenait donc moins au possesseur qu'à la famille; les parents jusqu'au quatorzième degré et le sei-

(1) Instit. cout. de Loisel, notes de Laurière, tom. I, page 207. Beaumanoir, page 152.

(2) Beaumanoir, pag. 137 et 138.

gneur, à défaut de parents, pouvaient rentrer dans l'héritage aliéné (1), en remboursant le prix d'acquisitions. La définition des jurisconsultes, user et abuser, n'était pas applicable à la propriété du moyen-âge; le droit du vassal était plutôt viager que perpétuel. La limite du droit de tester était une conséquence de ces idées; il fut borné au cinquième des héritages propres et aux meubles et aux conquêts. Il ne faut pas juger de cette restriction par ce qu'elle serait aujourd'hui : la richesse mobilière était alors peu de chose, les mutations grevées de droits énormes étaient rares.

Il est digne de remarque que plusieurs législations aient eu pour but de faire de la propriété un droit de famille et non un droit individuel, et qu'elles aient toujours échoué. On peut voir ce qui arriva aux Romains dans Montesquieu (2). Pour obtenir ce résultat, la loi est obligée de lutter contre les sentiments naturels; elle met entre les enfants des différences d'après le sexe, d'après l'âge, que le cœur des pères n'admet pas. La victoire de la loi de nature sur la loi écrite est plus ou moins longue, mais n'est pas incertaine; les préjugés, les institutions politiques ne peuvent que la retarder.

La permanence des biens dans les familles, qui

(1) La raison sur laquelle Beaumanoir fonde le retrait seigneurial est remarquable : car li sires est plus près de ravoir par la bourse che qui muet de lui que n'est personne étrange; Beaum., p. 275.

(2) Esprit des lois, livre 27.

n'était d'abord qu'un moyen, devint le but principal, quand cette législation fut transportée dans une société qui n'était féodale que de nom; mais, au moyen-âge, ce dont il s'agissait avant tout, c'était que les devoirs du vassal envers son seigneur pussent toujours être accomplis; que, dans le fief, il n'y eut pas *défaute* d'homme.

Le droit d'aînesse, qui consistait dans le manoir principal (1) et dans les deux tiers des propres, l'exclusion des femmes par les mâles en ligne collatérale, étaient des moyens d'empêcher une division qui eût rendu impossible le service militaire; la même raison s'opposa longtemps à la représentation, elle ne fut admise que fort tard dans nos coutumes. Tous les anciens textes, Beaumanoir, la coutume de Champagne (2), y sont opposés. Un mort n'a pas de droit, disent les assises de Jérusalem; la représentation eût augmenté les chances de minorité.

Le droit du mineur était suspendu jusqu'à sa majorité, jusqu'à ce qu'il pût desservir son fief; le plus proche parent en avait le *bail;* ce n'était pas au nom du mineur qu'il agissait; il était tenu de faire l'hommage, de payer le rachat (3) : comme il avait les charges du fief, il en avait les avantages et percevait tous les fruits. Ainsi les droits donnés

(1) Beaumanoir, page 79.

(2) Anc. cout. de Champ., art. XI; Beaumanoir, page 84.

(3) Beaumanoir, page 86.

au père sur ses enfants, par l'ancienne législation romaine, étaient rappelés par des idées toutes différentes; le baillistre était tenu de pourvoir à l'entretien de l'enfant et de lui rendre l'héritage quitte de toute dette. L'hommage fait par lui n'affranchissait pas l'héritier de la même obligation à sa majorité; c'étaient donc deux droits séparés. Que ce fût une institution féodale, toute la législation le prouve : le bail ne s'appliquait ni aux biens en roture (1), ni aux roturiers, si ce n'est pour les fiefs qu'ils possédaient (2). Cette dernière exception était une suite du principe qui soumettait à des règles uniformes tous les biens nobles, sans aucun égard pour la qualité des propriétaires.

Il y avait cependant quelques inconséquences, elles étaient inhérentes à la confusion des fonctions politiques et des droits civils, base du systéme féodal. Ce sont deux choses si profondément distinctes, que cette diversité se trahit même dans la loi qui prétend leur imposer des principes uniformes.

Nous ne voulons pas examiner ici jusqu'à quel point l'hérédité est légitime, ou si elle n'a pour base qu'une fiction légale; quelle que soit la solution qu'on adopte, on reconnaîtra que le droit de l'héritier était plus général que celui du possesseur de fief; le premier avait été appliqué dans tous les temps, dans tous les lieux; le second n'avait rap-

(1) Beaumanoir, page 87.

(2) Beaumanoir, page 91.

port qu'à une société exceptionnelle : il y avait donc lutte entre la règle et l'exception. Ainsi, malgré la nécessité de l'hommage, l'héritier direct, soumis dans l'origine au rachat, ne le paya plus. Il était censé saisi (1). Malgré les limites posées à la subdivision des fiefs, les cadets tenaient leur part en arrière-fief de leur aîné (2). Le droit du seigneur supérieur se trouvait ainsi amoindri à chaque succession ; la loi des fiefs cédait à la loi des familles, l'institution politique aux sentiments naturels.

Le douaire tenait plus aux mœurs barbares qu'aux mœurs féodales, la dot constituée par le mari à sa femme, dont Tacite nous parle dans les mœurs des Germains (3), est l'origine de ce privilége inconnu aux lois romaines ; c'était le prix de la virginité. Douaire est acquis à la femme, dit Beaumanoir, sitôt comme compagnie charnelle est faite entre elle et son mari (4). Le douaire, depuis Philippe-Auguste, avait été fixé à la moitié des biens possédés par le mari à l'époque de son mariage ; dans la plupart des coutumes, la femme en avait l'usufruit et ses enfants la propriété; quelques unes, il est vrai, n'admettaient que le droit de la mère, mais Beaumanoir lui-même nous avertit que, dans toute la France, les enfants héritaient du

(1) Li enfant demeurent en la saisine ; Beaumanoir, page 25.
(2) Beaumanoir, page 79.
(3) Dotem non uxor marito, sed uxori maritus offert. Tacit. Germ.
(4) Beaumanoir, chapitre du douaire, passim.

douaire, c'était une légitime à laquelle les enfants pouvaient se tenir.

Le moyen-âge n'était pas seulement féodal, il était avant tout chrétien; les idées religieuses ont dû pénétrer dans la législation. Ainsi la communauté des biens entre le mari et la femme, substituée, dans tous les pays coutumiers, au régime dotal, suppose évidemment la perpétuité du mariage : c'est une association complète qui ne se dissout que dans des circonstances rares; la dot, au contraire, sépare toujours les deux patrimoines; les faveurs données à la femme, les priviléges dont elle l'entoure sont tous en vue de la restitution; il est clair que la dot a dû faire partie de lois, où le divorce était permis, et de mœurs, où il était fréquent. Le lecteur remarquera qu'on parle ici des causes qui amenèrent cette législation et non de celles qui la maintinrent dans les temps modernes.

Le prêt à intérêt fut aussi défendu par l'Église, et cette défense a été le droit général jusqu'à nos jours. Il est assez curieux de lire les sophismes par lesquels un esprit éclairé comme Domat essaie de prouver qu'il est permis de louer sa maison, mais que cette faculté ne s'étend pas à l'argent qui sert à l'acheter; il ne donne que des raisons théologiques, et ce sont de pauvres raisons; c'est une mauvaise action, dit-il, parce que Moïse l'a défendu; si on lui dit que la loi nouvelle n'en a pas parlé, elle a dû le faire, répond-il, parce que c'est une mauvaise action. Nous préférons de beaucoup à ce cercle vicieux les motifs de Beaumanoir : « Sachent » donques tuit que leurs ames sont données as » anemis d'enfer, et leurs cors as vers, et leurs » avoirs à leurs parens ; et si vourrait nus de ches » trois donner sa part pour les autres deux ; car » li anemis ne donneroient pas l'ame pour l'avoir » et le cors, et li vers ne donneroient pas le cors » pour l'ame, et li parens ne donneroient pas » l'avoir pour l'ame et pour le cors. »

Il était permis de stipuler une rente en aliénant le capital ; mais, pendant longtemps, la rente dut être constituée sur un bien, en sorte que c'était une vente partielle de la part de l'emprunteur ; plus tard, il y eut des rentes *volages* sans aucune affectation spéciale.

Si cette législation n'eût pas été éludée, tout commerce eût été impossible ; mais, comme les honnêtes gens se décident avec peine à désobéir même à des lois injustes, le commerce de l'argent fut une profession nécessaire, mais méprisée, les emprunteurs payèrent ce mépris.

En comparant ces principes de droit civil, principes qui sont restés en vigueur jusqu'à notre révolution, avec ceux qui nous gouvernent aujourd'hui, on est étonné d'en trouver aussi peu qui soient passés dans nos lois : les distinctions du sol et les distinctions des hommes, le droit d'aînesse, le droit de retrait lignager, le douaire, la constitution de rente sont effacés de nos codes, on n'a guère conservé que la communauté. Un Romain se reconnaîtrait plus facilement dans nos lois qu'un gentilhomme du XIIIe siècle ; c'est qu'en effet nos mœurs, notre civilisation s'accordent bien mieux avec la législation romaine telle que les empereurs l'avaient faite, dégagée du souvenir du patriciat, qu'avec la féodalité ; l'égalité, en France comme à Rome, a triomphé de toutes les différences de castes. Mais la seconde victoire a été plus belle et plus complète : en France, l'égalité est née de la liberté ; à Rome, de la servitude ; à Rome, elle n'avait été que pour les citoyens ; en France, elle a été pour tous les hommes.

Comment était appliqué ce droit, quelle était la procédure du temps ? Sans la nécessité impérieuse de notre sujet, nous n'aurions jamais parlé de ces matières déjà examinées par Montesquieu ; un si grand nom nous permettra d'être bref.

Le combat judiciaire n'était pas, comme le droit de guerre, un privilége spécial aux gentilshommes (1), c'était un moyen de décision, un genre de preuves commun aux nobles comme aux roturiers (2) ; les serfs seuls étaient exclus de l'exercice de ce droit comme de tous les autres, parce qu'ils

(1) Autres que gentixhons ne peut guerroyer.
Beaumanoir, page 300.

(2) Beaumanoir énumère les gages de bataille parmi les autres preuves, telles que les lettres, les témoins, les présomptions.

ne s'appartenaient pas à eux-mêmes (1). On sait quelles étranges questions furent tranchées de cette manière; le droit de représentation pour les enfants, le choix d'une liturgie en Espagne (2); au lieu de juger, l'on combattait; non seulement le principal d'une affaire, mais les exceptions mêmes donnaient lieu aux gages de bataille, en sorte que, dans un seul procès, il pouvait y avoir plusieurs combats (3). Ceux où il s'agissait de crimes étaient entourés de formalités terribles; si le combat avait lieu par champions, l'appelant et l'appelé étaient, la corde au cou, éloignés du champ de bataille (4); la femme avait à côté d'elle la bêche qui devait l'enfouir; la terreur que ce spectacle inspirait aux coupables devait prévenir beaucoup des abus inhérents à ces jugements de violence.

Les gages de bataille n'étaient pas reçus dans toutes les matières, il y avait quelques exceptions dépendant soit de l'état des personnes, soit de la nature de l'affaire; mais, comme la partie condamnée pouvait toujours appeler de faux jugement, l'issue d'un procès dépendait, en dernier résultat, d'un combat. Le suzerain du seigneur, qui avait prononcé le jugement attaqué, recevait les gages de bataille : le combat avait lieu non plus entre les deux parties, mais entre le juge et la partie con-

(1) Beaumanoir, page 322.

(2) Robertson, tom. I, pages 373 et 374.

(3) Beaumanoir, page 341.

(4) Beaumanoir, page 330.

damnée ; les devoirs du vassal envers son seigneur étaient de le servir dans ses cours et dans ses armées; et, comme le remarque fort bien Montesquieu, juger et combattre étaient la même chose.

Ces appels étaient périlleux, ils étaient une injure pour le juge, *appel contient félonie* (1); il fallait combattre tous les hommes qui avaient concouru au jugement, l'injure était commune à toute la cour; les assises de Jérusalem ne donnent aucun moyen d'échapper à cette lutte inégale ; mais Beaumanoir conseille d'appeler le premier juge, aussitôt qu'il aura prononcé son avis.

La justice est un des principaux revenus des fiefs; la composition barbare, c'est à dire le dédommagement pécuniaire offert à l'individu ou à sa famille, pour le crime dont il avait été victime, avait disparu (2); le meffet, pour parler comme Beaumanoir, était fait contre le seigneur autant que contre la partie; c'était un grand progrès dans les idées que de faire intervenir l'intérêt général dans les querelles particulières. La composition devint une amende; il serait trop long d'énumérer tous les cas dans lesquels elle était due; dans certains cas, elle était à la volonté du seigneur, mais, en général, elle était fixée à 60 livres pour le gentilhomme,

(1) Ord. tom. 1, page 264, an 1270.

(2) Cependant on trouve des traces de la composition en Gascogne, en 1280. Et in quibusdam partibus Vasconiæ, etiam convictus de tali maleficio pro trecentis solidis absolvitur. Ord. tom. 1, p. 710.

et 60 sols pour le roturier (1). 60 livres à une époque où le setier de blé valait au plus 8 à 10 sols (2) était une somme considérable; cette peine était appliquée avec plus d'équité que de nos jours, puisqu'elle était proportionnelle à la fortune.

Les confiscations étaient fréquentes, elles étaient attachées à presque tous les crimes; chaque seigneur recueillait les biens situés dans sa justice.

Ces profits attachés à l'exercice de la juridiction eurent cet avantage, qu'ils rendirent chaque seigneur plus vigilant. Un crime à punir n'était pas seulement un devoir, mais encore un bénéfice ; le morcellement infini des justices rendait cette surveillance facile.

Les produits des justices, le rachat et le cinquième denier pour les fiefs, les lots et ventes pour les biens en roture, les aides dues au suzerain étaient les seuls revenus publics, les seuls qui fussent perçus en vertu d'un droit général, perçus dans chaque seigneurie sur les gentilshommes, la nation réelle du temps.

(3) L'aide était légale ou volontaire, l'aide légale était due dans quatre cas : lorsque le seigneur

(1) Beaumanoir. Passim.

(2) Dupré de Saint-Maur, pag. 1 et 4.

(3) Ducange, voc. Auxilium.

Les aides légales ne furent reçues que tard. En 1080, les compagnons de Robert Guiscard les regardaient comme des innovations.

Ducange, voc. Auxilium.

armait son fils chevalier, lorsqu'il mariait sa fille, lorsqu'il avait à se racheter de captivité, enfin pour le voyage de Terre-Sainte ; cette dernière taxe fut introduite par Louis VII et excita contre lui, dit un contemporain (1), des imprécations nombreuses. Les aides volontaires, comme le nom même l'indique, étaient accordées par les possesseurs de fiefs, ressource précaire puisqu'elle dépendait de la volonté de celui qui payait ; mais c'était un progrès réel sur les temps barbares où les hommes libres étaient exempts de tout tribut ; le principe que tous doivent concourir à certaines charges de la société était consacré, le mot chose publique devenait une réalité.

Les tailles levées sur les roturiers étaient considérées comme des fruits naturels, comme des conséquences du droit de propriété (2). Elles étaient différentes selon les fiefs ; un précédent de violence suffisait pour autoriser le nouveau droit.

Entre ces petites souverainetés indépendantes qui se partageaient la France, quelle était la place de la royauté? Tous les fiefs de degré en degré par des hommages successifs remontaient jusqu'au roi, souverain fieffeux du royaume. En ce sens, la féodalité a contribué à former l'unité du territoire français, elle a préservé une portion du pays

(1) Duc., voc. Auxilium.

(2) Tailles ne sont mie aides. Car tailles sont levées de nécessité et de volonté de prince. Mais celles aides nul ne peut lever si ce n'est au cas pour lequel elles sont dues. Duc., *ibid.*

d'être conquise par l'autre, la faiblesse même du lien féodal établie par l'hommage contribuait à le faire respecter. Quand le comte de Flandre pouvait s'acquitter de ses devoirs envers son suzerain, en le servant avec dix chevaliers, avait-il quelque intérêt à secouer un joug si léger (1)? Mais, tout faible que fût ce rapport, il servait à rappeler à tous la communauté d'une même patrie.

Le roi n'avait pas d'autre pouvoir que les barons (2), il leur demandait des aides en argent, en hommes comme eux-mêmes en exigeaient de leurs vassaux; mais il n'avait pas le droit de s'adresser directement à ceux-ci, il était tenu de suivre cette longue filière de la hiérarchie féodale, et, à travers tous les frottements de cette machine compliquée, l'impulsion primitive se perdait. Joinville refusa de prêter serment à saint Louis parce qu'il était l'homme des comtes de Champagne; il a fallu des siècles pour que l'autorité royale brisât ce réseau de petits souverains possesseurs du pays et parvînt jusqu'au peuple: ce jour-là, la féodalité fut frappée à mort. La civilisation moderne est née de la féodalité en la tuant, tout comme celle-ci était venue de la barbarie qu'elle a remplacée. La vie naît de la mort.

(1) Traité entre Henri, roi d'Angleterre, et Robert, comte de Flandre, cité par Mably, tom. II, p. 412.

(2) Chascun des barons si est souverain en sa baronnie. Beaumanoir, page 181.

Pour juger à quelle nullité le roi féodal était réduit, on n'a qu'à se rappeler les derniers successeurs de Charlemagne : plus faibles que leurs vassaux, ils étaient emprisonnés, dépouillés par eux, sans faire la moindre résistance. Dans des temps plus rapprochés de nous, l'empire d'Allemagne, avant l'avénement de la maison d'Autriche, nous offre un autre exemple de la pompe du titre unie à l'impuissance la plus réelle. Hugues Capet ranima la royauté non pas comme Pépin et Charlemagne, en mettant de grands hommes à la place de princes abrutis, mais en lui donnant des domaines immédiats où elle ne rencontra pas toujours l'intermédiaire des feudataires ; le roi se trouva aussi puissant que l'avait été le duc de France, il eut donc les moyens de faire valoir la supériorité théorique que ne lui déniait pas le régime féodal. Cette supériorité s'appuyait sur des titres antérieurs au moyen-âge, et peut-être aussi sur les souvenirs de Charlemagne.

L'histoire suit une marche logique, cette marche est souvent difficile à saisir parce qu'un long intervalle sépare le principe de ses conséquences ; mais quelque éloignée qu'elle soit, il n'en faut pas moins remonter à une cause première.

Toutefois l'influence royale ne s'étendit que lentement hors de ses domaines. Dans le récit que Ville-Hardouin fait de la quatrième croisade entreprise par des Français, le nom du roi n'est pas

battu l'esclavage par ses principes et son esprit que par ses institutions. Une portion du peuple était serve; l'autre était seulement coutumière ou sujette aux tributs. Cette distinction n'avait d'autre garantie que la conscience du maître (1); serfs et coutumiers étaient taillables à miséricorde (2), ne pouvaient se marier (3), entrer dans les ordres sacrés sans le consentement du seigneur; celui-ci était leur héritier. Le vilain pouvait acquérir, mais ne pouvait aliéner des biens qui, en réalité, ne lui appartenaient pas. Entre les sujets des gentilshommes et le roi il n'existait aucun rapport. Si le seigneur accordait quelques aides, elles étaient levées par lui; s'il menait ses hommes à la guerre, il en était le chef (4). Jamais une autorité étrangère n'intervenait, et cependant le serf avait affaire à la plus cruelle des tyrannies, à celle où

(1) Et sache bien que selon Diex ke tu n'as mis plenière poeste seur ton vilain. Dont se tu prens du sien fors les droites redevances ki te doit, tu les prens contre Diex et seur le peril de ton ame. Et ce kon dit, toutes les coses ke vilains a, sont a son seigneur, c'est voirs a garder. Car s'ils étoient son seigneur propres, il n'avoit nulle différence entre serf et vilain; mais par notre usage n'a entre toi seigneur et ton vilain, juge fors Dieu.

Pierre de Fontaine, cité par Duc., voc. Villanus.

(2) Taillabilis ad misericordiam.

Duc., voc. Taillabilis.

(3) Duc., voc. Servus.

Id., voc. Forismaritagium.

(4) Se li bers fet semondre ses hons que il mène ses hons coustumables pour aller en l'ost le roi.

Ord., tom. I, page 153, an 1270.

la victime se débat sous les passions et les caprices personnels du maître. Si l'on ajoute que les nobles étaient violents par l'habitude des armes, pauvres et avides, on jugera du sort du peuple. Le joug était quelquefois si intolérable, que les paysans se soulevaient; mais ces tentatives inutiles attiraient sur eux d'effroyables calamités (1).

Il y avait donc en France deux nations : une nation active et une nation en dehors des devoirs et des droits politiques. L'hommage, qui remontait, en suivant toute l'échelle féodale, jusqu'au roi, établissait des rapports entre les gentilshommes, malgré la division extrême des fiefs. Comme vassaux, ils dépendaient du même suzerain. Cette supériorité consacrait le principe de l'unité nationale sur un sol fractionné.

Les serfs, au contraire, ne sortaient pas du fief de leur maître; ils étaient sujets de leur seigneur, mais non pas sujets du roi; ils n'en relevaient pas même d'une manière médiate. Hors de ses domaines, le roi n'était que le roi des gentilshommes. Entre les habitants des diverses terres, il n'y avait de commun que la servitude; il leur était même défendu de se marier avec les serfs d'un autre seigneur. Ainsi la séparation ne portait pas seulement sur le droit politique, elle s'étendait même aux choses du droit naturel.

(1) Raynouard, Droit municipal, tom. II, p. 306, an 1000.

Le travail caché de la société française pendant des siècles a été de donner à l'autorité royale le monopole de tous les pouvoirs de souveraineté exercés par les feudataires, et, en même temps, de rapprocher les sujets du maître; en un mot, de créer l'unité dans la nation et dans le gouvernement. La féodalité contenait le principe de celle-ci; mais la première n'était possible qu'en dénaturant les institutions du moyen-âge.

CHAPITRE II.

PROGRÈS DE L'AUTORITÉ ROYALE.

Suprématie de la cour du roi. — Le combat judiciaire cesse d'être en usage. — Les baillis remplacent les vassaux. — Influence des jurisconsultes. — Établissement du Parlement. — Du ministère public. — Des communes. — Des bourgeoisies. — Certains revenus sont attribués exclusivement au roi. — Des Juifs. — Du franc fief. — Revenus féodaux. — Les finances séparées de la justice. — Chambre des comptes. — Altération des monnaies. — Origine de l'impôt. — Sur le sel. — Sur les transports. — Double caractère de l'autorité royale.

Le récit des évènements qui agrandirent le rôle du roi, qui lui permirent de substituer son autorité à celle des barons, appartient à l'histoire proprement dite. Nous nous bornerons à rappeler que cette révolution a été essentiellement judiciaire. Quand Philippe-Auguste se saisit des domaines de Jean-sans-Terre, il le fit pour exécuter un arrêt du parlement.

Déjà s'était introduit dans la féodalité un principe germe de sa mort (1) : « Nulle justice ne peut » plaidier le roi de son droit, fors en sa court ; de » son jugement on ne peut appeler qu'à notre sei» gneur de Lassus, car cil qui appelleroit ne trou» veroit qui droit li fit. » La Cour du roi était

(1) Ord., tom. I, page 270, an 1270.
Ib., page 261.

donc le tribunal où, en dernier ressort, devaient se terminer tous les différends. Les membres du conseil du roi n'étaient pas même obligés de répondre à l'appel par gages de bataille (1); il n'y avait pas pour eux de Cour supérieure où le combat pût se livrer. Dans les affaires décidées par le combat judiciaire, l'appel n'était pas possible; tout était consommé par l'issue même du combat. Dans celles qui semblaient soustraites à cette procédure violente et qui subissaient deux degrés de juridiction, le jugement rendu par les hommes pouvait être faussé et donnait encore lieu aux gages de bataille. Rarement elles devaient remonter à la Cour du roi; elles s'arrètaient dans la cour juge du combat.

Mais, quand saint Louis eut aboli ce genre de preuves, la solution définitive des procès passa de la Cour des vassaux à la sienne; les appels, devenus moins périlleux, se multiplièrent. Or, la réalité du pouvoir judiciaire n'appartient qu'aux juges en dernier ressort; jusqu'à ce qu'ils aient prononcé, la question reste indécise.

Le roi eut donc seul les jugements. Comme l'autorité judiciaire intervient dans les rapports civils, journaliers des particuliers entre eux, c'est, de toutes les fonctions du gouvernement, celle qu'ils sentent le plus; le droit d'appliquer la loi est peut-être plus important dans la pratique que celui de la faire.

(1) Beaumanoir, page 335.

Saint Louis, il est vrai, n'ôta d'abord les gages de batailles que dans ses domaines (1); mais la vieille procédure tomba peu à peu en désuétude. Dès le temps de Beaumanoir, le roi avait acquis le droit de faire des établissements pour tout le royaume (2). Il avait ainsi seul le pouvoir législatif; en outre, l'étude de la jurisprudence romaine, déjà très répandue, avait révélé aux légistes une autorité suprême, fort différente du pouvoir royal, tel que la féodalité l'avait fait. Ils ne tardèrent pas à remplacer les gentilshommes dans les cours de justice; ceux-ci, qui avaient été les juges nécessaires quand la justice s'administrait comme la guerre, étaient incapables, et par goût et par ignorance, de s'astreindre aux formalités judiciaires. Une ordonnance de 1287 ordonna à tous les justiciers de se faire remplacer par des baillis (3); la magistrature devint ainsi une profession spé-

(1) Quant li saint rois Loois les osta de sa court, li ne les osta pas de la court à ses barons.

Beaumanoir, page 309.

(2) Quant li establissement est generans il doit courre partout le royaume.

Beaumanoir, page 205.

(3) Ordinatum fuit per consilium domini regis quod duces, comites, barones, archiepiscopi, abbates......., et generaliter omnes in regno Franciæ temporalem jurisdictionem habentes, præpositos et servientes laicos, et nulla tenus clericos instituant. Malgré l'autorité de De Laurière, nous doutons que le sens de l'ordonnance ait été aussi positif; il nous semble qu'elle a surtout pour but l'exclusion des clercs. En tout cas, elle prouve que l'institution des baillis était déjà générale.

Note de De Laurière sur Loisel, tome I, page 302.

ciale. Les jurisconsultes étaient enclins à donner au roi les droits de l'empereur. Hommes d'étude et non de violence, ils sentaient, en outre, plus vivement le besoin de l'ordre et la nécessité d'une autorité qui pût tout contenir. Les lois féodales, simples coutumes non rédigées, n'étaient pas assez nettement déterminées pour résister à la jurisprudence. Heureusement pour la royauté, quand ces prétentions furent mises en avant, les événements lui avaient donné la force nécessaire pour les soutenir; elle avait en sa faveur la puissance, les besoins de la société, ce que l'on croyait être le droit : elle entraîna tout.

Le parlement prit une forme définitive : dès 1302, Philippe le Bel avait ordonné qu'il y aurait deux parlements à Paris, qui dureraient chacun deux mois (1); ce n'était pas, il est vrai, une cour de justice permanente, puisque les mêmes juges siégeaient aux grands jours de Troyes et à l'Échiquier de Rouen (2). En 1320, le parlement était divisé en requêtes et en enquêtes; on y trouve même le principe du ministère public (3).

(1) Proponimus ordinare quod duo parliamenta parisiensia, et duo scaccaria Rothomagi, et dies trecenses bis tenebuntur in anno.

Ord. de 1302. La Thaum., page 365.

(2) Quatre de ceux de la chambre seront envoyés à l'eschiquier des quiez un sera prelats, et l'autre barons... autant en envoierra l'en aux jours de Troyes.

Ord., tome XII, page 356, année 1302.

(3) Qu'il y ait en chaque parlement une personne chargiée de faire avancer les causes le roy.

Ord., tome I, page 677, au 1318.

Cette institution est, comme on sait, un des caractères spéciaux de notre ordre judiciaire; dans tout délit il y a deux intérêts blessés : celui de l'individu objet du délit, et celui de la société, obligée à garantir la vie et la propriété de tous ses membres. L'action criminelle peut donc être intentée soit au nom de la partie, soit au nom du gouvernement. Les lois françaises ont choisi ce dernier mode, sans toutefois interdire le premier. Elles ont pensé que la punition des coupables était un devoir pour la magistrature; que si un particulier pouvait transiger sur le tort qu'on lui avait fait, il n'avait pas le droit d'étendre cette transaction à la société, intéressée à prévenir le crime, et par le châtiment, et par l'exemple. Ces principes donnent plus de certitude à la poursuite et, en conséquence, à la répression; car il est plus facile d'effrayer un particulier isolé, qu'un magistrat armé de la force publique.

Il semble qu'une innovation aussi éclatante ait dû avoir un grand retentissement dans nos lois, qu'au moins il doive être facile de dire quand elle a été pratiquée pour la première fois. Il n'en est cependant pas ainsi; comme tous les grands changements dans la société française, la féodalité, le pouvoir absolu par exemple, le ministère public s'est fait peu à peu. On trouve une époque où il n'est pas encore, et une autre où il est en vigueur; mais, dans cet intervalle, il est impossible d'assigner une date certaine.

Au temps de Beaumanoir, il n'y avait point de poursuites faites au nom de la justice. Il dit formellement que, s'il n'y a pas de partie plaignante et que le juge n'ait pas par lui-même la preuve du crime, il doit renvoyer le prévenu (1) sans chercher à s'éclairer au moyen d'une instruction : il n'était saisi que par la plainte.

Il est probable que le ministère public n'a pas dû son origine aux idées générales que nous avons exposées. Le roi et les seigneurs propriétaires de justices étaient, comme nous l'avons vu, intéressés personnellement à la punition des délits ; ils recevaient des amendes, des confiscations. Ce fut pour veiller à ces profits judiciaires que furent nommés les avocats du roi et les procureurs des seigneurs (2); mais, comme l'intérêt fiscal s'accordait avec l'intérêt judiciaire et qu'ils étaient tous les deux opposés à l'impunité, ils ne tardèrent pas à se confondre.

Ce qui importait à la société, c'était la répression du crime, et non le motif, qui engageait à le poursuivre.

Les auteurs de ces innovations n'en sentaient peut-être pas la portée ; ils obéissaient aux nécessités du moment sans s'occuper de la révolution opérée.

(1) Beaumanoir, page 160.

(2) Cæterum volumus quod procuratores nostri in causis quas nostro nomine agent contra quascumque personas jurent....., prohibentes ne de causis alienis se intromittere. Le mot alienis est remarquable. Ord. de 1302. La Thaum., page 365.

Les événements ne se jugent bien qu'à distance ; il ne faut donc pas s'étonner des hésitations, des incertitudes ; en 1324, le parlement n'était pas encore sédentaire (1), mais il allait le devenir ; il siégea, dès 1344, dans l'ancien palais des rois (2), on y trouvait déjà une grande Chambre, les requêtes (3), les enquêtes, un personnel nombreux, des officiers ministériels. Dès lors on fixa le nombre des juges, les audiences, les dépens, le serment des avocats : les droits et les devoirs de la royauté s'étant accrus, il fallait qu'elle organisât ses forces.

Le roi était donc le juge des possesseurs de fiefs, puisque chaque vassal pouvait forcer son seigneur à comparaître devant le tribunal suzerain (4) ; mais cette autorité ne s'étendait pas à la population coutumière, celle-ci n'avait aucun rang dans le régime féodal ; elle était la propriété des maîtres sous lesquels elle vivait, et ne pouvait appeler de leur jugement ; l'affranchissement des communes,

(1) Si parliamentum Parisiis non esset.

Ord., tome I, page 782.

(2) Duc., voc. Parliamentum.

(3) Ord., tome II, page 175, an 1342.

La confrérie des procureurs remonte à la même année.

Ord., tome II, page 177.

Le nombre des magistrats du parlement était de quatre-vingts personnes.

Ord., tome II, page 221, an 1344.

(4) Et si n'en a nul si grant dessous li qui ne puist estre trais en sa court pour defaute de droit ou de faus jugement, et pour tous les cas qui touquent au roi.

Beaum., page 181.

au XIe siècle, fit passer les bourgeois de la main des seigneurs sous celle du roi.

Les villes se trouvaient dans une position plus favorable que le plat pays; les chevaliers perdaient dans des rues étroites et tortueuses les avantages de leur science militaire, les habitants étaient unis par cette communauté de vie et d'intérêts née de leur séjour dans un même lieu; quand les bourgeois eurent recours à la force, les seigneurs clercs ou laïques furent obligés de céder: c'est là l'origine des communes; à part quelques villes, elles remontent au XIe ou au XIIe siècle: tous les contemporains en parlent comme d'une chose nouvelle (1).

La commune, dit Guibert, est une chose nouvelle et détestable; les habitants sont obligés à payer une fois dans l'année le prix de la servitude dû à leurs maîtres, et s'ils commettent quelques délits, ils en sont punis par une amende légale. Quant aux autres exactions de tributs imposés ordinairement aux serfs, ils en sont tout à fait exempts (2).

D'après l'aveu d'un ennemi même, le but de la

(1) La plus grande partie des chartes citées par Ducange est de Philippe-Auguste. Les rois en donnèrent ou en vendirent plusieurs. Les vassaux les imitèrent, séduits par le prix attaché à ces concessions. La plus ancienne charte est de Louis VI.

Duc., voc. Communia.

Tunc communitas popularis in Francia instituta est. Ord. vitalis. *Ibid.*

(2) *Ibid.*, an 1008.

commune était purement défensif (1) : les habitants juraient de se protéger mutuellement. Quelquefois les ecclésiastiques ou les nobles prêtèrent ce serment, mais comme garants, puisqu'il était dirigé contre eux ; la commune avait le droit de guerre, celui d'assembler les habitants au son de la cloche, la justice; en un mot, c'était une petite souveraineté, ou plutôt, d'après les idées du temps, un fief dans la mouvance médiate ou immédiate du roi.

Louis VIII (2) regardait comme siennes toutes les villes de communes; quelquefois l'autorité royale intervenait entre les villes et leurs seigneurs pour confirmer ou abolir les chartes.

Le roi et le tiers-état ont toujours fait des progrès communs : ce fut sous Louis le Gros que la royauté sortit de la léthargie où elle s'endormait depuis deux siècles : de la même époque datent les premières chartes de commune. Le peuple et son représentant grandissaient ensemble.

La commune jouissait des prérogatives souveraines, elle nommait ses magistrats, assemblait des milices, enfin elle pouvait se faire craindre et respecter. Le droit de bourgeoisie inspirait moins de méfiance (3), il se bornait à des exemptions accor-

(1) Raynouard, tome II, page 289.

(2) Duc , voc. Communia.

(3) Préface du tome XII des Ordonnances.

dées (1) aux habitants, moyennant finance; les seigneurs eurent aussi leurs bourgeois (2); mais, à la fin du XIVe siècle, le droit de conférer des bourgeoisies n'appartenait plus qu'au roi; seul, il était assez puissant pour que sa protection fût recherchée, assez éloigné pour qu'elle ne fût pas pesante. Plusieurs rois firent construire dans le midi des bastides, espèce d'asile contre la tyrannie féodale. Les habitants pouvaient marier leurs filles, faire leurs enfants clercs, tester, vendre sans autorisation, facultés du droit naturel et qui, alors, étaient des priviléges; enfin ils n'étaient soumis qu'aux juges royaux (3); et comme, jusqu'à Charles IX, il fut admis en principe que la compétence dépendait du domicile de l'accusé et non du lieu du délit, les bourgeois n'eurent rien à redouter de leurs anciens seigneurs.

Ces droits n'étaient pas même attachés à une résidence continuelle dans l'enceinte privilégiée; ils pouvaient s'acquérir par l'accomplissement de

(1) Ord., tome XII, page 383, an 1310.

Ib., page 399, an 1312.

(2) De richief la taille que nous avons sur nos dit borgeois chascun an haut et bas, sans estimacion et somme certaine, nous ramnons et attemprons.

Charte d'un seigneur. Ord., tome XII, page 391.

Cette concession était faite moyennant 500 livres.

(3) Nec est intentionis nostræ quod subjecti nostri possint requirere, aut de præfatis burgesiis retrahere homines suos de corpore adscriptos.

Ord. de 1302, rapportée par La Thaumassière, page 370.

certaines formalités dont la principale était le paiement d'une somme d'argent. Ces concessions étaient, avant tout, une mesure fiscale (1). Un des sens du mot bourgeoisie était la redevance exigée; mais, quels que fussent les motifs, les sujets des gentilshommes leur échappaient. En vain ceux-ci se roidissaient contre le cours des choses, leurs terres se dépeuplaient, et, pour y retenir les habitants, ils étaient obligés de leur accorder les mêmes franchises. Ainsi, à côté de la féodalité et hors de son influence, surgissait une classe nombreuse, active, qui n'avait connu les seigneurs que par des maux endurés, instrument tout disposé à servir contre eux.

La royauté, pendant le XIIIe siècle, acquit le droit de faire des lois pour tout le royaume. Pour quelques établissements qui devaient être en vigueur hors de ses domaines, le roi commença par prendre le consentement de ses barons (2). L'ordonnance de saint Louis sur le combat judiciaire ne fut reçue que dans ses domaines; mais son ordonnance contre les blasphémateurs fut applicable à tout le royaume : « Et ainsi face chaque sei-

(1) Ai donné en perpétuelle aumosne à l'abbaye de..., à prendre sur mes bourgesies de Guise, par la main di cil qui pour lors recevra les dites bourgesies.

Charte du comte de Blois, de 1277. Duc., voc. Borgesia.

(2) Hoc stabilimentum durabit quousque et nos et comitissa trecensis et comes Guido aliud diffaciamus.

Ord., tome I, page 45. Règne de Philippe-Auguste.

» gneur garder en sa terre (1). » Beaumanoir reconnaît que le roi a pu faire des établissements pour le bien commun du royaume ; ainsi il a seul le droit de délivrer la charte de commune; il en donne même la raison : le gentilhomme tenait ses serfs de son supérieur ; en les affranchissant, il *apetiçait* le fief dominant (2); il disposait d'une propriété qui n'était pas à lui. Ces progrès avaient été graduels. Excepté le droit d'affranchir les serfs fondé sur les idées féodales, ils supposaient dans le roi un autre titre que sa qualité de suzerain : un droit de police sur tout le royaume. C'était en vertu de ce principe qu'il avait la garde de toutes les églises (3).

Ainsi le roi eut le droit de réclamer les hommes qui déclaraient lui appartenir (4); ses officiers purent exploiter dans les terres des barons lorsque ceux-ci négligeaient de le faire (5); enfin la connaissance des cas royaux, déférés exclusivement aux justices royales, resserrait la juridiction féodale.

La marche de la royauté, dans cette voie, ne fut pas continue ; il y eut des réactions, et, pour un moment, elle fut obligée de rétrograder. Les

(1) Ord., tome I, page 102, an 1268.

(2) Ord., tome I, page 255, an 1268.

(3) Beaum., page 260.

(4) Établissement de Saint-Louis, page 270.

(5) Ord., tome II, page 62, an 1330.

premiers Valois ne conservèrent pas les conquêtes judiciaires de Philippe le Bel, et rendirent à leurs vassaux quelques-uns des droits dont ils les avaient dépouillés (1). Les seigneurs eurent la législation dans leurs fiefs; mais il fallait que le roi confirmât leurs lettres (2). Le terrain n'était pas abandonné pour longtemps; les concessions même faites aux barons (3), la confiscation des bannis, le droit de juger les appels, de battre monnaie, prouvent qu'à cette époque le pouvoir royal était devenu la règle, et le pouvoir féodal l'exception. Un siècle plus tôt, les possesseurs de fiefs n'eussent pas même senti le besoin d'être rassurés contre ces empiétements (4); ils avaient cette sécurité que donne la conscience du droit et de la force. Enfin le roi se réservait toujours les cas royaux, que l'interprétation judiciaire étendait sans cesse.

Ce changement dans l'autorité, qui faisait du roi un magistrat, tandis qu'auparavant il n'était guère que le propriétaire d'un plus grand fief, lui donna la possession exclusive de certains revenus, qu'il partageait dans l'origine avec ses vassaux. Les Juifs étaient une des propriétés les plus lucratives de ces temps barbares. L'état de leur nation, répandue

(1) Ord., tome I, page 693, an 1319.
(2) Ord., tome II, page 71, an 1331.
(3) Quod bona bannitorum ipsis nobilibus conceduntur. Ord., tome I, page 699, an 1319.
(4) Ord., tome II, page 126, an 1338.

partout, l'avilissement qui leur interdisait toute profession honnête en avaient fait les courtiers et les usuriers de l'Europe; l'argent monnoyé était en leurs mains, mais leurs personnes appartenaient aux seigneurs (1). Ils étaient vendus, transportés avec les terres; ils étaient tellement considérés comme la chose du seigneur que, s'ils se convertissaient, leurs biens étaient confisqués à son profit; c'était le dédommagement des taxes que celui-ci perdait par leur changement de religion. Ce ne fut qu'en 1363 que fut abolie cette législation peu chrétienne. Quand il fut admis que le roi avait un droit de surveillance sur tout le royaume, il disposa seul du sort des Juifs (2). Les Lombards enrichis par le même commerce étaient enveloppés dans la même réprobation (3) : ils étaient proscrits, quand leurs richesses éveillaient l'avidité; rappelés, quand le besoin d'argent les rendait nécessaires (4). . . . .

L'héritage du bâtard et de l'aubain, l'amortissement des fiefs, acquis par les vilains et par les gens d'église, furent de même enlevés aux seigneurs.

L'amortissement et le franc fief étaient une digue élevée pour défendre la féodalité, qui ne laissait

(1) Établissement de saint Louis, page 184. Judæum suum, Judæum domini. Ord., tome I, page 53.

(2) Duc., voc. Judæus.

(3) Duc., voc. Caorsini.

(4) Ord., tom. I et II. Passim.

rien entrer dans son cadre et n'en laissait rien sortir. Un fief possédé par un vilain ou par une église ne pouvait plus être desservi. Le seigneur perdait, dans le premier cas, le service militaire; dans le second, les taxes féodales, exigées à chaque mutation. Les principes des fiefs exigeaient que tous les seigneurs jusqu'au roi fussent indemnisés; une telle difficulté eût rendu les acquisitions impossibles. Le cours des choses, qui apportait au tiers-état et à l'Église une part toujours plus large dans la propriété, emporta ces usages (1). Le roi se réserva le droit de relever les roturiers et les prêtres de leur incapacité. En 1391, il déclara qu'à lui seul appartenait le droit d'amortissement; depuis Philippe le Bel, le franc fief n'était également dû qu'à lui. Ces droits furent souvent proclamés, rarement exigés; l'amortissement était une menace pour forcer le clergé à contribuer de sa bourse. Le franc fief ne devint une imposition régulière que sous Louis XIV, dans un temps où la féodalité ne donnait même plus signe de vie. Ce n'était qu'un expédient financier; mais il consacrait une inégalité blessante, il était en opposition avec toutes les mesures du même règne.

Les aubains étaient ceux qui habitaient un autre

(1) Philippe le Hardi est le premier qui ait exigé le droit d'amortissement.

Ord., tome I, p. 797. Il n'existait pas sous Saint-Louis. *Ib.* p. 213.

diocèse (1). Ils étaient tenus de se choisir un seigneur dans l'an et jour; s'ils négligeaient cette formalité, ils devenaient exploitables au baron. Ces coutumes prouvent assez combien l'existence de chaque fief était isolée; il n'y avait de rapport qu'entre le vassal et le seigneur, en ligne directe, pour ainsi dire.

Les revenus du roi n'étaient donc que ceux d'un grand propriétaire; il avait sur les vassaux immédiats de la couronne les droits que ceux-ci avaient sur les arrière-vassaux : les taxes perçues aux diverses mutations, les profits judiciaires, les aides légales; il paraît même douteux que ces taxes aient été levées sur les grands feudataires avant Philippe le Bel (2); du moins, les documents législatifs n'en parlent pas avant cette époque. Une ordonnance de 1318 prouve que les gens des comptes n'étaient guère que des intendants : ils doivent vendre le poisson des étangs, quand les viviers seront remplis, et employer le produit des étangs à l'achat du poisson de mer; celui du bois, à l'achat des volailles. De pareilles fonctions ne sont guère du ressort de la magistrature.

(1) Se aucuns hons estrange vient ester en aucune chatellenie, et il ne face seigneur dedans l'an et jour, il en sera exploitable au baron. Ord., tome I, page 176, an 1270.

(2) Ord., tome I, page 534, année 1313. L'aide qu'il leva pour la chevalerie de son fils lui fut même contestée. Le parlement prononça en faveur du roi.

Les tribunaux étaient une des principales ressources de la couronne; ils étaient compris dans la finance (1), et le produit en était affermé. Ce fut même un des reproches que Boniface VIII adressa à la mémoire de saint Louis pour s'opposer à sa canonisation (2). Ainsi les empiètements des justices du roi servaient à la fois sa richesse et sa puissance.

Les prévôts et les baillis étaient une institution de Philippe-Auguste : avant lui leurs fonctions étaient remplies par les sénéchaux; mais ceux-ci relevaient du grand-sénéchal, feudataire puissant, propriétaire héréditaire de sa charge. L'action royale était donc gênée même dans ses domaines. La difficulté fut tournée au lieu d'être attaquée de front; depuis 1191, il n'y eut plus de grand-sénéchal; les baillis et les prevôts, dont les noms ne rappelaient que l'autorité royale, devinrent ses seuls agents.

L'administration de la justice et la perception des revenus furent longtemps dans les mêmes mains; mais on ne tarda pas à éprouver le besoin de séparer l'une de l'autre; des receveurs furent créés, il fut même interdit aux baillis de vendre

(1) Les baillis baudront les prévotés, péages, les sceau, écritures, et autres marchiés du roi.

Ord., tome I, page 462. Il nous serait facile de multiplier les citations.

(2) Duc., voc. Præpositus.

les fermes du roi (1) : une comptabilité plus régulière commença à s'établir. En 1316 (2), on trouve déjà des trésoriers obligés de compter à la Chambre des comptes, un trésorier des guerres; la même ordonnance de 1318 porte que toute recette vienne au Trésor et que nulle assignation ne soit faite que sur ledit trésor (3); enfin, en 1320, la composition de la Chambre des comptes, son indépendance sont fixées; déjà était ébauchée toute l'ancienne monarchie.

Tout faibles qu'étaient les revenus féodaux, ils pouvaient suffire quand la royauté était confinée dans ses domaines; mais il est rare que les révolutions emportent à la fois et la forme et le fonds, et les institutions du passé sont forcées de s'adapter à des circonstances pour lesquelles elles ne sont pas faites; la différence était grande entre les premiers capétiens et Philippe le Bel : celui-ci toutefois, pour des entreprises bien plus importantes, n'avait que les mêmes ressources; la réunion de plusieurs grands fiefs les avait augmentées, sans en changer la nature, et le produit des propriétés privées ne croit pas en proportion de leur étendue.

Philippe le Bel se débattit contre la nécessité; il employa tous les moyens usités de son temps, aliéna les domaines, persécuta les Juifs, fit con-

(1) Ord., tome I, page 714, an 1320.

(2) Ord., tome I, page 658, an 1318.

(3) Ord., tome I, page 706.

damner les templiers, leva des aides sous différents prétextes : tous ces efforts n'aboutirent qu'à un revenu de 80 mille marcs (4 millions de notre monnaie) ; il est même permis de croire que cette évaluation est exagérée (1), puisque ce fut le chiffre que lui reproche Boniface VIII. Philippe-Auguste, ajoutait celui-ci, n'avait levé que 36 mille marcs.

Les altérations des monnaies étaient la seule mesure qui atteignît les gentilshommes en dehors de leurs devoirs féodaux. Depuis saint Louis, la monnaie des barons n'avait plus cours que dans leurs terres (2) ; celle du roi, au contraire, était reçue partout. Le nombre des seigneurs ayant le droit de battre monnaie diminuait chaque jour ; ils étaient quatre vingts sous saint Louis et n'étaient plus que trente-deux sous Charles le Bel (3) : le bénéfice des falsifications pouvait donc être considérable, surtout à une époque où distinguer le titre des métaux était un art peu répandu. Mais, ce que le roi gagnait comme faussaire, il le perdait comme propriétaire ; il a fallu cinq siècles pour que le gouvernement renonçât à ces altérations, et c'est après la régence seulement qu'il s'est aperçu que le vol était une spéculation détestable.

Vendre, aliéner le domaine était une chose toute naturelle, puisqu'il ne se composait que de

(1) Dupuy, cité par Boulainvilliers.

(2) Ord., tome I, page 595, année 1265.

(3) Ord., tome I, page 624.

propriétés privées ; mais ce n'était qu'un palliatif qui grevait l'avenir au profit du présent : les aliénations sont une ressource qui s'épuise elle-même. La même cause, le besoin d'argent, faisait que tantôt les rois vendaient leurs domaines et que tantôt ils retiraient leurs concessions ; ils eussent voulu conserver et le prix et la chose. Les légistes vinrent en aide à la royauté et proclamèrent le principe que le domaine était inaliénable ; c'était distinguer nettement l'autorité souveraine d'avec la personne du roi.

Les recherches infructueuses que tous les souverains ordonnèrent sur les domaines prouvent assez combien cette garantie était illusoire : cette fiction légale qui mettait, hors du commerce des bois, des terres, était contraire à la nature des choses, et ne fut jamais reçue qu'en théorie ; en fait, les engagements, les ventes se multipliaient, et ce fut un bien ; sans cela, une partie de la France se fût immobilisée et fût restée étrangère à la richesse qu'ajoutent au sol l'industrie et l'activité particulières.

Quand plus tard de véritables impôts vinrent se joindre aux propriétés privées, revenu primitif des souverains, on s'imagina que le nom commun de domaines suffisait pour leur donner la même nature, et l'on vit successivement les rentes, les aides passer entre les mains des particuliers. L'abus fut même poussé si loin, que Sully put faire rentrer pour 200 millions de notre monnaie de domaines engagés.

Le roi avait deux espèces d'autorité dans le royaume; celle de suzerain dans les fiefs de ses vassaux, et celle de seigneur dans les fiefs dont il était le propriétaire direct. L'une était plus étendue que l'autre; hors de ses domaines, il n'avait que des vassaux, dont les conditions, les devoirs étaient réglés d'avance; dans ses domaines, il avait des sujets; il exerçait sur ceux-ci les mêmes droits que les seigneurs dans leurs terres, et comme il se trouvait à la fois et leur supérieur féodal et leur seigneur direct, son pouvoir y était plus absolu que celui des particuliers; car ces derniers avaient un supérieur dans le suzerain.

Les grands vassaux sentaient bien combien cette réunion des deux titres dans la personne du roi était fatale à la féodalité; pour en prévenir l'extension, ils obtinrent plusieurs fois du roi qu'il n'achèterait pas de fief relevant d'eux ou qu'il leur fournirait un homme pour accomplir les services dus par le fief inférieur au fief dominant.

Mais la nuance qui séparait les anciens vassaux des ducs de France, des feudataires de la couronne, s'effaça de plus en plus; c'était une de ces distinctions subtiles, faciles à soutenir dans la théorie, mais que la pratique emporte toujours. L'autorité royale gagne à cette confusion.

Philippe le Bel leva un droit à l'extraction du

sel (1); en 1302, il imposa les marchandises à la sortie. La manière même dont il s'y prit pour établir cette nouvelle taxe prouve combien il était peu sûr de l'obéissance. Il défendit l'exportation de toutes les marchandises, en se réservant de dispenser de cette prohibition moyennant finance; le droit était de sept deniers par livre (2).

La gabelle proprement dite et un droit de 4 deniers pour livre sur les marchandises remontent à Philippe le Long (3) : ce prince promit de les abolir et de ne pas les incorporer à ses domaines. Sous Charles le Bel, la quotité d'un impôt sur les consommations est fixée à 2 sous par tonneau de vin (4), à 6 deniers par bœuf. Telle est l'origine modeste des taxes indirectes. L'impôt direct n'a commencé qu'un siècle plus tard.

Dans la société moderne, les finances ont toujours été un objet d'une extrême gravité; tous les changements s'y sont toujours révélés par une modification du revenu public. Le vote de l'impôt a créé dans un pays voisin la liberté politique; en France, la répartition plus équitable de l'impôt s'est associée aux progrès de l'égalité. Chez les anciens, au contraire, il n'y avait rien de commun entre les révolutions financières et les révolutions

(1) Ord., tome I, page 721.
(2) Ord., tome I, page 351.
(3) Ord., tome I, page 679, année 1318.
(4) Ord., tome I, page 784, année 1324.

politiques. La cause de cette différence se trouve dans le droit des gens reçu alors. La guerre était dirigée et contre l'État et contre les particuliers; le vainqueur disposait à son gré non seulement de l'indépendance de l'État, mais encore de la liberté civile; les biens des vaincus, leurs personnes même devenaient sa propriété. La guerre était donc une source de richesses; on éprouvait moins le besoin d'en appeler aux fortunes privées.

Le nombre des citoyens actifs était limité par l'esclavage; chez nous, il n'est pas un individu que l'impôt n'aille frapper. A ce titre, tous concourent au gouvernement, au moins par leur obéissance. Ces deux causes rendent l'impôt plus fréquent, le répartissent sur un plus grand nombre de personnes; toutes les oscillations qu'il subit doivent donc se faire sentir.

Ces essais, tout timides qu'ils sont, marquent une ère nouvelle pour la royauté. Lever un impôt sur tous les habitants, c'était parler au nom de l'intérêt général, s'en proclamer le représentant et se créer par là un titre différent de celui des seigneurs : le suzerain féodal était devenu un magistrat. Ce changement était une conséquence de l'affranchissement des classes inférieures. Le serf, devenu bourgeois du roi, se trouvait placé sous son autorité immédiate; ce n'était plus le régime des fiefs où l'action se transmettait de degré en degré et arrivait presque épuisée au terme de l'échelle sociale : ici il n'y avait aucun intermédiaire entre le commandement et l'obéissance.

Il y eut pendant un temps deux sociétés en France.

Dans l'une, la souveraineté n'appartenait au roi que par ressort, les serfs et les hommes coutumiers étaient les sujets des seigneurs; l'autre, au contraire, ne reconnaissait de supérieur que le roi. Outre les causes générales, telles que l'extension des domaines de la couronne, il y en avait une particulière qui favorisait les nouveaux principes : les sujets des gentilshommes pouvaient toujours se soustraire à leur autorité au moyen des bourgeoisies royales. La société moderne se recrutait sans cesse aux dépens de l'ancienne; elle gagnait toujours, tandis que sa rivale ne pouvait que perdre; à la longue, elle devait l'anéantir.

CHAPITRE III.

DÉCADENCE DE LA FÉODALITÉ.

Des premiers greniers à sel. — Aides. — Vote des impôts. — Falsifications des espèces. — États particuliers. — États généraux. — Assemblée de 1355. — Origine de la juridiction spéciale pour les impôts. — Assemblée de 1356. — Son esprit et son pouvoir. — Raisons qui font avorter cette tentative. — La royauté en profite. — Règne de Charles V. — Imposition foraine. — Commencement de l'inégalité entre les diverses provinces. — Le monopole des armes enlevé à la noblesse. — Caractère nouveau de la royauté. — Insurrection contre les taxes sous Charles VI. — Elle est réprimée. — Création de la cour des aides. — Les seigneurs perdent leur autorité exclusive sur les hommes. — Le roi lève des impôts sans consulter leurs États. — Règne de Charles VII. — Ordonnance de 1439. — Institution d'une armée permanente et de la taille. — Part prise par les États à cette révolution. — Francs archers. — État du revenu public. — Réforme judiciaire. — Parlement de Toulouse. — Rédaction des coutumes. — État de la nation divisée en deux classes.

Les premiers greniers à sel furent établis en 1342 (1), les officiers furent déclarés juges de tous les délits commis à l'occasion de cet impôt; ils furent même indépendants du parlement. C'est là que remonte cette juridiction exceptionnelle, une

(1) Ord., tome II, page 179.

de celles qui ont pesé le plus durement sur les classes inférieures de la société : c'était une idée malheureuse que de réunir la fiscalité et la magistrature dans les mêmes mains; le juge se trouvait porté à préférer les intérêts du fisc à ceux de la justice, et punissait, comme des attentats contre la société, les ruses au moyen desquelles les contribuables se dérobaient à l'impôt.

De vives réclamations s'élevèrent contre cette taxe nouvelle (1) : Philippe de Valois, d'après l'avis des *barons, chapitres et bonnes villes*, déclara que son intention n'était pas de la conserver à perpétuité; cette promesse fut oubliée, nul n'était là pour la faire valoir. C'était un pas immense pour le roi d'avoir, dans tout le royaume, atteint les fortunes les plus élevées; en se soumettant, nobles et roturiers se reconnaissaient sujets au même titre. La royauté était un lien entre les diverses provinces de la France; plus tard, les États généraux essayèrent de se mettre à sa place, mais leur tentative échoua.

Les taxes indirectes, pour être productives, supposent un commerce actif, une surveillance habile, toutes choses qui manquaient; elles étaient d'un faible secours dans la situation critique où le pays allait se trouver. La féodalité avait été une guerre continuelle de province contre province, de château contre château; mais, jusqu'à la guerre

(1) Ord., tome II, page 239, an 1345.

des Anglais, la royauté n'avait pas eu à défendre sa propre existence. La force des armées, les revers accumulés, la puissance d'Édouard, légitimaient l'appel de toutes les ressources du pays : à une guerre nationale la nation dut concourir; mais le régime féodal n'avait pas habitué les esprits au pouvoir absolu. Les gentilshommes n'étaient engagés envers le suzerain que sous conditions, et ces conditions ne pouvaient être changées par une seule volonté; les bourgeois qui avaient conquis ou payé leur liberté avaient pris les idées politiques répandues autour d'eux : il fallut donc consulter les *prélats*, *barons* (1), *subges et habitants du royaume de France*; leur délibération n'était pas une vaine formalité. Nobles et bourgeois avaient grand soin d'exiger (2) qu'*aucun droit nouveau sur eux ne fût acquis* (3). Les barons ou les bourgeois percevaient eux-mêmes l'aide accordée (4); ils y mettaient des conditions et en déterminaient l'emploi.

Une autre aide (5) n'était accordée que pour la

(1) Ord., tome II, page 242.

(2) Ord., tome I, page 768.

(3) Et voulons que de parmy cette dite aide, nul droit ne soit acquis à nous contre ladite ville.

Ord., tome II, page 20.

Ibid, page 27.

Ibid., page 79.

(4) Laquelle aide nous voulons être levée pour un an et sous les conditions ci-dessus escrites et non autrement.

Ord., tome II, an 1349.

(5) Ord., tome II, page 393, an 1350.

guerre et devait cesser avec elle. En échange, le roi défendait la guerre entre nobles; le peuple comptait déjà pour quelque chose.

Le principe des gouvernements modernes, le consentement des gouvernés à l'impôt et le droit de contrôle sur les perceptions ne furent jamais contestés avant la fin du XIVe siècle. Le roi était entièrement maître sur son domaine; il pouvait tailler à miséricorde les serfs non affranchis; mais, quand les vassaux lui accordaient une aide, ils y mettaient des conditions auxquelles il fallut se soumettre, tant qu'ils furent assez forts pour se faire respecter. Plus tard, le roi put confondre l'aristocratie abattue avec les hommes de ses domaines; alors il parla en maître aux nobles et au tiers-État.

Cependant, à côté de la liberté, se glissait le despotisme : le roi, qui n'eût osé exiger, sans l'aveu de ses sujets, la contribution la plus légère, les taxait à son gré d'une manière indirecte; il les atteignait dans toutes leurs relations par ses changements continuels sur les monnaies, et cette falsification amenait la tyrannie. Tous les rapports entre la valeur des choses étant changés, on essayait de les fixer par des ordonnances. Soit achat, soit usurpation (1), les rois avaient acquis le droit exclusif de battre monnaie dans le royaume. On crut que, parce que le roi pouvait seul donner l'empreinte,

(1) Ord. préf., tome III, page 101.

il pouvait aussi déterminer la valeur; en un mot, que les espèces étaient un signe dont la signification était arbitraire. Ces idées étaient celles des contemporains : le monnéage est une aide de deniers (1) due au duc de Normandie pour qu'il ne fasse changer les monnaies. Le roi déclare que, si les États ne lui accordent pas des subsides, il retournera à son domaine des monnaies; il est impossible d'annoncer plus ouvertement la falsification, que de la regarder comme une source légitime de produit, comme un domaine, et sans nul doute, si le roi eût eu quelque soupçon sur la validité du droit, il n'eût pas ainsi affiché l'intention de l'exercer.

Philippe le Bel avait le premier donné cet exemple (2) : le marc d'argent, dont la valeur, à son avénement, était de 3 livres 6 sous, fut porté en neuf ans, par des altérations successives, à 8 livres 10 sous; il retomba subitement à 2 livres 15 sous: en 1316, il était descendu de 5 livres 5 sous à 2 livres 4 sous. Les successeurs de ce prince marchèrent dans cette voie. En 1342, le marc passa de 13 livres 10 sous à 3 livres 4 sous; mais jamais cette exaction n'eut lieu d'après une proportion aussi forte que sous le roi Jean. Cette bonne foi, qui, disait-il, devait se retrouver dans le cœur des rois, si elle était bannie de la terre, il ne croyait pas

(1) Ord. préf., tome III, page 103.

(2) Leblanc, Des monnaies.

qu'elle fût de mise avec ses sujets; il ordonnait à ses officiers le plus grand secret, et si *aucun demande à combien les blancs sont de loy, feignez qu'ils sont à six deniers* (1), ils étaient à 4 et demi; l'étendue des falsifications ôtait toute efficacité à ces ruses. Le roi avait beau dire que nul ne soit assez hardi de faire aucun marché au marc d'or et au marc d'argent (2); il n'est pas de loi qui empêche un marchand de se précautionner contre la fraude, et la subtilité de l'intérêt privé se jouait des prohibitions légales.

Dans une seule semaine, les monnaies subissaient des variations brusques : en 1351, le marc valut 6 livres 14 sous, et 5 livres. Pendant la courte puissance des États, ces altérations furent suspendues. Les nobles et les bourgeois souffraient également de cet état de choses où toutes les valeurs étaient incertaines, tous les contrats altérés. Il dut y avoir, à cette époque, à peu près la même défiance et par suite la même disette qu'au temps des assignats; le désastre dans les fortunes particulières s'ajoutait aux ravages de la guerre. La première condition que les États mettaient à leurs aides était qu'on retournerait à la forte monnaie; ils avaient vu tant de désordres, tant d'encouragements à la mauvaise foi nés des diminutions du poids et de titre, qu'ils crurent que les remettre

(1) Leblanc, page 259.

(2) Ord., tome II, page 186, an 1343.

dans leur état primitif était le meilleur remède (1). C'était une erreur; car au mal déjà fait ils en ajoutaient un nouveau. Les engagements pris sous la faible monnaie, exécutés sous la forte, blessaient l'équité et la justice, tout comme lorsqu'on passait de la forte à la faible; seulement, dans le premier cas, le débiteur était volé; dans le second, le créancier.

Quand les États eurent échoué dans leur tentative passagère d'autorité (2), le gouvernement royal reprit ses anciennes habitudes; en 1359, le marc passa de 112 livres à 11 en dix jours. Cependant cette ressource frauduleuse s'épuisa; elle ne reparut que dans les temps de désordre, où rien n'était mauvais, si le besoin du moment était satisfait. Sous Charles V et sous son fils, la monnaie fut stable jusqu'aux malheurs de ce dernier règne; en 1418, le marc valut successivement 9 livres 16 sous, 8 livres et 7 livres. Le dauphin, dans la partie du royaume qui reconnaissait son autorité, décupla en deux ans la valeur du marc; après la mort de son père, il le remit à 7 livres. Depuis lors jusqu'à Louis XIV, le poids réel de la livre subit des diminutions successives, mais ré-

(1) Que le roy remit ses monnoies en l'état du poids et de la loy, qu'elles étaient au tems de Monsieur saint Louis.

Leblanc, page 227.

(2) De l'année 1358 seule, il reste quinze ordonnances sur les monnaies.

Ord., tome III.

parties dans un espace de deux siècles, en sorte qu'elles passèrent presque inaperçues. Le désordre des finances était si grand à la fin du XVIIe siècle, les besoins si impérieux, qu'il fallut en même temps créer les impôts les plus modernes et ressusciter les exactions féodales.

Les États généraux, à la fin du XIVe siècle, grandissent, se développent, sans qu'on puisse déterminer avec précision la date de leur naissance. Le suzerain féodal n'était rien moins qu'absolu; à chaque effort un peu sérieux, il convoquait ses vassaux pour s'assurer de leur concours. Ces assemblées se nommaient Parlement, États; quand le progrès de la société eut donné aux bourgeois des villes quelque importance, ils furent appelés à ces réunions avec leurs maîtres. Cette émancipation politique du tiers-État ne remonte pas plus loin dans le nord qu'au règne de Philippe le Bel, à l'époque de ses démêlés avec Boniface; l'innovation ne parut pas assez importante aux contemporains pour qu'ils nous aient donné des détails. Les successeurs de ce prince l'imitèrent: les États furent convoqués plusieurs fois et accordèrent les secours d'argent demandés; mais il n'y avait aucune analogie entre eux et les assemblées politiques de nos jours. Presque toujours le roi ne s'adresse qu'à des villes, à des réunions particulières (1); il ne semble pas que le royaume ait un

(1) Ord., tome II, passim.

intérêt commun : certaines provinces (1), celles qui sont le plus anciennement réunies à la couronne, sont seules appelées à concourir à sa défense. Chacun défendait la cause de sa ville, de sa province ou de son ordre, et faisait sa condition la meilleure qu'il pouvait. Jusqu'au règne du roi Jean, aucun intérêt général n'est soutenu par les États.

Au commencement de ce règne, il y eut une assemblée générale des États, de la langue d'oil et de la langue d'oc; les deux langues délibérèrent à part (2); les diverses provinces de chaque langue ne se soumirent même pas à une résolution commune. Les députés aux États n'étaient que des mandataires; ils ne pouvaient ni étendre, ni interpréter la nature de leurs pouvoirs; ils représentaient non pas la nation ni même leur ordre, mais les provinces ou la communauté qui les avaient envoyés; pendant plusieurs années, il n'y eut pas d'assemblées générales, mais seulement des convocations partielles de provinces.

Le midi et le nord, ou, comme on parlait alors, les deux langues, ne firent plus partie d'une même assemblée (3); mais les États de 1355, composés des députés de la seule langue d'oil, manifestent

(1) Ord., tome II, pages 557, 567.
Préf., tome III.
(2) Ord., tome III, préf., pages 34 et 35.
(3) Ord. préf., tome III.

un esprit et des principes tout différents; les revers multipliés, l'importance de la guerre qui se faisait chez eux, à leurs dépens, réveillèrent quelques idées politiques. Ils accordèrent au roi Jean 30,000 gendarmes (1) et 5,000,000 pour les entretenir; mais la gabelle et l'imposition de 8 deniers par livre sur toutes les ventes de meubles durent être payées même par le roi. Le produit de cette taxe fut affecté spécialement à la guerre; les trésoriers du roi ne furent pas chargés de la lever ni de la distribuer; les trois États se réservaient le droit de choisir et de commettre *autres bonnes gens*. C'est là l'origine de la juridiction spéciale établie pour les impôts. Jusqu'alors il n'y avait eu qu'un ordre de juges, les parlements et les baillis; ils prononçaient donc à la fois et sur les matières judiciaires et sur les matières administratives : la connaissance de ces dernières affaires fut transportée aux élus; ceux-ci, dans le principe commissaires *des États*, exercèrent bientôt leurs fonctions au nom du roi, et leur nom rappela seul qu'ils avaient été les agents du contribuable avant d'être ceux du pouvoir. Le roi faisait aussi des concessions; il renonçait au droit de prise exercé par ses pourvoyeurs, aux empiètements sur les justices seigneuriales, enfin à son domaine des monnaies.

La taxe indirecte créée par les États de 1355,

(1) Ord., tome III, pages 7, 29, 34, an. 1355.

excita un mécontentement si général, qu'il fallut la remplacer par une capitation (1); elle était proportionnelle, mais en raison inverse de l'importance des revenus. Jusqu'à 100 francs de rente, on payait 4 francs par cent; au delà du premier cent, 2 francs : le pauvre était sacrifié au riche. Le Languedoc, lorsque la défaite de Poitiers accrut la détresse du gouvernement et la force du tiers-État, accorda des hommes et de l'argent, en exigeant les mêmes garanties de surveillance que la Langue d'oil (2). La meilleure partie de la noblesse était tuée ou prisonnière, le roi au pouvoir des ennemis, et, dans ce temps, le gouvernement n'était pas entouré d'institutions suffisantes pour combler ce vide : tout tenait tellement à la personne du roi, qu'une partie du conseil le suivit dans sa captivité (3). Le clergé et le tiers-État étaient donc les maîtres dans les États de 1356. Ces deux ordres ont eu longtemps les mêmes passions et les mêmes intérêts; le prévôt Marcel et l'évêque de Laon au XIVe siècle, les curés et les Seize sous la Ligue étaient les chefs du mouvement populaire. Le cardinal de Retz a exercé le dernier cette espèce de tribunat.

Les États vendirent chèrement leur aide au dauphin : il fut forcé de destituer vingt-deux de ses

(1) Ord., tome III, page 54.
(2) Ord., tome III, page 118, an 1356.
(3) Ord., tome III, préf.

officiers (1); l'aide dut être levée par les trésoriers des États; un conseil choisi par eux fut imposé au dauphin, il ne put faire la paix sans prendre son avis; enfin ils purent se rassembler sans convocation pour adviser sur le *fait de la guerre* et le *gouvernement du royaume*. Plusieurs abus furent corrigés, les aliénations des domaines révoquées, le droit de prise (2), les nouvelles garennes abolis, le droit de guerre interdit aux nobles, enfin l'administration de la justice réformée; chose d'un intérêt immédiat dans un temps où le roi avait à faire valoir tant de droits comme propriétaire: les droits des seigneurs n'étaient pas plus respectés que ceux du roi; l'aide ne passait pas leurs mains, elle était perçue par les gens des États.

Cette assemblée se crut le droit de représenter le pays; elle déclara que, si le duc de Bourgogne et le comte de Flandre ne comparaissaient pas à la première convocation, ils n'en seraient pas moins tenus de tout ce qui pourrait être ordonné par les États (3).

Il y avait là toute une révolution et l'esprit de

(1) Ord., tome III, page 130.

(2) Le droit de prise était la faculté de s'emparer des chevaux, voitures, blés et autres denrées, sans les payer : il appartenait au roi, à ses enfants, au chancelier, au connétable, et à tous les principaux officiers ; c'était la violence érigée en droit. Ord., tome III, page 28. Cette vexation continua encore ; il en est souvent question dans les ordonnances du XIVe siècle.

(3) *Ib.*, page 128

1789; mais alors la noblesse seule avait la force et les lumières. La chevalerie, la guerre avaient donné aux gentilshommes une communauté d'idées et une solidarité d'intérêts; le dévouement et l'activité des bourgeois, au contraire, ne s'étendaient pas au delà des murailles de leur ville. La jacquerie a été combattue par tous les gentilshommes, tandis que les bourgeois de Paris donnaient au roi des secours pour qu'il écrasât en Flandre l'insurrection des communes. Enfin le tiers-État était peu nombreux; la plus forte partie de la population roturière n'était pas consultée : comme dans les siècles antérieurs, les serfs n'avaient été affranchis que par des concessions particulières, il n'y avait guère que les habitants de quelques grandes villes qui envoyassent des députés aux États, c'était un privilége pour lequel il fallait montrer un titre. Le reste de la nation, serve ou franche sous certaines conditions, était représenté par les nobles et les gens d'Église : ceux-ci stipulaient et pour eux-mêmes et pour leurs sujets, qui étaient leur propriété; cette distinction des diverses classes de la société est évidente dans l'ordonnance de 1358 (1).

(1) Lesdites gens d'Église et les nobles de et sur leurs hommes, hostes et justiciables de leurs bonnes villes, de 70 feux un homme d'armes de demi-escu par jour; et des gens du plat pays, c'est assavoir des franches personnes, et de leurs serfs ou condicionnés, puisqu'ils soient abonnés, ou qu'ils ne soient taillables haut et bas voulenté chascun an, de cent feux un homme d'armes de demi-

A Paris, le prévôt Marcel était tout-puissant; il fit massacrer un des conseillers du dauphin sous les yeux de son maître, et força celui-ci de prendre le chaperon rouge. Quatre siècles plus tard, Louis XVI, au mois de juin, se couvrit du bonnet rouge. Ces cruautés, l'insurrection des Jacques qui égorgeaient les gentilshommes sans distinction de parti, ouvrirent les yeux à la noblesse; elle vit que son existence était en jeu et que le peuple lui voulait plus de mal qu'à la royauté. Le dauphin profita de ces dispositions nouvelles et convoqua les États de la Langue d'oil à Compiègne, loin de l'influence révolutionnaire de Paris et de Marcel (1). La réaction eut lieu plutôt contre les auteurs du mouvement de 1356 que contre le mouvement lui-même. Les trésoriers, les réformateurs nommés par les derniers États furent révoqués; mais la nomination des gens qui *gouverneront le fait de ladite aide* fut laissée aux prélats, barons et gens de bonnes villes (2). Il s'écoula encore un an avant que Charles osât rendre à ses serviteurs les offices dont ils avaient été privés en 1356.

Cet esprit de révolte et d'indépendance, qui fer-

escu par jour; et de leurs sers, demourans ou plat pays qui envers eux sont astrains de telle servitude, comme taillables chascun haut et bas à voulenté de deux cents feux un homme d'armes.

Ord., tome III, page 228. Dans l'article précédent, il est parlé de l'aide accordée par les gens des bonnes villes; celui-ci ne s'applique qu'aux gens des seigneurs.

(1) Tome III, pages 223, 230.

(2) Tome II, préf., page 86.

mentait dans toutes les classes du tiers-État, qui soulevait les paysans contre les gentilshommes, les bourgeois de Paris contre le dauphin, n'aboutit qu'à donner à la royauté une vigueur nouvelle. Décimée par une guerre malheureuse, la noblesse ne se sentit pas assez forte pour résister au flot populaire; elle s'abrita derrière le pouvoir royal, achetant sa protection par l'abandon de quelques priviléges. Ainsi, dans les États de 1358, les propriétaires de forteresses durent les mettre en état de défense sous peine d'en être dépossédés. L'utilité publique l'emportait sur l'utilité particulière, attentat contre la propriété féodale où les intérêts privés étaient seuls protégés et reconnus. Les Juifs avaient longtemps appartenu aux seigneurs (1); le roi les exempta de payer aux seigneurs justiciers aucune redevance, moyennant celle qu'il exigeait pour lui-même. Les seigneurs hauts-justiciers, comme nous l'avons déjà dit, furent obligés de reconnaître une autorité étrangère dans leurs fiefs : seuls jusqu'en 1355, ils avaient assemblé leurs hommes pour la guerre et levé les aides dues au suzerain. Leurs vassaux n'avaient jamais senti l'action directe du pouvoir royal; mais, quand les États décidèrent que leurs gens percevraient partout l'aide accordée (2), l'in-

(1) Ord., tome IV, page 439, an 1364.

(2) Sans ce toutes voies que les seigneurs haut justiciers la lievent. Ord., tome IV, page 175, an 1355.

dépendance féodale reçut un coup fatal; les sujets apprenaient, par la plus énergique des leçons, le fait lui-même, qu'il existait une puissance sous laquelle leur maître pliait comme eux. La royauté se saisit de cette faculté nouvelle créée par les États; elle était alors dans une position heureuse, où même les mesures dirigées contre elle tournaient à son avantage.

Croire que, dans ce temps d'ignorance et de désordre, tous les droits découlaient d'un même principe serait une erreur complète; dans la même année où le dauphin avouait que les États lui avaient accordé une aide de leur *libéralité et courtoisie* (1), il réglait, sans consulter personne, le droit à la sortie (2). Cet impôt n'était levé que sur les marchands, gens de peu et sans influence; il ne pesait pas directement sur le contribuable, et celui-ci peut-être ne croyait rien payer quand on ne lui demandait pas une part de ses revenus. Dans le même temps, une aide fut établie sur les marchandises qui descendaient la Seine (3), en échange de la protection donnée contre les ennemis.

En 1360 (4), Jean leva une aide sur les pays de la Langue d'oil et du Languedoc (5); elle consistait

(1) Ord., tome III, page 230, an 1358.

(2) Ord., tome III, pages 240, 254.

(3) Ord., tome III, page 298, an 1358.

(4) Ord., tom. III, page 436.

(5) Le Languedoc fut compris dans cette imposition, puisque

dans douze deniers pour livre sur toutes les ventes, le cinquième du prix du sel et le treizième de celui du vin. Il ne paraît pas que le roi ait consulté les États, peut-être parce que cette aide était légitimement due en vertu des devoirs féodaux, puisqu'elle était destinée à sa rançon (1). Pour compenser le mauvais effet de ces taxes nouvelles, Jean faisait valoir les avantages de la paix, la conservation de la forte monnaie ; quelle que fût la valeur de ces promesses, ces impôts furent toujours exigés depuis cette époque.

Aussitôt qu'une force nouvelle se manifestait dans le pays, elle tombait entre les mains de la royauté ; elle seule avait un principe de vie. Arbitre nécessaire entre les nobles et les bourgeois, elle les voyait se détruire les uns les autres à son profit ; les États avaient créé l'impôt et l'avaient imposé à la noblesse ; ils avaient donné à leurs élus un droit de surveillance sur les aides, une juridiction absolue sur les délits qui pourraient avoir lieu. Cette puissance leur échappa ; la conserver leur était impossible, à eux qui ne s'appuyaient ni sur les habitudes du pays, ni sur les précédents législatifs. Ils n'étaient appelés que pour

Nîmes et Beaucaire s'en exemptèrent moyennant le paiement d'une somme d'argent.

Ord., tome III, page 496.

(1) Leblanc évalue sa rançon à 21 millions de livres, environ 10 de notre monnaie.

un intérêt privé, la perception d'un impôt sur leurs propres biens, et non pour un intérêt général. Cette distinction est si vraie, que, dans les évènements les plus importants du royaume, ils n'étaient jamais consultés. Jean réunit à la couronne le duché de (1) Bourgogne et le comté de Champagne, céda par le traité de Brétigny une portion considérable du territoire sans les convoquer; il est vrai que Charles V agit autrement lorsqu'il reçut l'appel des seigneurs de Guienne contre Édouard; mais alors la puissance du roi était incontestée et le nom des États généraux n'était qu'un voile pour couvrir la violation d'un traité. Cette comédie politique fut renouvelée par François Ier.

Le roi se substituait partout à l'autorité des États, les élus de gens des États devinrent les gens du roi (2); ceux-ci ne consultaient que les intérêts du fisc. Les mesures vexatoires sur le sel commencèrent en 1372 (3): chacun, dit l'ordonnance, sera tenu de prendre le sel au plus prochain grenier. Le grenetier aura la juridiction sur les délinquants; si le cas est grave, il peut les renvoyer pardevant les conseillers généraux sur le fait des aides. Le sel était amené par les marchands et vendu au prix déterminé par le roi; le

(1) Ord., tome IV, page 213.
(2) Ord., tome V, page 538, an 1372.
(3) Ord., tome V, pages 577, 578.

gouvernement n'était pas encore devenu un marchand qui forçait le consommateur à lui acheter sa marchandise.

Charles V est un des princes qui ont le plus contribué à l'accroissement de l'autorité royale; son avènement au trône suivit presque immédiatement une guerre civile, et l'expérience a montré que c'est le moment le plus favorable au pouvoir absolu, pour peu que le souverain puisse garantir à ses sujets la sécurité dont ils ont été privés. Charles fit de lui-même percevoir les diverses taxes imaginées par les États, les douze deniers par livre, le treizième du vin vendu en gros (1), le quart du vin vendu en détail; enfin un droit de 6 francs par feu dans les villes et de 2 francs dans le plat pays. Il ordonna que l'imposition foraine serait perçue sur les marchandises transportées dans un pays où les aides n'auraient pas cours (2).

Déjà plusieurs provinces s'étaient exemptées des aides, moyennant une somme d'argent (3); cette méthode d'aliéner des revenus à perpétuité pour un secours temporaire a eu les conséquences les plus fâcheuses; elle a hérissé l'administration des finances de mille difficultés, en créant, entre les

(1) Ord., tome VI, page 3, an 1374.

(2) Ord., tome VI, page 207, an 1376.

(3) Ord., tome V, page 651, an 1373.

Nîmes et Beaucaire, tome III, page 496.

Lille, tome III, page 503, an 1360.

diverses provinces du royaume, une inégalité de charges qui n'a été nivelée qu'en 1789; ces anticipations partielles étaient dans les habitudes du temps; les diminutions de feux qu'on rencontre si souvent dans le recueil des ordonnances, et qu'on serait tenté d'attribuer à l'humanité des rois, étaient simplement un expédient financier; elles se vendaient.

La noblesse perdait, chaque jour, quelques uns de ses droits; les bourgeoisies créées par le roi étaient, pour les sujets des gentilshommes, une garantie contre l'autorité de leurs maîtres (1). Les seigneurs se plaignaient que, par la bourgeoisie royale, leurs sujets échappaient à leurs tailles et à leur juridiction; le roi accueillait ces plaintes et privait de sa protection ceux qui avaient voulu en jouir sans la payer. Les seigneurs se virent obligés de suivre l'exemple du roi, et affranchirent les serfs de leurs terres, parce que ceux-ci abandonnaient les fiefs où ils étaient mainmortables, pour se réfugier dans les domaines du roi. Le sire de Coucy n'allègue pas d'autre motif dans sa charte d'affranchissement confirmée par Charles V (2); le tiers-État se recrutait ainsi aux dépens des nobles, et diminuait le nombre de leurs sujets.

L'étendue de leur pouvoir s'affaiblissait gra-

(1) Ord., tome VI, page 216.
(2) Ord., tome V, page 154.

duellement; le droit exclusif de guerre qui avait fait leur force leur échappait. L'art de la guerre avait changé depuis les attaques des Anglais ; le temps prescrit par les coutumes féodales ne suffisait plus à des campagnes décisives; les troupes soldées devinrent nécessaires; l'indépendance des hommes d'armes s'évanouit dès qu'ils furent payés; l'argent engage envers celui qui le donne, parce que chacun est libre de le refuser. Les ravages des compagnies, bandes d'aventuriers tirées de toutes les armées, et qui s'étendaient sur toute la France, firent désirer, même aux seigneurs, que l'autorité royale réprimât les gens de guerre. Charles V put donc dire avec l'assentiment de tous : Nul n'est capitaine sans titre ni autorité du roi (1). C'était une innovation hardie; six ans plus tôt, le même prince avait autorisé les guerres privées; il s'était contenté de les prohiber, quand l'une des parties ne voulait pas en courir les chances (2). Déjà quelques troupes étrangères, des archers génois avaient, en partie, remplacé la milice féodale; l'introduction de l'artillerie dans les armées, en faisant de l'état de soldat une profession spéciale, devait la faire tomber en désuétude.

Sous Charles V, la royauté prit un caractère nouveau, le roi se fit administrateur et politique.

(1) Ord., tome V, page 660, an 1373.
(2) Ord., tome V, page 19, an 1367.

Jusqu'à lui tous les Valois avaient été des chevaliers avides de tournois, de pompes, de combats, se jetant dans les guerres moins par calcul que par esprit d'aventures. Charles, au contraire, soit par goût, soit par faiblesse de tempérament, était peu propre à cette vie belliqueuse; même son courage avait été soupçonné à Poitiers. Il ne fit la guerre que par ses lieutenants, et ses contemporains durent être étonnés de voir les revers de Jean et de Philippe de Valois réparés par un prince qui ne portait pas les armes; ils purent comprendre que le roi était autre chose qu'un chef militaire.

A juger l'administration de Charles V par ses résultats, on doit croire qu'elle a été oppressive; il serait difficile d'expliquer autrement comment, malgré les dépenses d'une guerre continuelle, l'épuisement où il trouva son royaume, il a laissé à sa mort un trésor considérable. Tant qu'il vécut, le mécontentement fut contenu par l'autorité de son nom et de sa prospérité; mais, après lui, il éclata.

Les impôts pesaient et par leur nouveauté et par le mauvais emploi auquel ils étaient destinés; c'est par là que l'on peut expliquer le succès momentané de Marcel et la faveur constante des Bourguignons dans Paris. Pendant longtemps, le peuple n'eut rien à démêler avec la royauté, son ennemi était les gentilshommes ses maîtres; mais, quand la puissance de ceux-ci fut restreinte, l'autorité royale se manifesta sur les bourgeois par des exactions dont le produit, follement dissipé en pompes frivoles, était une insulte à sa misère. La royauté a reconquis plus tard sa popularité; elle a chassé les Anglais, étouffé le vieil esprit féodal qui, sous des formes diverses, cherchait à se ranimer; le peuple la seconda joyeusement dans ses entreprises; il ne l'abandonna que lorsqu'elle se fut unie aux débris impuissants de ses anciens ennemis.

Le gouvernement qui succéda à Charles V était faible, divisé et prodigue; il réunissait les vices qui amènent les révolutions et l'impuissance à les combattre. Une sédition dans Paris le força de supprimer tous les impôts établis depuis Philippe le Bel (1). Pendant deux ans, les tentatives auprès des bourgeois et des États généraux pour le rétablissement des impôts furent inutiles; il fallut dissimuler et attendre l'issue de la guerre de Flandre; mais, après la défaite d'Arteveld, les oncles du roi montrèrent aux Parisiens que c'était le tiers-État qu'ils avaient vaincu. Le roi entra dans Paris comme dans une ville conquise, détruisit sa municipalité; plus de cent bourgeois et parmi eux quelques uns des meilleurs serviteurs du feu roi furent exécutés, le reste mis à rançon.

(1) Ord., tome VI, page 529, an 1380.

Ces confiscations valurent aux seigneurs 960,000 florins (1).

L'insurrection ne réussit pas mieux au peuple que les voies légales : il dut se résigner à être gouverné par le roi et la noblesse; mais toute sa haine fut pour celle-ci, et les fils des Jacques ont, pendant des siècles, gardé rancune à la féodalité, tyrannie divisée où le sujet était toujours sous la main du maître.

Une révolte avortée consacre ce qu'elle a voulu détruire. L'établissement définitif des aides date de 1382.

L'impôt sur le muid de sel était de 20 sols, l'aide consistait en 12 deniers pour livre sur la vente des marchandises. (Ord. tom. VI, p. 749.)

Les aides étaient affermées, les élus avaient la juridiction sur les fermiers, l'appel de leurs sentences était porté devant le conseiller pour le fait des aides; cette ordonnance créa la cour des aides (2). Les conseillers généraux sur le fait des aides furent chargés à la fois et d'administrer les revenus et de punir les délits auxquels la

(1) Sismondi, Histoire de France.

Froissard dit 400,000 francs.

Ord., tome VI, préf., page 35.

(2) Que tout ce qui par nos diz conseillers quant au fait de la justice sera, durant le cours des diz aides, sentencié et jugié, tiengne et vaille entièrement comme ce qui est fait et jugié par arrest de nostre parlement.

Ord., tome VI, page 706.

perception donnait lieu; leur juridiction fut déclarée indépendante du parlement; il fut même interdit à cette dernière cour de prendre connaissance de ces affaires. On sentit bientôt la nécessité de séparer les fonctions administratives des judiciaires; il y eut des généraux, des aides sur le fait de la justice, qui n'eurent aucun droit sur la perception des revenus (1). Dans l'origine, les conseillers se partageaient les provinces (2), et démembraient entre eux le pouvoir qui leur était délégué. Cette division leur fut interdite (3), et la réunion des généraux des aides devint une véritable cour de justice, soumise aux formes délibératives, où l'autorité de la majorité décidait tout (4).

Cette création d'une magistrature spéciale était une nécessité; le produit des aides eût été nul si les délits n'eussent été réprimés que par les justices seigneuriales éparses dans le pays. Les hauts-justiciers étaient encore puissants (5); en 1408, ils avaient encore le droit de punir leurs officiers et même les officiers royaux, à moins que le roi n'eût une possession contraire. Cette dernière clause, interprétée comme elle le fut par le Parlement,

(1) Ord., tome VII, page 336.

(2) Ord., tome VIII, page 8, an 1395.

(3) Ord., tome VIII, page 414, an 1400.

(4) Ord., tome IX, page 670, an 1411.

(5) Ord., tome IX, page 361.

devait, à la longue, déposséder la noblesse; mais cette substitution ne se fit que d'une manière insensible. Le roi n'eût pas été assez fort pour imposer ses juges ordinaires aux gentilshommes. Les généraux des aides n'excitaient pas la même méfiance; ils étaient nouveaux, ils ne rappelaient aucun précédent fâcheux; ils remontaient aux États eux-mêmes, et, à ce titre, ils ne soulevèrent aucune opposition. Quand, plus tard, la royauté usurpa le droit de les nommer, chacun était déjà habitué à se soumettre à leurs sentences, et à une époque où toute la législation n'était que coutume, exister depuis quelques années suffisait à la légitimité. Le roi put donc, sans aucun intermédiaire, sans interprétation détournée, s'adresser directement à tous les habitants du royaume. Les seigneurs eux-mêmes furent obligés de reconnaître à chaque instant son autorité dans le plus grand intérêt qu'aient les hommes, leur fortune.

Le principe admis, les conséquences suivirent : en 1388, Charles VI leva une taille sur tous ses sujets (1), sans demander le consentement des États; le peuple était déjà accoutumé à obéir et le roi à commander; une nouvelle taille fut également perçue en 1396 pour le mariage de la fille du roi (2); les nobles faisant la guerre et les

(1) Ord., tome VII, page 187.
(2) Ord., tome VIII, page 66.

ecclésiastiques en étant seuls exemptés (1). Les exemptions étaient moins nombreuses qu'elles ne le furent dans la suite; mais cependant, à côté du privilége des nobles, s'implantait celui des riches, plaie de l'ancien régime. Les officiers de l'hôtel du roi et de la reine furent dispensés de contribuer aux tailles (2); les membres du parlement vendaient les fruits de leurs terres sans payer de droits.

Le roi avait dans les élus des percepteurs tout préparés pour ces taxes nouvelles; ils en furent chargés : la création des baillis par Philippe-Auguste avait étendu sur tout le pays le pouvoir judiciaire de la royauté; les élus lui rendirent le même service dans l'ordre administratif; ils faisaient sentir partout la main royale. A côté de ces nouveaux officiers étaient les agents féodaux du roi, les receveurs et vicomtes des domaines (3). Le domaine consistait encore aux *monnaies*, *juifs*, *amendes*, *revenus des eaux et forêts*, *reliefs*, *rachats*, *composition de Lombards* (4). Les taxes féodales et les impôts modernes co-existaient dans le même temps et sans se confondre.

Le gouvernement avait déjà des idées plus justes sur la nature des impôts et sur ses devoirs. Quand les nobles du Languedoc demandèrent

(1) Ord., tome IX, page 684, an 1411.
(2) Ord., tome VIII, page 184, an 1397.
(3) Ord., tome X, page 75.
(4) Ord., tome VII, page 239, an 1388.

pour leurs sujets taillables l'exemption des aides et des tailles, le roi répondit que tous devaient contribuer à une taxe levée pour la défense de tous, et qu'il n'était pas juste de rendre la condition des Francs pire que celle des serfs(1). Ainsi, dans l'espace d'un siècle, au travers d'une guerre malheureuse, des dissensions civiles, la société se constituait sur des bases de plus en plus larges; les sujets des gentilshommes avaient cessé d'être la propriété exclusive de leurs maîtres pour entrer sous la souveraineté immédiate du roi. Les aides ne les avaient atteints que d'une manière indirecte; mais, lorsque, dans tous les fiefs, la taille fut levée au nom du roi et par ses officiers, la supériorité de son pouvoir fut hors de doute.

Cependant la féodalité a laissé sur le sol de la France des traces profondes; les provinces, longtemps isolées les unes des autres par des mœurs, des intérêts, des souverains différents, réunies dans la même main, ne demandèrent pas une administration uniforme; dès l'origine des gabelles, on voit poindre cette inégalité de charges si choquante à la fin du XVIIIe siècle, alors qu'un même esprit animait toute la France. L'impôt du sel n'était pas le même en Poitou et en Saintonge que dans le reste du royaume (2). Plusieurs villes

(1) Ord., tom. VII, page 29, an 1383.

(2) Le Poitou et la Saintonge payaient la moitié du prix du sel, outre un droit de 5 sols par vente.

Ord., tome VI, page 753, an 1382.

de Picardie donnaient au roi une somme déterminée en échange des droits (1); plus tard, ces inégalités s'accrurent; dans les diverses réunions des provinces à la couronne, on eut à ménager et les stipulations faites par les unes pour le maintien de leurs priviléges, et la susceptibilité toujours dangereuse des conquêtes récentes.

Il en résulta cette anomalie que la portion du territoire, centre d'agrégation du royaume, qui n'avait jamais reconnu d'autre maître que le roi, suivi d'autre drapeau que celui de la France, porta, comme nous le verrons plus tard, dans la distribution des charges publiques une part infiniment plus lourde que les provinces qui avaient été anglaises ou espagnoles; le vaincu fut mieux traité que le vainqueur; et cette injustice n'a pas peu servi à consolider les conquêtes; les nouveaux venus profitaient des forces d'un grand empire, sans acheter cet avantage par des sacrifices proportionnés.

Nous voici parvenus à une des époques décisives dans l'histoire de France, à celle où la féodalité n'eut plus part à l'autorité souveraine. Cette révolution se fit sans secousse violente : on a pu voir, par ce qui précède, jusqu'à quel point elle était préparée.

Les conquêtes de Charles VII avaient tellement étendu son pouvoir que toute résistance eût été

(1) Ord., passim.

folie; la lutte longue et désespérée soutenue contre les Anglais avait développé le sentiment national. Il n'y avait plus eu contre l'ennemi commun des Picards, des Bourguignons, mais seulement des Français. Le pays et le roi avaient fait cause commune : revers et prospérités, ils avaient tout partagé; quand le roi déclara qu'à lui seul appartenait la disposition des forces du pays, il était soutenu par l'opinion universelle; le peuple préférait le roi aux seigneurs, parce que l'intérêt du premier se confondait avec celui de la France; les nobles eux-mêmes, affaiblis par la guerre, voyaient leurs terres ravagées par les compagnies d'aventuriers, et se crurent trop heureux qu'on voulût les protéger.

Charles se saisit de ce pouvoir déféré par tous : il donna au prévôt de Paris une juridiction générale sur tous les malfaiteurs, dans l'étendue de toutes les justices; enfin, par sa célèbre ordonnance de 1439, il coupa le mal dans sa racine (1). Du

(1) Pour obvier et donner remède à faire cesser les grands excès et pilleries faites et commises par les gens de guerre qui par longtemps ont vécu et vivent sur le peuple sans ordre de justice, ainsi que bien au long a été dit et remontré au roy par les gens des trois estats de son royaume, de présent estant assemblés en cette ville d'Orléans.

Le roy par l'advis et délibération des seigneurs de son sang, la royne de Sicile, de nos sieurs le duc de Bourbon et Charles d'Anjou, les comtes de la Marche, d'Eu et de Vendosme, plusieurs prélats, et autres seigneurs notables, barons et autres, gens d'église, nobles et gens de bonne ville, considérant la pauvreté, oppression et des-

consentement des États, il enleva aux nobles le droit d'avoir des soldats sans sa permission (1), et institua une force, la gendarmerie, qui ne dépendait que de lui (2). La taille des gendarmes était levée dans les terres des seigneurs, sans qu'elle passât par leurs mains (3); et il interdit à ceux-ci de rien imposer sur leurs sujets (4) sans son consentement. C'était porter le coup de grâce à la féodalité; la souveraineté, de privée, devenait publique. A l'armée féodale succédèrent des troupes régulières, dépendantes de leurs chefs, soumises à une discipline sévère; le ban et l'arrière-ban furent bientôt hors d'usage.

Les nobles se disputèrent les places dans les compagnies d'ordonnance, et dès lors leur indépendance fut perdue. Ce n'était plus le service des fiefs limité dans sa durée et dont toutes les conditions rappelaient la liberté (5), c'était la discipline

truction de son peuple ainsi destruit et foullé par lesdites pilleries lesquelles choses ont été et sont à sa grande déplaisance et n'est pas son intention de les plus tolérer ne soutenir en aucune manière; mais en ce bon ordre et provision y être mises et données par le moyen et aide de Dieu nostre créateur, a fait, constitué, ordonné et establi par loy et edict général perpétuel et non révocable, par forme de pragmatique sanction les edits, loy, statuts et ordonnances qui s'ensuivent.

Ord., tome XIII, page 306.

(1) Art. 1.

(2) Art. 1 et 2.

(3) Art. 42.

(4) Art. 39.

(5) Ord., tome XIV, page 350.

militaire avec toute sa rigueur. Les nobles furent tenus de s'armer d'une manière déterminée; leur solde variait comme le nombre de leurs chevaux et de leur suite : on les payait en raison de leur utilité.

Ainsi, dans l'espace de peu d'années, le territoire, morcelé, depuis des siècles, en parcelles incomplètes, devint une unité puissante, et le gouvernement de cette France nouvelle eut, pour l'exécution de ses projets, une force concentrée dans sa main. Nous ne pouvons indiquer tous les effets de cet ordre de choses ; qu'il nous suffise de rappeler que c'est depuis lors seulement que la France est intervenue d'une manière active et suivie hors de ses limites.

Les États, comme nous l'avons vu, ont eu leur part dans cette révolution ; il semble même que le roi en ait senti toute la portée, car il prescrit, pour la publicité de cette ordonnance, des formalités extraordinaires (1).

Une autre mesure de Charles VII eût pu avoir dans l'avenir les suites les plus graves si le développement n'en eût été arrêté. L'institution des francs-archers est de 1448 (2) ; les francs-archers étaient entretenus par les paroisses, le nombre en

(1) Veut et ordonne le roy cette présente loy et ordonnance estre publiée ès bonnes villes et autres lieux de son royaume, afin que aucun n'en puisse pretendre cause d'ignorance.

(2) Ord., tome XIV, page 1.

était fixé d'après les feux que chacune d'elles contenait. Jusque-là les bourgeois et les paysans n'avaient paru sur les champs de bataille que conduits par leurs seigneurs et leurs curés ; mais ces expéditions momentanées laissaient le monopole des armes à la noblesse. Par l'institution des francs-archers, le peuple était armé, et, comme dit Montluc, les armes donnent du ventre à ceux qui les portent. Le franc-archer était le soldat du roi comme le gendarme ; c'était la plus réelle des égalités, celle de la force. Mais Louis XI introduisit dans l'armée française les Suisses: il les aimait et par estime pour leur valeur, et par défiance contre ses sujets. Les francs-archers, soldats par accident, ne pouvaient se comparer, pour la discipline, et l'esprit militaire à ces troupes régulières. L'institution fut oubliée. La faiblesse numérique des armées fut telle jusqu'au XVIIe siècle, que l'infanterie put toujours se recruter à l'étranger : les nobles formaient la cavalerie. Quand Louis XIV tint 400,000 hommes sous les armes, il fallut bien appeler le tiers-État.

La taille des gens d'armes, comme on l'appelait, fut levée par les élus; la juridiction de ces officiers embrassait tous les impôts, la taille (1), la gabelle, les aides; ils étaient chargés de distribuer la taille entre les paroisses, d'affermer les aides, de juger les différends en premier ressort. Les conseillers

(1) Ord., tome XIII, page 448, an 1445.

généraux connaissaient de l'appel de leurs jugements. Le clergé ne se soumit qu'avec répugnance à cette autorité nouvelle; l'Université de Paris avait même lancé contre les fermiers et les élus une excommunication qu'elle fut obligée de lever (1). Les élus étaient le bras de la royauté; ils ont été les premiers agents de la centralisation administrative. Quand les élus avaient fixé la contribution des paroisses, la cote de chaque contribuable était déterminée par le collecteur (2); les bourgeois de Paris furent dispensés des tailles (3); la ville était si dépeuplée, qu'un surcroît d'impôt eût éloigné les nouveaux habitants. En échange, le roi reprit la concession du tiers des droits d'aide qu'il leur avait faite pour l'entretien de leur ville; Paris a toujours été, depuis, dans une situation exceptionnelle pour l'impôt.

Le produit de la taille sous Charles VII est évalué par Comines à 1,800,000 livres : en supposant à toutes les branches de revenus le rapport qu'elles avaient au temps de Sully, on pourrait évaluer l'ensemble des recettes à 3,600,000 ou 12,600,000 de notre monnaie.

Le gouvernement de Charles VII intervint partout; il rendit sur l'administration de la justice des ordonnances qui, par leur étendue, peuvent

(1) Ord., tome XIV, page 497, an 1460.
(2) Ord., tome XIV, page 485, an 1459.
(3) Ord., tome XIV, page 53, an 1449.

passer pour des codes (1). La disposition la plus importante de l'ordonnance de 1453 est celle qui prescrit la rédaction des diverses coutumes. La juridiction des parlements avait fait de grands progrès, puisqu'en 1452 le roi lui enjoignit de renvoyer devant les juges ordinaires les causes qu'on lui portait (2). Le Parlement ne pouvait suffire à toutes les causes; les conquêtes avaient étendu son territoire; les progrès de l'autorité royale, la réunion de plusieurs fiefs, sa juridiction. Le nord et le midi étaient régis par une jurisprudence différente; le Languedoc suivait le droit écrit, la Langue d'oil le droit coutumier. Enfin le Midi s'était habitué à trouver ses juges près de lui, depuis que Charles VII, chassé de Paris, avait établi un parlement à Poitiers. Ces motifs le déterminèrent sans doute à l'érection du parlement de Toulouse (3); mais l'habitude de confondre la personne du roi avec sa cour de justice était si profondément enracinée, que la nécessité de ce nouvel établissement ne fut reconnue qu'en 1443; encore le roi déclara-t-il que les officiers de Toulouse et ceux de Paris formaient un seul corps, et que les conseillers du Midi auraient voix délibérative dans le Parlement de Paris.

(1) Ord. de 1446—1453.

(2) Ord., tome XIV, page 202.

(3) 1437.

A la fin du règne de Charles VII, la France n'est plus féodale, le vieil étendard de Philippe-Auguste et de saint Louis, l'oriflamme, est remplacé pour toujours par la cornette blanche (1); ces changements futiles de signes sont peut-être les marques les plus infaillibles des grandes révolutions; l'armée ne fut plus composée de possesseurs de fiefs, mais de gendarmes et de soldats payés et entièrement dans la dépendance du roi; un impôt direct, qui demandait à chaque Français une portion de ses revenus levée par les officiers royaux, fut consacré à l'entretien de cette armée. Le roi ne rendit plus la justice à ses vassaux, comme Charles V l'avait encore fait (2); il délégua cette fonction à des magistrats; le prince était trop puissant, les sujets trop faibles pour qu'un arrêt délibéré en sa présence fût impartial.

Le gouvernement avait donc tout ce qui fait la puissance, la force et l'argent, et il l'avait seul. Non seulement les nobles ne pouvaient plus guerroyer avec le roi, mais ils ne pouvaient se livrer à aucune hostilité entre eux, à aucune exaction sur le peuple; de souverains ils étaient devenus sujets, sujets, il est vrai, d'une classe plus relevée, entourés de la protection des souvenirs et des pré-

(1) Il est encore question de l'oriflamme dans une ordonnance de 1113. Ord., tome X, page 80.

(2) Ord., tome V, page 1370.

jugés que le temps devait anéantir en confondant nobles et roturiers dans une même servitude.

Si l'on veut se reporter au tableau que nous avons donné du sort du peuple, on le trouvera singulièrement amélioré; le nombre des paysans main-mortables se réduisait chaque jour, et la faible exception à cet affranchissement général qui subsista jusqu'au XVIIIe siècle semblait n'avoir été conservée que pour faire haïr le passé aux classes inférieures. Leur émancipation graduelle n'avait pas été si complète qu'elles n'eussent encore les marques de leur ancienne servitude; les seigneurs s'étaient réservé plusieurs droits onéreux et odieux. Dans sa lutte contre la noblesse, le roi ne songea qu'à ses intérêts; il laissa tous les pouvoirs qui n'étaient pas un obstacle au sien (1). Ainsi la corvée, qui, dans la plupart des coutumes, était fixée à douze journées par année, des droits sur les poids et mesures, des droits de passage, la faculté de forcer les habitants d'un bourg à se servir de leur four, de leur moulin, à acheter à leur boucherie demeurèrent aux mains des seigneurs; c'était assez pour les faire haïr, trop peu pour les rendre forts. La destruction du pouvoir féodal par la royauté semble, au premier abord, avoir été une charge pour le peuple; celui-ci servit deux maîtres au lieu d'un. La tyrannie était res-

(1) Ord., tome XVIII, préface.

tée aux nobles dans les rapports civils, au roi dans les rapports politiques; plusieurs causes vinrent s'opposer à cette oppression de détail. Tout pouvoir général est de sa nature protecteur, parce qu'il ne sent pas les petites passions des particuliers; en outre, le roi devait désirer que les paysans et les bourgeois fussent maintenus dans une certaine aisance, pour qu'ils pussent suffire aux charges imposées par lui. Comme tout, entre des hommes libres, aboutit à une action judiciaire, les parlements se trouvaient juges des droits de tous, et les interprétaient dans un sens favorable au roi et au peuple.

L'avantage le plus réel que celui-ci ait retiré de son affranchissement est peut-être la faculté de traîner ses maîtres devant les tribunaux. Le sentiment inné de justice, que les hommes écoutent quand leur intérêt n'est pas en jeu, était pour eux; ces juges, sortis du tiers-État, longtemps confondus avec lui dans un commun mépris par les idées de la noblesse, étaient mal disposés pour elle; tout contribuait à faire pencher de leur côté la balance de la justice, chose facile en un temps où presque aucune loi n'était écrite, et où les juges étaient presque législateurs. Toutefois ces garanties n'existaient guère que pour la bourgeoisie riche des villes. Dans les campagnes, les serfs avaient été affranchis par le roi ou par leurs seigneurs; mais ce que le noble avait perdu comme maître, il l'avait retenu comme juge. Au siècle de Henri IV, il n'était si petit fief (1) qui n'eût sa justice et ses justiciables; quand le vilain était la chose du seigneur, celui-ci avait intérêt à le ménager, et il était équitable par calcul. Quand le serf fut libre, qu'il put acquérir en son propre nom, s'enrichir pour son compte, il sentit durement l'autorité judiciaire; l'impartialité dans sa propre cause ne peut jamais être une vertu commune, et le paysan confiné dans son village n'avait guère à disputer quelque chose qu'à son seigneur. L'appel, il est vrai, lui restait; mais les degrés d'appel étaient multipliés; avant d'arriver aux juges du roi, il fallait franchir quelquefois deux juridictions seigneuriales. Il y avait peu de parlements, ils étaient éloignés, et une justice si chère n'était pas à la portée du pauvre. Quelques uns de ces abus ont été, comme nous le verrons, corrigés par l'hôpital; mais le principe de ces *mangeries* (2) *de villages* a été respecté jusqu'en 1789.

Telle a été la constitution de la société pendant plus de trois siècles : le roi, seule autorité souveraine, absolu en théorie, mais retenu dans la pratique par l'opinion : au dessous, la nation divisée en deux classes distinctes et rivales. Les nobles s'isolaient du tiers-État par le souvenir de leur ancienne grandeur et par la profession des

(1) Loyseau, Des Justices.

(2) Loyseau.

armes, dont ils conservèrent longtemps le privilége; les roturiers, bourgeois et paysans, souffrant à la fois du mépris et des vexations de la noblesse, et s'en rapprochant par les lumières, et l'extension toujours croissante du pouvoir royal.

Les divisions que nous venons d'indiquer n'ont pas d'abord été aussi nettement tranchées; il a fallu plusieurs siècles pour abolir la teinte féodale imprimée sur toute la société. La France, dans sa marche progressive, a longtemps détourné la tête vers son point de départ; enfin elle l'a perdu de vue et n'a plus eu devant elle que le but où elle tendait. Ce sont deux périodes distinctes dans son histoire; la première finit à Louis XIV, la seconde aboutit à la révolution; l'une tient plus du moyen-âge, l'autre de la société moderne. Toutefois, hâtons nous de le dire, la transition n'a pas été brusque, mais graduée. L'indépendance individuelle, les limites du pouvoir souverain, les souvenirs de la féodalité se sont affaiblis peu à peu, ils se sont évanouis dans l'obscurité.

CHAPITRE IV.

ROYAUTÉ MODERNE.

Règne de Louis XI.— Les magistrats sont inamovibles.— Valeur des impôts. – Minorité de Charles VIII.— États de Tours. — Leur pouvoir. — Ils échouent dans leur tentative.— Puissance de la France. —Louis XII.— Rédaction des coutumes.— Création de divers parlements. — Vente des offices de finance. — François Ier vend les charges judiciaires.— État de la France. — La noblesse est la nation armée.—Revenus royaux. – Le concordat. —L'inégalité entre les provinces s'accroît.—Réforme de la gabelle tentée par François Ier.—Elle avorte.—Droits de traite.—Premier tarif publié.— Création des généralités. — Présidiaux. – Séparation de la justice civile d'avec la criminelle.—Changement dans la compétence.— Le droit de juger enlevé aux gens d'épée. – États généraux. — La réforme en est la cause.— Leur faiblesse.— État des finances sous Henri III. — Premier droit établi à l'importation. — De l'octroi. — État de la France à l'avènement de Henri IV. – Il traite avec les particuliers. — Administration de Sully. — Paulette.— Ses effets.— Sur la magistrature. – Sur l'administration.—Prospérité des finances.

Louis XI continua l'œuvre commencée par son père. L'incapacité dans un souverain est plus à craindre que la méchanceté; les exécutions sanglantes ont des limites quand à la cruauté ne se joint pas la folie : le prince ne peut haïr, craindre, soupçonner que le petit nombre de personnes avec lesquelles il se trouve en contact ; ses violences ne tombent que sur des individus, tandis qu'une fausse mesure frappe sur tout l'État. Louis XI, qui était un fort méchant homme, ne manquait pas de lumières ; il voulait un gouvernement fort, régulier, pour satisfaire ses mauvaises passions. L'ordre lui plaisait, non pour le bien de ses sujets, mais pour la facilité qu'il y trouvait. La jalousie du pouvoir, naturelle à tous les despotes, le rendait implacable à tout désordre qui ne venait pas de lui.

En montant sur le trône, il n'avait consulté que sa colère, et avait enveloppé dans une même proscription les principes et les serviteurs de Charles VII. Il revint de sa méprise. La cour des aides, abolie par lui dans la première année de son règne, fut rétablie (1) ; il en créa même une seconde à Montpellier (2). Il donna aux magistrats l'inamovibilité et l'indépendance (3) ; les termes mêmes de son ordonnance sont remarquables ; ce sont, dit-il, les membres essentiels du corps dont nous sommes le chef. Ainsi se confondait l'intérêt du roi et de la nation ; ce caractère général de la royauté mettait entre elle et tous les pouvoirs féodaux une distinction profonde ; le seigneur féodal ne représentait que lui-même, que les priviléges attachés à son

(1) Ord., tome XVI, page 210, an 1464.
(2) Ord., tome XVI, page 210, an 1465.
(3) Ord., tome XVII, page 25, an 1467.

ordre, à sa naissance, il n'avait que la force d'une famille, tandis que le roi disposait de tout le pays dont il était le chef naturel.

Cette différence était déjà sentie ; le peuple avait part à la confidence du prince ; et celui-ci comprenait à son tour combien il avait besoin de l'assentiment général. Ainsi toutes les conséquences du traité de Péronne se manifestent par des ordonnances. C'étaient des choses d'intérêt public dont le roi instruisait le peuple (1).

L'inamovibilité de la magistrature ne fut, dans l'origine, qu'une amélioration administrative ; plus tard, elle donna aux juges une portion du pouvoir politique. Mais le tiers-État, la magistrature n'éveillaient pas la méfiance de Louis XI, tout entière aux nobles et aux gentilshommes qu'il avait toujours rencontrés dans les rangs ennemis. La résistance à cette époque ne pouvait venir que de la force. Il rendit plusieurs dispositions pour régler la gendarmerie (2), il la soumit à une discipline sévère. Celui qui portait les armes était tenté de les employer à son profit, et le gendarme, né gentilhomme, méprisait le paysan pour sa faiblesse et pour sa roture. Louis XI ordonna que les délits militaires seraient soumis aux juges des lieux : il craignait le soldat et non le peuple.

(1) Ord., tome XVII, pages 129, 148, 151.

(2) Ord., tome XVII, page 83, an 1467.
Ibid., page 293, an 1470.

Il rétablit le parlement de Bordeaux (1), supprimé par son père après la révolte de la Guienne; ordonna que les arrêts du Parlement de Paris seraient exécutoires dans le territoire des autres Cours. Toutes ces mesures étaient prises dans un intérêt particulier, mais dans un intérêt bien entendu. Il ne faisait que le mal qui lui servait; il ne tenait qu'au pouvoir réel : ainsi il n'hésita pas à confirmer le privilége du royaume d'Yvetot (2).

Le peuple, sous lui, fut accablé d'impôts; il porta à 4,500,000 livres la taille qui, à son avènement, n'était que de 2,000,000 (3). Dans le même temps, les droits d'aides et de gabelles étaient augmentés. Ces dernières branches de revenus étaient peu importantes; malgré deux crues ordonnées par Louis XI (4), la taxe, au commencement du règne de François Ier, ne dépassait pas 15 liv. par muid de sel. L'ensemble des revenus royaux ne devait pas dépasser 5,700,000 l., c'est à dire 28,500,000 fr. de notre monnaie (5). Il ne faut pas négliger que,

(1) Ord., tome XV, page 500, an 1462.

(2) Ord., tome XVI, page 272.

(3) Ord., préf., tome XVI, page 22.

(4) Une de deux livres et une de quatre livres. Ord., tome XVII, page 31, an 1467. *Ib.*, page 384, an 1470.

(5) Mascelin dit qu'en Normandie les revenus du domaine royal s'élevaient au quart de la taille. Les députés des États avancèrent que le produit de ces droits était de 1,900,000 : les commissaires du roi soutinrent, au contraire, qu'ils ne dépassaient pas 750,000 liv. Nous avons pris une moyenne entre ces données. Comines, d'ailleurs, évalue les aides et gabelles à plus d'un million de livres. Chap. 51.

sous Louis XI, l'Anjou, la Bourgogne, la Provence avaient été réunis à la France. Louis XI assembla plusieurs fois les États, mais il ne voulait que s'autoriser de leur nom pour couvrir son manquement de foi ; il avait donné des exemples trop terribles pour que personne osât réclamer. Il avait fait à la Bourgogne les plus belles promesses, après la mort de Charles le Téméraire (1) ; il s'était engagé à ne rien lever sans le consentement des États. Ces promesses furent bientôt violées, puisque les Bourguignons obtinrent de ses successeurs l'abolition des nouveaux subsides.

Louis XI passe généralement pour le destructeur de la féodalité en France ; mais le coup mortel était porté avant lui. Sa lutte contre le duc de Bourgogne était une guerre de souverain à souverain. Les rapports de vassal et de feudataire n'existaient plus entre eux que dans le langage. Le caractère principal de la féodalité, l'indépendance des sujets du roi dans ses domaines, les limites précises posées à l'obéissance avaient déjà disparu du droit. La guerre du bien public fut la dernière protestation de la noblesse contre le nouvel ordre de choses.

Le silence dura autant que Louis XI. Charles VIII, lorsqu'il succéda à son père, était majeur ; mais, malgré cette fiction légale, tous sentirent que la réalité du pouvoir ne pouvait s'exercer par la main

(1) Ord., tome XVIII, page 247, an 1476.

d'un enfant. Les princes du sang, faute de pouvoir s'accorder sur leurs prétentions, convoquèrent les États généraux à Tours, et les prirent pour arbitres.

La France a touché plusieurs fois à un gouvernement libre, mais elle n'en a jamais été plus près qu'à cette époque. L'autorité des États fut incontestée et s'étendit à tout. Ils écoutèrent les députés du duc de Lorraine qui venaient exposer ses griefs, et la plainte des d'Armagnac et des Nemours, victimes de Louis XI. Le gouvernement précédent fut traduit à leur barre. Dammartin et Olivier Leroux, exécuteurs des hautes-œuvres de Louis XI, accusés d'attentats horribles, ne le nièrent pas, et bornèrent leur justification à dire qu'ils n'avaient fait qu'obéir aux ordres du roi. Peu s'en fallut que cette discussion au sein des États ne se terminât par un combat.

Dans leurs remontrances, les députés ne craignirent pas de flétrir le règne passé, les exécutions faites sans jugement, enfin la rigueur des lois de chasse. Les bêtes, disaient-ils, étaient plus franches que les hommes.

Les États (1) réglèrent le conseil du roi et déterminèrent le montant des subsides. La taille était devenue un fardeau intolérable; la Normandie payait à elle seule 1,500,000 l. d'impôts (2), c'est

(1) Remontrances des États. Isambert, tome XI, page [illegible]8.

(2) Ord., tome XIX, page 400.

à dire presque autant que sous Louis XIV, époque où l'introduction des métaux précieux, les progrès du commerce avaient augmenté la richesse générale.

On soumit aux États le montant des recettes du roi et de ses dépenses, un état des hommes d'armes nécessaires; en un mot, un véritable budget. Les États tinrent bon contre les prétentions de la cour; ils ne voulurent accorder que 1,200,000 l., somme dont, selon eux, Charles VII s'était contenté : ils donnèrent, en outre, au roi 300,000 l. pour les dépenses de son sacre (1). Ces subsides n'étaient votés que pour deux ans, et aucune taxe nouvelle ne devait être perçue sans leur consentement. Les États devaient, en outre, s'assembler tous les deux ans.

La cour souscrivit à ces conditions, et si elle n'eût pas violé ses promesses, le gouvernement représentatif était né en France; ç'a été la dernière tentative de révolution légale, jusqu'en 1789. Elle échoua comme elle avait fait au siècle précédent. Les diverses provinces de la France avaient été séparées si longtemps, si longtemps elles avaient eu des intérêts divers, qu'elles ne se rapprochaient que pour un moment : bientôt leur ancienne rivalité renaissait; chacune d'elles songeait à ses priviléges particuliers, et non pas aux libertés géné-

(1) Remontrances des États. Isambert, tome XI, page 44.

(2) [illegible] tome [illegible]X, page 258.

rales. Ainsi la Bourgogne ne voulut prendre que 50,000 l. dans l'imposition commune (1), somme évidemment au dessous de ses forces. A une époque où il était si difficile que l'esprit public pût se former et se connaître, où les hommes n'avaient que des rapports peu nombreux, ce n'eût pas été trop de la réunion de toutes les provinces pour résister au pouvoir royal qui disposait de la force armée. Celui-ci, au contraire, profita de cette division; les États généraux, dans leurs réunions séparées par de longs intervalles, n'apportaient aucune expérience des affaires. Ainsi, par exemple, la taille de 1,200,000 l. accordée au roi était insuffisante pour le rôle nouveau que la France était appelée à jouer. Il n'était pas vrai que Charles VII n'eût touché que cette somme, puisque Comines dit qu'il leva 2,000,000 de livres, et depuis lui, la Bourgogne, la Provence, le Maine, l'Anjou étaient venus augmenter le nombre des contribuables. Mais les États n'étaient pas encore assez éclairés pour sentir qu'il faut payer le prix de la liberté, et qu'on ne gouverne pas un pays avec les calculs mesquins de l'intérêt privé. La forme même de leur vote témoignait de leur indécision et de leur faiblesse; ils adressaient au roi leurs remontrances, c'était reconnaître l'autorité absolue du roi, et par conséquent celui-ci pouvait défaire ce qu'il avait accordé.

(1) Masselin.

Un pouvoir dont l'action ne se fait pas sentir est perdu, son impuissance fait juger de son utilité. Les États cessèrent d'être convoqués jusqu'aux guerres de religion; toutes les bornes qu'ils avaient essayé de mettre à l'autorité royale furent déplacées, et celle-ci s'affermit de plus en plus. Le seul contrôle qu'elle ait eu à subir a été celui de la magistrature, contrôle qui la retardait sans l'arrêter.

Le mariage de Charles VIII avec l'héritière de la Bretagne réunit le dernier fragment séparé de la France par la féodalité; jusqu'aux conquêtes de Louis XIV, à de faibles exceptions près, son territoire ne s'étendit plus. Non seulement le roi acquit par là de nouveaux sujets, mais il devint plus sûr de ses autres possessions. La Bretagne était un poste avancé pour les ennemis du dehors, une retraite pour les mécontents : toutefois cette province a longtemps gardé le souvenir de son ancienne franchise; elle a toujours eu ses États, a été franche de gabelle, et a protesté par des séditions, même contre Louis XIV, roi absolu, auquel la résistance était même inconnue.

La France était devenue la plus puissante monarchie de l'Europe; sa population était peut-être de onze à douze millions d'habitants (1). Son enthousiasme pour ses rois était remarqué des étrangers (2). Ceux-ci partagèrent l'ardeur belliqueuse

(1) Voir aux Pièces justificatives.

(2) Machiavel, tome IV, page 242.

de leurs sujets. Libres de tout soin à l'intérieur, fiers de leur pouvoir incontesté, ils se lancèrent dans des expéditions aventureuses ; mais ce ne fut plus, comme sous les Valois, d'anciennes provinces de leur royaume qu'ils allaient conquérir, ils cherchèrent de nouveaux ennemis. Charles VII et Louis XI avaient légué à leurs successeurs la première armée régulière qui ait existé en Europe ; le premier avait formé la cavalerie, le second avait pris à sa solde l'infanterie suisse ; l'artillerie française, depuis les frères Bureau, était la meilleure de l'Europe, rien ne résistait à leur premier choc. Ils s'adressèrent à une nation où la guerre, exploitée comme un métier, était une fatigue et non un danger. Machiavel cite une bataille dans laquelle il ne périt qu'un homme ; il fut étouffé.

La guerre, dans ce temps, nourrissait la guerre ; cependant l'augmentation de l'impôt fut une nécessité. Sous Charles VIII, la taille s'éleva à 2,400,000 l., et sous Louis XII, le père du peuple, le revenu total était de (1) 4,000,000 environ ; la taille, à cette époque, montait à 2,500,000 l., il

(1) Ce chiffre est donné par Badée, auteur contemporain : selon lui, les tailles produisaient 2,500,000.

Dupré de Saint-Maur, page 75.

Sully, au contraire, évalue le même revenu à 7,650,000.

L'estimation de Badée nous semble plus juste : il était contemporain, et les détails qu'il donne sont d'accord avec tous les témoignages. Ainsi il porte le produit des domaines à 1,200,000 livres : Comines, quelques années plus tôt, l'avait estimé un peu plus d'un million.

est permis de croire qu'il n'avait pas beaucoup augmenté les autres impôts. Louis XII a partagé avec saint Louis le privilége de voir citer son règne comme un modèle à ses successeurs. Dans les États de 1560, le peuple parle de remettre les impôts comme ils étaient au temps du bon roi Louis.

Son administration fut bienveillante : la justice sous lui acquit plus de régularité. Le XVIe siècle a vu fonder en France le droit criminel et le droit civil pratique. Louis XII a attaché son nom à cette création. La plupart des coutumes, dont la rédaction, prescrite par Charles VII, languissait depuis un demi-siècle, ont été achevées et publiées sous son règne. Alors seulement la législation française reposa sur une base écrite et certaine. Les coutumes devinrent de véritables lois, connues de tous; dans les jugements, une moins grande latitude fut laissée à l'arbitraire des magistrats. Les coutumes ont été le legs de la France féodale à la France moderne; elles ont consacré dans les portions de territoire cette diversité d'usages qui rappelait le morcellement des fiefs du XIe siècle. La France fut une sous les rapports politiques, diverse sous les rapports civils. Dans ce dernier monument de sa puissance détruite, le moyen-âge n'abdiqua pas sa liberté. Les coutumes ont été publiées par le roi, mais ont été recueillies par les trois ordres de l'État, et comme, depuis, les changements introduits dans la législation générale ont été peu nombreux, qu'ils ont plutôt porté sur la procédure que sur les principes, il est vrai de dire que la France n'a obéi qu'à des lois faites par elle-même.

Des habitudes, du temps, naissent, entre les habitants d'un même pays, certaines relations que le législateur peut constater, mais non pas faire. Ce serait la plus épouvantable tyrannie que celle qui prétendrait changer de force le droit civil d'un peuple. Les mesures politiques s'attaquent seulement à quelques uns de nos actes, mais les lois civiles à toutes les existences; il n'est tête si humble qui leur échappe. Par bonheur, ce despotisme ne séduit guère que le fanatisme religieux.

Un des devoirs essentiels de tout gouvernement est de veiller à l'exécution des lois, à l'administration de la justice. Elle se régularisait en France. A l'Échiquier de Rouen (1), dont les séances étaient temporaires, fut substitué un tribunal perpétuel. En Provence, un Parlement fut établi (2). Dans cette dernière institution, il est facile de remarquer des traces de l'esprit féodal; les charges militaires et les judiciaires sont confondues; le sénéchal est président de la Cour, tous les arrêts doivent porter son nom; mais cette anomalie ne tarda pas à disparaître.

Entre ces juridictions souveraines qui se parta-

(1) Font., tome I, page 175, an 1499.
(2) Font., tome I, page 102, an 1501.

geaient la France, les conflits devenaient inévitables. Il fallut une institution pour les régler. Le conseil du roi, attaché à sa personne, sans résidence fixe, servit de lien et d'arbitre; il paraît que Charles VIII avait essayé de l'organiser, mais ce fut seulement sous Louis XII que le grand conseil acquit une existence définitive. Ce prince détermina le nombre des juges, rendit le conseil sédentaire; il prit le nom de grand conseil. Cette institution était le germe de l'unité dans les lois françaises; elle n'eut pas l'influence qu'on pourrait lui supposer. Pour qu'elle pût imposer sa jurisprudence aux parlements, il eût fallu qu'elle fût au dessus d'eux, qu'elle s'appuyât sur des principes arrêtés : il n'en était pas ainsi. Les parlements étaient entourés de tout le prestige des souvenirs; sortis du conseil du roi, ils ne reconnaissaient pas de supérieur. Les coutumes offraient tant de variété dans leurs dispositions, qu'il était impossible de les faire fléchir sous une vue d'ensemble ; elles obligeaient les parties plutôt comme convention particulière que comme textes législatifs. Dans les pays de droit écrit, la jurisprudence seule avait fixé ce qui était applicable dans le droit romain. La cassation des arrêts pour violation de la loi devait être rare. Comme le roi était censé présider son conseil (1), nul ne pouvait contester la supériorité de ce tribunal; l'arrêt du conseil était prononcé par le

(1) Pour le distinguer du grand conseil, on l'appelait le conseil privé.

pouvoir législatif lui-même, le pouvoir judiciaire obéissait. Quant au grand conseil, il déchut beaucoup du haut rang qu'il occupait à son origine.

C'est de ce règne que date un des expédients de finance les plus ruineux et le plus souvent en usage en France : la vente des offices (1). Il est même à croire que des intentions d'humanité introduisirent cet abus. Louis XII aimait mieux vendre ses offices que de créer une taxe nouvelle : cette vente ne choquait personne. Dès le temps de saint Louis, ainsi que nous l'avons vu, les prévôtés et les bailliages étaient affermés ; comme les fonctions publiques furent longtemps un revenu et non une dépense, il était tout simple qu'elles devinssent une marchandise. Louis XII ne vendit que les offices de finance; mais son successeur ne fit pas cette distinction.

Au point où nous sommes arrivés, il est peut-être bon de jeter un coup-d'œil sur l'état de la France. Le moment approche où commence à l'extérieur cette lutte contre la maison d'Autriche qui a duré des siècles. Quelles étaient ses ressources pour suffire aux exigences de cette guerre? Le roi était, comme nous l'avons vu, absolu en théorie; depuis Louis XI, il ne s'était pas trouvé un seul vassal qui fît quelque résistance; et, sous François Ier, le connétable de Bourbon, appuyé de sa naissance et de l'autorité de sa charge, tomba sans

(1) Loyseau, des Offices.

exciter une révolte. Toutefois les gentilshommes n'étaient pas confondus avec le peuple. Le roi n'était pas le premier Français, mais le premier gentilhomme de son royaume.

La noblesse était la nation armée; les compagnies de gendarmes se recrutaient parmi les gentilshommes; l'infanterie depuis Louis XI était suisse ou étrangère (1). On ne sentait pas le besoin d'appeler les bourgeois et le peuple dans des armées peu nombreuses.

Le revenu du roi s'élevait à environ 4,000,000 de livres, environ 20,000,000 de francs de notre monnaie. Si l'on veut avoir égard à la différence du prix des choses, à l'or et à l'argent que l'Amérique découverte jeta en Europe, ces 20,000,000 de livres devaient représenter environ 80,000,000 de livres de notre monnaie. La moyenne de l'impôt était donc de 7 à 8 liv. par tête. Mais il faut écarter tout rapprochement avec nos temps modernes. Une foule de services qui sont publics aujourd'hui étaient privés; les ministres du culte étaient payés par la dîme, les chemins entretenus par les corvées, les droits de mutation, des taxes sur les marchés, les péages perçus par les seigneurs. Ces levées formaient une somme qu'il est impossible d'évaluer, mais qui devait être considérable (2).

Dans les revenus du roi, les tailles entraient

(1) Machiavel, tome IV, *ibid.*

(2) Isambert, tome XI, page 660, an 1514.

pour environ 2,500,000 francs, la gabelle pour environ 150 à 200,000; le reste était le produit des domaines royaux et des taxes de consommation sur les vins (1). Il se levait déjà quelques taxes sur l'entrée des bestiaux dans Paris.

Telles étaient les ressources ordinaires de la France : depuis Charles VII, elles ne s'étaient pas beaucoup augmentées, et cependant les expéditions en Italie, la conquête et la perte du Milanais, de Naples, avaient été cause de dépenses nouvelles. Charles VIII, comme nous l'avons vu, doubla la taille accordée; Louis XII leva des décimes sur le clergé, vendit des domaines (2), aliéna des revenus en 1513, jusqu'à une somme de 600,000 fr.; enfin il vendit les offices de finance; ces derniers moyens étaient des anticipations, des emprunts déguisés; mais François Ier exploita ces ressources plus en grand, il augmenta les impôts, essaya même de les améliorer par une réforme, il emprunta, et le premier il fit de la vente des offices un revenu ordinaire. Ce fut en 1522 qu'il établit

(1) Nous croyons devoir donner au lecteur les bases d'après lesquelles nous avons fixé le montant des gabelles. Sous Henri IV, le droit de gabelle était de 133 écus par muid. Au commencement du règne de François Ier, il n'était que de 15 francs ou 3 écus. Les gabelles, sous Henri IV, produisaient environ quatre millions, ce serait donc environ 150 à 160,000 livres. Mais il faut observer que tous les droits de gabelle n'avaient pas augmenté dans une proportion aussi forte. Plusieurs provinces avaient racheté ces augmentations. Si l'on porte la consommation à huit mille muids, chiffre qu'elle dépassa sous Henri IV, on arrivera à 120,000 livres. Dans les pays où, au lieu de la gabelle, se percevait le quart du prix, le bail était de 25,000 livres. Ord., tome XVII, page 86, an 1468. L'ensemble de ces deux sommes serait environ de 150,000 livres.

(2) Isambert, tome XI, page 660, an 1514.

le bureau des parties casuelles, boutique, dit Loyseau, *de cette nouvelle marchandise*. Le Parlement fit longtemps de vains efforts contre la vénalité; il s'opposa surtout à la création de vingt conseillers, mais il fut obligé de céder (1). Dès 1520, nous trouvons plusieurs créations d'offices, qui ne sont évidemment que des expédients de finance (2). Le gouvernement royal a trouvé des acheteurs pendant deux siècles.

L'absurdité de ce système n'a pas besoin d'être démontrée, les fonctions publiques ne peuvent être la propriété d'un particulier, si l'on ne veut pas que celui-ci les fasse servir à son propre avantage. Quand les offices furent des biens, il était naturel qu'ils devinssent héréditaires; il ne fallut pas un siècle pour que cette seconde innovation fût admise; les revenus de l'État furent hors de l'influence du souverain.

Si les rois eussent vendu les charges militaires, leur pouvoir se fût évanoui comme celui de la troisième race; heureusement, cet exemple les retint; ils conservèrent la force, et tâchèrent de modifier les inconvénients de la vénalité des charges. On créait sans cesse de nouveaux offices pour les vendre, et ces créations amoindrissaient le pouvoir et l'influence des premiers titulaires.

Presque tous les revenus de l'État furent donnés à ferme, les anciens fonctionnaires n'étaient plus

(1) Garnier, an 1522.

(2) Isambert, tome XII, pages 178, 189, 193, 197 et 209.

que des contrôleurs assez inutiles; cette multiplication effrénée de charges sans fonctions réelles a été une des plaies de l'ancien régime; elle a érigé l'oisiveté en titre d'honneur. Comme, pour obtenir des acheteurs, on décorait les offices de quelque prérogative, tous les capitaux roturiers sortaient du commerce et se précipitaient vers cette acquisition. La profession industrielle était regardée comme un malheur; ainsi, à côté des gentilshommes, fut créée une classe intermédiaire qui tenait au peuple par son origine, à la noblesse par ses priviléges; mais le fardeau de l'affranchissement des riches du tiers-État retombait plus lourd sur les pauvres. Nous parlerons plus tard des effets de la vénalité sur les offices de la magistrature.

C'est durant le cours du XVIe siècle que se développent les institutions, les ressources et, il faut le dire, les abus de l'ancienne monarchie, tout y est en germe; comme si l'inégalité des charges entre les ordres de citoyens ne suffisait pas, l'inégalité entre les diverses provinces vint s'y ajouter. De temps immémorial, les impôts n'avaient pas pesé également sur tout le territoire; certaines portions avaient été affranchies de quelque tribut. L'exemption de gabelle était le plus important de ces priviléges; cette différence de traitement entre les habitants d'un même pays avait déjà eu de funestes conséquences. La tentation à la contrebande était forte, lorsqu'il ne s'agissait que de passer une frontière fictive; pour protéger la levée des taxes, on eut recours à des mesures tyranniques. On imagina le devoir de gabelle; chaque habitant était contraint d'acheter la quantité de sel nécessaire à sa consommation : cette quantité était déterminée. On trouve cette morale financière en activité dès 1509 (1); mais si, à une époque où le droit sur le sel n'était que de 15 francs, la contrebande se faisait déjà par des troupes armées (2), les accroissements successifs de cet impôt, en exagérant le bénéfice de la fraude, l'encourageaient.

François Ier trouva l'impôt du sel à 15 francs; à la fin de son règne, il était de 45 francs (3); ainsi les charges des provinces de grande gabelle s'étaient accrues des deux tiers, tandis que la Bretagne était tout à fait exempte; que, dans le

(1) Font., tome II, page 988.

(2) Font., tome IV, page 1479.

(3) Une ordonnance de 1517 nous fait connaître les principes des gabelles : chaque habitant était obligé de se fournir de sel au grenier royal, art. 17; s'il tâchait de se soustraire à cette nécessité, il encourait une amende et la restitution des droits de gabelle. Dans certains pays, le sel se distribuait par impôt, c'est à dire que l'on estimait la quantité de sel nécessaire à chaque commune, et que des collecteurs élus par les habitants étaient chargés de répartir, art. 33. Dans les autres paroisses, le grenetier examinait si la quantité consommée était en rapport avec la richesse et le nombre des habitants. Les grenetiers et contrôleurs étaient chargés de ces fonctions. Ces principes ont duré autant que la gabelle elle-même; les peines seulement sont devenues plus sévères.

Isamb., tome IX, page 129.

Poitou, la Saintonge, il ne se levait qu'un droit du quart à la vente; l'augmentation de la gabelle séduisait le gouvernement. Comme le clergé et la noblesse y étaient soumis, ainsi que le tiers-État, elle était plus productive, et par le nombre et par la richesse de ceux qu'elle atteignait. François Ier essaya de généraliser cette taxe; en 1537, il l'avait portée de trente à quarante-cinq livres (1); il abolit la juridiction tyrannique des greniers à sel, et convertit toutes les taxes en un simple droit à l'extraction (2); il consentit même à diminuer le montant du droit en ne le fixant qu'à 24 francs par muid au lieu de 45 francs (3). En échange, il voulait que toutes les provinces fussent soumises à cet impôt; mais il fallut revenir à l'ancien état de choses; le nouveau blessait dans les provinces privilégiées non seulement le peuple, mais la noblesse et le clergé, c'est à dire les deux seules forces du temps. Une révolte en Guienne fut cruellement réprimée par Montmorency; mais le roi ne persévéra pas dans sa réforme; l'exemption des provinces privilégiées fut maintenue (4). Le droit de 45 fr. par muid fut perçu dans les greniers; le roi gagna seulement une taxe de 20 sols, que les propriétaires de marais salins lui donnèrent à l'extrac-

(1) Font., tome II, page 998.
(2) Font., tome II, page 1007.
(3) Font., tome II, page 1001, an 1542.
(4) Font., tome II, page 1030, an 1544.

tion. Quelques greniers avaient été également établis en Saintonge, en Poitou et en Limousin. Henri II consentit à ne lever, comme autrefois, que le quart et le demi-quart du prix du sel; il vendit cette faveur 450,000 francs, environ 1,500,000 francs de notre monnaie (1); il leur vendit même, quatre ans plus tard, ce droit de quart, pour une somme de 1,194,000 livres, 4,000,000 francs de notre monnaie (2). Le tiers-état paya les deux tiers de cette somme, la noblesse et le clergé l'autre tiers. Ce fut, certes, une opération bien avantageuse pour ces provinces, quand on songe que l'avidité des souverains fut telle, qu'à la fin du XVIe siècle l'impôt était de 133 écus par muid; mais le fardeau retombait sur les pays de grande gabelle. Les avanies, les mesures vexatoires étaient plus lourdes que l'impôt lui-même: ainsi les contrôleurs et les grenetiers avaient le droit de visite dans toutes les maisons; celui qui se fournissait de sel hors du grenier de son domicile était banni à la troisième fois (3). Enfin cette législation devint si atroce, qu'à la fin du XVIIIe siècle le tiers des condamnés aux galères l'était pour fait de gabelle.

Longtemps cet impôt fut en régie. Le marchand mettait dans chaque grenier le sel qui était vendu

(1) Font., tome II, page 1040, an 1549.

(2) Font., tome II, page 1045, an 1553.

(3) Font., tome II, page 994, an 1535.

à tour de rôle (1). Les droits étaient perçus par les officiers du roi; au moins, le contribuable n'avait à se défendre que contre la vigilance toujours peu active de l'intérêt public. Ainsi, par exemple, le sel par impôt n'était délivré qu'à raison d'un minot par 25 personnes (2). Mais, quand l'impôt fut affermé, le fermier calcula plus rigoureusement. Dès 1547, on avait offert à Henri II d'affermer le droit de gabelle dans tous les greniers du royaume. Il préféra faire des enchères particulières dans chaque grenier (3); les marchands isolés n'avaient pas la puissance qu'eurent, depuis Henri IV, les fermiers généraux.

Le gouvernement de François Ier devança son siècle, il voulut introduire en France l'unité des poids et des mesures (4); nous avons pu de nos jours juger de la difficulté de cette réforme. L'administration était alors trop imparfaite pour obtenir un si grand résultat. L'ordonnance demeura sans exécution. Henri II fut plus heureux dans une tentative partielle, il exigea que tous les seigneurs ayant droit de poids et de mesures dans Paris se conformassent aux étalons qu'il donnait (5). La correction de ces abus sert à nous faire juger l'éten-

(1) Font., tome II, page 992, an 1517.

(2) Font., tome II, page 1064, an 1579.

(3) Font., tome II, page 1037.

(4) Font., tome I, page 974, an 1540.

(5) Font., tome I, page 976, an 1557.

due du mal, puisque, dans une même ville, chaque marché avait besoin d'un commentaire. Il est assez singulier que tous les États généraux, jusqu'en 1614, aient toujours demandé l'unité dans les poids et mesures, sans que le pouvoir s'en soit sérieusement occupé.

Sous les noms de rêve, de haut passage, d'imposition foraine, se levaient diverses taxes sur les marchandises à l'exportation. L'origine de ces impôts remontait au XIVe siècle; ils étaient perçus non seulement à la frontière étrangère, mais à celle qui séparait les provinces où les aides avaient cours, et les provinces privilégiées. Ces trois droits se levaient en divers lieux, selon les usages; comme ils étaient proportionnels au prix des choses, la valeur était laissée à l'arbitraire du percepteur. François Ier publia une appréciation des marchandises; il détermina le montant de chaque droit, et ordonna que tous seraient levés aux mêmes lieux et par les mêmes officiers (1). Le gouvernement, à cette époque, était en avant de la nation : la réforme de la gabelle échoua devant des résistances locales. L'intérêt privé n'était pas assez éclairé pour se confondre de plein gré avec l'intérêt général. La réduction de ces droits en un seul excita également des réclamations, et Henri II, après un nouvel essai, fut obligé de remettre les

(1) Font., tome II, page 461, an 1541.

choses sur l'ancien pied ; l'ensemble de ces droits était de 23 deniers par livre (1); mais, par l'appréciation donnée aux marchandises, le droit n'était guère que du douzième tout au plus.

François Ier avait donné dans l'article 21 de cet édit, aux pays où les aides n'avaient pas cours, la faculté d'entrer dans la condition commune du royaume : elles refusèrent de le faire. Ainsi se trouva consacrée une inégalité dans le sort de la France : il semble que chaque province tînt à honneur de constater qu'elle avait été séparée du corps de la monarchie.

L'ordre s'introduisait dans les finances, les impôts étaient déjà trop divers pour que tout pût aboutir au trésor royal, et que du centre la surveillance se fît sentir à l'extrémité. La nécessité avait déjà introduit les recettes générales (2); mais ce fut l'édit de 1542 qui leur donna une forme régulière. Sur cette base a reposé depuis toute la subdivision administrative de l'ancien régime. Ce fut par ce moyen que le pouvoir royal intervint dans les détails; mais, dans l'origine, cette création n'eut pas cette étendue; les fonctions des receveurs généraux furent bornées aux finances.

(3) Le royaume, sous ce rapport, fut divisé en

(1) Font., tome II, page 490, an 1556.

(2) Nous en trouvons dix en 1523.

Isambert, tome XII, page 224.

(3) Isambert, tome XII, page 796.

seize recettes générales : auprès de chaque receveur était un commis des trésoriers de France. Ainsi le principe de toute bonne comptabilité, le contrôle, était admis.

La recette et la dépense étaient centralisées par le trésorier de l'épargne. En 1554, le contrôleur général fut créé par Henri II (1). Le trésorier de l'épargne devait donner au roi un état de la recette réelle. Mais, dans le temps même où l'on cherchait à introduire l'ordre, l'abus des offices sans fonctions créés pour le seul besoin du moment le détruisait : tous les offices comptables devinrent alternatifs, c'est à dire qu'il y eut deux titulaires chargés d'une même fonction, qui se remplaçaient mutuellement; sur deux années, chacun d'eux avait une année d'exercice et une année de repos. La confusion s'introduisit dans tous les comptes. Ces ventes d'offices étaient, en réalité, des anticipations sur l'avenir, où l'intérêt payé n'était que le moindre mal. Il eût mieux valu recourir à des emprunts; mais la doctrine de l'Eglise sur l'usure empêchait d'entrer franchement dans cette voie (2). Toutes les restrictions sur cette matière destinées à protéger l'emprunteur tournent contre lui. Il est forcément dans la dépendance du prêteur, et celui-ci lui fait payer, par une élévation d'intérêt, les chances qu'il doit courir. Le roi n'osait pas s'enga-

(1) Font., tome II, page 831, an 1554.

(2) Font., tome II, page 1136, an 1554.

ger directement; il assignait le paiement des rentes sur certains revenus, et comme cette garantie était moins entière que si l'on avait eu pour caution tous les revenus royaux, il fallait bien donner davantage. François Ier ne créa que pour 75,416 liv. de rente, environ 260,000 fr. de notre monnaie (1); son fils en créa pour 543,806 livres, 2,000,000 de notre monnaie. Le manière dont il s'y prit est même assez curieuse : il défendit aux notaires de Paris de passer aucun contrat de rente avant qu'il eût obtenu les 490,000 livres dont il avait besoin (2).

Avant le concordat de 1515, les évêchés et les principaux bénéfices ecclésiastiques étaient électifs; le droit d'élection appartenait aux chapitres. C'était une tradition affaiblie de l'Église primitive où les chrétiens choisissaient leur pasteur; si le prêtre nommé par ses égaux ne trouvait plus l'influence que lui donnait l'élection populaire, il ne relevait au moins de personne. Le concordat donna à la royauté un pouvoir de plus. Léon X, en vendant à François Ier le droit de nommer aux évêchés et à tous les bénéfices ecclésiastiques importants, détruisit l'indépendance du clergé : ses membres ne furent plus que des fonctionnaires ecclésiastiques nommés par le roi : ils étaient donc ses créatures et ne pouvaient s'opposer à ses vo-

(1) Forbonnais.

(2) Font., tome I, page 796.

lontés. Ainsi le pouvoir temporel de l'Église en France fut miné par un pape et par un prince zélé catholique, et cela, presque dans le temps où tous deux luttaient contre la réforme : tant il est vrai qu'on tient toujours de son siècle par quelque côté, ne fût-ce que par imprévoyance.

La juridiction ecclésiastique, qui, au moyen-âge, avait tout envahi, fut réduite à rien par l'ordonnance de 1539, et surtout par la jurisprudence du Parlement (1).

L'abaissement du clergé au profit du pouvoir royal fut pour celui-ci une ressource financière. Le roi n'accordait certains bénéfices que sous des réserves. Sous Henri IV, le huguenot Sully eut des pensions assignées sur des abbayes. Le temporel de l'Église lui échappait comme au temps où les dîmes et les cures étaient devenues des fiefs; à vrai dire, l'Église n'était que l'usufruitière de ses biens; le roi en était le propriétaire.

Nous verrons plus tard le clergé essayer de déguiser, sous les noms de prêt et de don, sa part dans les charges publiques.

Les armées régulières ne firent pas complètement oublier l'ancienne milice féodale, le ban et l'arrière-ban, tout comme l'introduction des armes à feu ne fit pas disparaître tout à coup les armures du moyen-âge. On a de François Ier et de Henri

(1) Henrion de Pansey; de l'Autorité judiciaire, tome II, page 60.

plusieurs ordonnances sur ce sujet. Une seule disposition peut nous faire juger combien cette institution était dénaturée. Dans chaque bailliage, les gentilshommes étaient commandés non par leur supérieur féodal, mais par le bailli royal (1). Ce n'était plus, à vrai dire, un service que le vassal devait à son seigneur, pour le fief qu'il tenait de lui, mais une demande extraordinaire du gouvernement; c'était la levée en masse de la population noble.

François Ier reprit le projet de Charles VII abandonné par Louis XI, la création d'une infanterie française: il la composa de sept légions (2), fortes chacune de 6,000 hommes. Les troupes armées d'arquebuses ne formaient encore que le quart des armées (12,000 arquebusiers et 30,000 piquiers ou hallebardiers). Les soldats des légions n'étaient point sans cesse sous le drapeau; ils n'étaient astreints qu'à deux revues par an: ainsi ils ressemblaient plus à une milice qu'à une armée permanente. Henri II (3) essaya aussi des légions, elles ont été la base de ce qu'on appelait à la révolution les vieux corps. Le service militaire était plus payé à cette époque que de nos jours. La paie d'un soldat était de 9 à 10 livres par mois (environ 30 livres de notre monnaie); en tenant compte de la plus-

(1) Font., tome III, page 64, an 1551.
(2) Font., tome III, page 146, an 1534.
(3) Font., tome III, page 158, an 1557.

value de l'argent à cette époque, il avait une solde mensuelle de 100 francs (1). On sait assez que telle n'est pas celle de nos troupes, et cependant ce n'était pas le seul profit du soldat; on le voit assez par les nombreuses ordonnances publiées sous ces deux règnes pour réprimer les excès militaires.

La manière même dont étaient constituées les armées excluait toute discipline; car la discipline suppose une hiérarchie sévère, l'obéissance du chef envers son supérieur, comme celle du soldat envers l'officier. Au XVIe siècle, chaque capitaine recevait l'ordre de former sa compagnie; il la composait à sa guise et allait rejoindre l'armée. Entre ces petits corps, il n'existait aucun lien, aucun rapport avant qu'ils fussent réunis sous un seul général; le souvenir de cette indépendance devait même alors s'opposer à une exacte subordination (2).

Montluc nous raconte que sa compagnie se présenta devant une ville de l'Albigeois qui lui ferma ses portes; les soldats emportèrent la ville d'assaut, la saccagèrent, puis, par crainte des habitants, ils se débandèrent. Montluc ne déplore qu'une chose, le retard; une ville française prise d'assaut par des Français était alors un accident ordinaire.

Le moyen-âge croulait de toutes parts. La Bre-

(1) Font., tome III, page 158

(2) Mémoires de Montluc.

tagne fut réunie à la France par François Ier (1), sur la demande expresse des États. Le parlement de Rennes ne fut cependant établi qu'en 1553 (2); jusqu'alors la justice avait été rendue en Bretagne, comme elle l'avait été sous les ducs. Les grands jours n'étaient qu'un tribunal temporaire qui relevait par l'appel du parlement de Paris. Par l'érection du parlement de Rennes, l'autorité judiciaire vint immédiatement du trône; révolution analogue à celle qui était faite depuis longtemps dans le reste de la France.

L'administration de la justice était bien changée depuis les temps féodaux; cependant elle se sentait encore de la manière irrégulière dont l'autorité royale s'était accrue; les parlements, celui de Paris surtout, possédaient un territoire d'une étendue immense; et comme, en matière civile, ils jugeaient seuls en dernier ressort, la justice était loin du justiciable. La création des présidiaux remédia à cet inconvénient; leurs jugements furent sans appel, jusqu'à une somme de 250 livres, et jusqu'à 500 livres ils purent ordonner l'exécution par provision (3). Dans cette limite, toutes les affaires des baillis-sénéchaux venaient devant eux par appel; les présidiaux ressortissaient du parlement. Cette innovation était un véritable bienfait

(1) Isambert, tome XII, page 393, an 1532.

(2) Font., tome I, page 107.

(3) Font., tome I, page 333, an 1551.

si l'esprit fiscal ne l'eût entachée. Comme les offices étaient vénaux, les juges et les tribunaux furent multipliés outre mesure; il n'y eut que trente et un siéges dans l'édit de création, nous en trouvons soixante-deux (1) en 1557; en même temps, le nombre des juges s'augmentait dans chaque tribunal. François Ier avait aussi fait une innovation qui subsiste encore dans notre droit : il avait dans les tribunaux inférieurs séparé la justice civile de la justice criminelle; en chaque justice, il avait créé un lieutenant criminel (2). L'époque même de cette ordonnance en a fait soupçonner le motif : le besoin d'argent. Faire de la punition des délits une fonction spéciale est peu favorable à l'accusé. Le juge est porté, par les habitudes de sa vie, à voir dans tous les prévenus des coupables; juger, condamner un homme est pour lui une fonction ordinaire. Cette tendance en faveur de la répression a toujours existé dans la législature française; on faisait bon marché de l'innocence condamnée, pourvu qu'aucun coupable n'échappât. Peut-être, dans les temps de désordres, où le puissant seul pouvait nuire, parce que seul

(1) Font., tome I, page 356.

Dans le même temps, une chambre spéciale du Parlement, nommée la Tournelle, fut chargée des procès criminels; auparavant, la Tournelle se bornait à l'instruction; le jugement appartenait à la grande Chambre.

Garnier, Histoire de France.

(2) Isambert, tome IX, page 197, an 1522.

il avait la force, cette rigueur était moins dangereuse à la sociétéque l'impunité; mais, transportée dans des temps civilisés, quand la main et l'œil du gouvernement étaient partout, elle n'était plus qu'une barbarie.

Comment qualifier autrement la procédure criminelle de l'ordonnance de 1539? Tous les actes devaient être secrets, rien ne devait être communiqué aux accusés; on leur refusait même un conseil; certes, alors plus d'un Français enlacé dans les détours d'une interrogation captieuse, ou brisé par la torture, put regretter le temps où, en présence du public, il disait au juge: «Votre jugement est faux, et je le ferai tel, par gages de bataille;» le juge sentait au moins une responsabilité peser sur sa tête.

La même ordonnance déclara que toutes les justices de Paris seraient mises dans la main du roi, sauf l'indemnité due aux seigneurs. Ici l'intérêt du roi et l'intérêt général étaient d'accord. Dans la législation civile, presque toutes les mesures ordonnées étaient des améliorations; les parlements durent prononcer leurs arrêts en français; les actes des notaires royaux furent exécutoires dans tout le royaume. Il fut défendu de prendre les juges à partie: en même temps, le besoin se faisait sentir de donner de la publicité aux contrats. L'accroissement de la richesse avait multiplié les rapports, les contrats entre les hommes. François Ier ordonna l'insinuation des donations (1), Henri II prescrivit la même mesure pour tout contrat excédant 50 francs (2); un greffier fut commis pour accomplir cet acte. Dans l'esprit du prince, ce n'était qu'une mesure fiscale; mais les grands jurisconsultes, Olivier et L'Hôpital, voyaient sans doute les choses de plus haut et faisaient servir au triomphe de leurs idées les passions mêmes de leur maître.

Il y a quelque chose dans les magistrats du XVIe siècle qui rappelle les jurisconsultes romains : c'est la même austérité au milieu des mœurs les plus corrompus; le même culte de la justice, alors que tout souvenir de liberté disparaissait; le stoïcisme des uns par l'élévation des idées, la pureté de la morale, les sentiments d'humanité touchant presqu'au christianisme; et la religion des autres, dégagée de toute superstition, se rapprochant de la philosophie. Enfin, pour achever la ressemblance, Papinien fut préfet du prétoire d'un fratricide, et L'Hôpital, le chancelier de Charles IX, protégé par Médicis. Le caractère de ce dernier est un des plus beaux de notre histoire. Il essaya en vain de concilier deux partis également opposés à la tolérance ; mais, en même temps qu'il publiait ces pacifications passagères, il contribuait, par plusieurs édits, à achever notre jurisprudence. Jusqu'à lui on n'avait

(1) Font., tome I, page 752, an 1539.
(2) Font., tome I, page 753, an 1553.

publié que des dispositions particulières, il alla plus loin, et ses édits sont presque des codes.

La législation civile, proprement dite, n'est pas de notre sujet : qu'il nous suffise de rappeler que, le premier, il limita les dons des veuves en faveur de leur second mari (1); qu'il prescrivit la communication des pièces aux parties (2), la rédaction, pardevant notaire, de tout contrat excédant 100 l. (3); qu'il ordonna que l'année commençât au 1er janvier; qu'il défendit les substitutions au delà du quatrième degré (4). Ces dispositions, et surtout la dernière, par leurs conséquences, tenaient à la politique. La manière dont est partagée la propriété, dont elle se fractionne ou s'immobilise dans les familles, tend à déplacer ou à concentrer la richesse, et par suite le pouvoir. Mais la forme qu'il donna à l'autorité judiciaire en France nous importe bien plus à connaître. Il changea la compétence des tribunaux en matière criminelle.

Avant lui, il était de principe que l'aveu emporte l'homme, c'est à dire que l'auteur d'un délit devait toujours être traduit devant le juge de son domicile. L'origine de cette législation remontait à l'invasion des Barbares. Nous voyons, dans les lois qu'ils nous ont laissées et dans les Capitulaires, cette

(1) Ord. de 1560.
(2) Ord. de 1564.
(3) Ord. de 1566.
(4) Ord. de 1560.

division de peuples et de lois sous un même territoire. Les Barbares se regardaient comme *campés* en France; ils étaient plutôt juxta-posés que confondus par leur réunion dans un même pays. Cette distinction dura longtemps, elle disparut au bout de quelques siècles; et au xe siècle, peu de familles eussent pu dire si elles étaient franques ou gauloises. Force fut donc de renoncer à cette législation; mais le principe ne périt pas, il prit une nouvelle forme. Les grandes races qui s'étaient dispersées sur toute la France avaient, comme nous l'avons vu, formé une multitude de petits peuples vivant séparés les uns des autres. Cette nationalité féodale fut substituée à la nationalité barbare. Nul ne pouvait être traduit que devant le juge de son fief: ce principe, comme nous l'avons vu, fut des plus favorables à la juridiction royale. Les bourgeoisies du roi, vendues à vil prix, l'étendaient à des hommes tout à fait hors de son action régulière. Mais ce qui est bon pour le combat ne reste pas tel après la victoire. L'autorité royale était seule restée debout, et les entraves qui lui avaient servi à gêner la justice de ses vassaux l'embarrassaient elle-même. Maintenant elle n'éprouvait plus qu'un besoin, celui d'assurer la tranquillité de la société; et déterminer la compétence par le domicile de l'accusé était peu favorable à la répression des crimes. Dans tout procès criminel, il y avait à vider une question préjudicielle des plus délicates: c'étaient deux difficultés au lieu d'une. Rien de plus aisé, au contraire, que de fixer le lieu du délit; le fait, sujet de l'accusation, y suffit. Le nouveau principe est entré dans notre droit public et s'applique même aux nations étrangères.

L'unité du pouvoir royal se resserrait chaque jour. Ainsi un édit de 1560 ordonne que toutes les sentences des juges royaux seraient exécutoires dans tout le royaume sans lettre de *pareatis*. N'est-ce pas proclamer que les juges royaux ne prononceraient pas dans les diverses provinces comme juges du duc de Bourgogne, du comte de Provence, mais comme les délégués d'une même autorité, souveraine du pays entier?

L'Hôpital supprima plusieurs degrés de juridiction inutiles. Dans un même lieu, le roi ou le seigneur avait souvent un tribunal de premier degré, et un tribunal d'appel : ainsi, par exemple, dans les lieux où les présidiaux étaient établis, le bailli ou le sénéchal avait voulu conserver son ancien droit; il rendait un jugement dont on appelait au présidial. Ces divers abus, qui multipliaient les frais des procès, furent abolis. Dans chaque lieu, il ne dut y avoir qu'un seul juge. Il fut longtemps de jurisprudence que cette suppression n'avait pas lieu, lorsque les justices appartenaient à deux propriétaires différents (1). L'Hôpital pensait qu'il n'y a

(1) Loyseau.

point de justice si elle n'est pas prompte et si elle n'est pas à bon marché. Les délais, la cherté sont en faveur du riche qui peut payer et attendre.

Ce fut encore lui qui enleva définitivement aux gens d'épée le droit de juger. Déjà Louis XI avait ordonné que les baillis et sénéchaux fussent gradués. L'Hôpital alla plus loin, et interdit aux baillis de robe courte toute juridiction : elle passa à leurs lieutenants. Ainsi s'éteignaient dans la législation les derniers souvenirs du moyen-âge, où un jugement n'était qu'un combat. Quand on réfléchit que, dans l'application, le choix du juge est plus important que la loi elle-même, on sent l'étendue de la blessure faite à la noblesse. Malgré le mépris qu'elle affichait pour les lois, sa fortune et sa vie étaient à la disposition d'hommes sortis du tiers-État, d'autant plus redoutables, qu'ils n'étaient point astreints à une observance rigoureuse des lois : une part large était laissée à l'interprétation du juge.

La juridiction consulaire est aussi une création de L'Hôpital. Les juges consuls étaient élus par les marchands, ils jugeaient sans appel jusqu'à 500 fr. et pouvaient, au delà de cette somme, ordonner l'exécution par provision. Cette justice spéciale pour le commerce, avec le privilége d'élection, subsiste encore de nos jours, et a été respectée de tous les despotismes.

Il s'occupa aussi des rapports des juges avec

l'autorité royale en théorie : dans la personne du roi se confondaient les trois pouvoirs : le législatif, l'exécutif et le judiciaire. Si le fait eût répondu au droit, le gouvernement eût été absolu. Dans la pratique, ces principes absolus souffrirent quelques destrictions. Une ordonnance n'était exécutoire qu'après avoir été enregistrée au parlement; si celui-ci eût eu pleine liberté de refuser son concours, il eût eu part au pouvoir législatif. Il le faisait quelquefois, encore que ses membres n'eussent aucun titre pour lutter contre l'autorité royale qui les avait institués. La limite du pouvoir législatif ne peut être dans un corps judiciaire. Le parlement lui-même reconnaissait que son autorité venait du roi. Le juge doit obéir au législateur. Toutefois l'ancien régime tout entier s'est écoulé sans que le droit du Parlement et celui du roi aient été bien définis. Dans les luttes que le défaut d'enregistrement provoquait, le dernier mot restait toujours au roi. Mais celui-ci hésitait longtemps avant d'en venir à cette extrémité; il craignait que le pouvoir absolu, se montrant à découvert, n'excitât l'indignation universelle. L'Hôpital réduisit le rôle du parlement à de simples remontrances. Les édits furent exécutoires même sans enregistrement (1).

Déjà, sous le règne de François Ier, les remontrances du parlement avaient embarrassé la cour : ils

(1) Ensuite il (*L'Hôpital*) dit que le roi ne pouvait souffrir que ceux qui n'avaient que le pouvoir de vérifier les ordonnances s'at-

s'étaient opposés à ces créations d'officiers inutiles. En général, les réformes de L'Hôpital sont faites dans l'intérêt de l'autorité royale. Il défendit aux lieutenants du roi, dans les provinces, de lever des deniers sur le peuple, d'accorder aucune lettre de grâce, d'évocation. Ainsi le roi transmettait à ses officiers une portion de son autorité, mais se réservait exclusivement l'exercice de quelques droits. La pratique contraire avait donné naissance à la féodalité. Le souverain, après avoir institué un gouverneur dans une province, ne se faisant plus sentir, était bientôt publié. Des républiques ont, il est vrai, concentré tout le pouvoir dans une seule personne; mais, comme cet abandon n'était que momentané, que les gouverneurs se succédaient les uns aux autres, le danger était moindre : il existait toutefois, et c'est là ce qui a perdu la république romaine.

En réduisant le parlement à l'action judiciaire, L'Hôpital n'affranchissait pas la royauté de tout contrôle. Les États généraux venaient d'être assemblés. L'édit d'Orléans avait été, en grande partie, rendu pour satisfaire à leurs doléances. Il était donc naturel de croire que ce serait là une limite suffi-

tribuassent le pouvoir de les interpréter : que cela était de l'autorité de celui-là seul qui faisait les lois, c'est à dire des princes.

États généraux, tome XIII, page 7.

.... Et quand, après les remontrances, le roi aura fait connaître sa volonté, il sera passé outre à la publication.

Ord. de Moulins, art. 2.

sante contre les abus de l'autorité royale : les membres des États n'étaient point embarrassés d'une origine contraire à leurs devoirs; ils étaient les élus, non pas du roi, mais de leurs mandataires.

Quatre-vingts ans s'étaient écoulés depuis que les États de Tours avaient essayé de créer en France le gouvernement représentatif, leur tentative avait échoué; et le roi n'eut qu'à la laisser tomber. Un gouvernement libre, auquel prend part un nombre plus ou moins grand d'individus, suppose un concert, un accord établi entre eux : dans les temps anciens, la tribune, dans les temps modernes, la presse, remplissent cet office.

Il est assez évident qu'aucun de ces moyens n'était possible au XVIe siècle. Une fois sortis de la séance des États, retirés dans leurs provinces, les députés se trouvaient isolés, sans aucune influence. Le roi n'avait pas de peine à se dégager de promesses dont personne n'osait réclamer l'accomplissement. Il y eut sous Louis XII quelques convocations d'États, mais sans importance, et négligées par les historiens. Quand François Ier voulut se soustraire aux obligations du traité de Madrid, il ne s'appuya que sur une assemblée de notables.

Pendant la première moitié du XVIe siècle, la réforme avait eu lieu; malgré les persécutions de François Ier et de son fils, ses progrès avaient été rapides : elle avait pu prendre en France la consistance d'un parti. D'un autre côté, cette guerre contre l'ancienne religion avait ému tous les catholiques. A de telles querelles, la nation entière prenait part; nobles et roturiers y étaient intéressés comme chrétiens.

Le protestantisme s'était surtout recruté dans la noblesse : tous les grands noms de la France, les Bourbon, les Rohan, les Condé, les La Trémouille, les Châtillon ont été les chefs de la religion nouvelle. La cour même était infectée de huguenoterie, et le duc d'Anjou, encore enfant, s'amusait à jeter au feu les Heures de sa sœur (1) : la bourgeoisie, au contraire, se tenait obstinément attachée au culte de ses pères. « Les protestants étaient si peu nombreux dans Paris, que, dit Lanoue, les chambrières des curés auraient suffi pour les en chasser. »

La liberté religieuse, le droit d'examen étaient, aux yeux des gentilshommes, une portion de leur indépendance; ils s'estimaient trop haut pour accepter une croyance imposée. Le bourgeois, au contraire, tenait au clergé par l'origine de la plupart des prêtres. A cette époque, l'instruction n'était pas encore descendue jusqu'à lui, il avait donc toute la ferveur que donne l'ignorance (2).

Ce caractère bourgeois du catholicisme a duré autant que les guerres de religion; Henri VI rallia autour de lui presque toute la noblesse, mais il ne

(1) Mémoires de Marguerite de Valois.

(2) Je n'y vois noblesse qui vaille que trois ou quatre qui nous échappent; tout le reste n'est que racaille nécessiteuse, qui aiment la

se concilia le peuple des villes qu'en abjurant.

Entre ces deux partis, le gouvernement hésita; il reculait devant une persécution. Effrayé par les succès des luthériens, en Allemagne, il en appela à la nation elle-même, et convoqua les États généraux. Les embarras financiers s'étaient ajoutés à cette crise.

La dette de la Couronne s'élevait à 43,700,000 l. (140,000,000 de notre monnaie). Henri II avait aliéné, durant le cours de son règne, pour 1,200,000 l. d'offices par année, avec un intérêt d'environ 30 pour 100; il avait, en outre, créé des rentes sur les aides et gabelles pour 543,000 l. (1,800,000 fr.) (1). L'ensemble des charges montait à 2,300,000 l. (7,500,000 fr.).

Sous François Ier et sous son fils, le revenu total s'était élevé de 15 à 18,000,000 (2), c'est à dire

guerre et le trouble parce qu'ils vivent du bien du bon homme et ne sauraient vivre du leur.... Tous les gentilshommes de noble race et de valeur sont de l'autre part.

Sat. Menippée, page 235.

Tous vilains ou la plupart
Vous ont fait chef de leur part;
Le vrai Français ne se range
A roy ne a prince estrange.
Mais le vrai roy des Français
Pour sa garde d'Escossais
N'est assisté que de princes
Et des barons des provinces.

Ibid.

(1) Forbonnais, tome I, page 81.

(2) Forbonnais, tome I, page 13.

de 50 à 60,000,000 de notre monnaie. En comparant ce résultat à ce que nous avons dit du règne de Louis XII, il est impossible de n'être pas frappé de cet accroissement rapide dans l'impôt. La découverte de l'Amérique explique comment le chiffre a pu s'élever au milieu des guerres et des désastres, on n'était pas plus riche; on avait plus d'argent : le prix des denrées avait triplé dans un laps de 60 ans. Le setier de blé valait alors de 14 fr. 75 c. Les 50,000,000 du règne de Henri II ne représentaient guère que 15,000,000 du temps de Louis XII. L'accroissement des impôts était plus imaginaire que réel; mais un mauvais exemple avait été donné. Les emprunts, les créations de charges avaient engagé l'avenir. Nous n'ignorons pas quels sont les avantages du crédit, surtout s'il est appliqué à des dépenses productives; dans ce cas, l'emploi en est légitime. Il est juste que ceux qui ont part aux bienfaits portent aussi leur part du fardeau; mais cette ressource peut devenir une arme dangereuse entre des mains inhabiles; l'excès de l'impôt trouve une limite, celle de l'obéissance; l'abus du crédit n'en a aucune. Le prêteur devient plus difficile, ses conditions sont plus rigoureuses; mais qu'on lui offre un bénéfice proportionné aux risques, il donnera son argent. L'usage immodéré du crédit a été tel, sous l'ancienne monarchie, que nous ne trouverons que deux moments bien courts où les revenus aient égalé les dépenses.

Les États généraux s'assemblèrent : le roi était mineur, la régence pouvait être disputée ; mais les circonstances n'étaient plus les mêmes qu'en 1584. Sur ces hautes questions, leur avis ne fut même plus demandé. Le pouvoir politique était devenu la propriété exclusive du roi, et tous auraient cru, en y touchant, commettre un sacrilége. A Tours, le cahier des États avait été rédigé en commun ; les membres des divers ordres n'avaient fait qu'un seul corps, et cette union avait dû ajouter à leur puissance. Les États d'Orléans, au contraire, votèrent par ordre ; il n'y eut aucun accord, aucun concert dans leurs mesures ; certaines demandes du tiers-État et du clergé étaient en contradiction avec celles de la noblesse : cette rivalité profitait à la cour. La noblesse a perdu sa cause en France pour s'être séparée du peuple ; si elle lui eût donné une place dans ses rangs, si elle eût confondu les deux intérêts, elle eût pu balancer l'ascendant royal. Notre gouvernement eût été aristocratique comme celui des Anglais.

Les États d'Orléans produisirent quelques bons résultats. Plusieurs des réformes faites par L'Hôpital, la juridiction consulaire, la défense faite aux baillis de robe courte de prononcer un jugement, le furent d'après leurs cahiers. Le tiers-État demanda même quelques améliorations qui n'eurent lieu que de nos jours; il demandait que le seigneur ne pût être juge dans les causes où il était personnellement intéressé. Ceci fut refusé ; c'eût été la mort de la justice seigneuriale. L'unité des poids et mesures fut un des vœux exprimés par la noblesse et le tiers-État. Les trois ordres s'accordent sur un point, l'abandon du concordat. Le roi consacra même cette rétention par une ordonnance, et renonça à nommer aux bénéfices ecclésiastiques. Aux États de Blois, la même promesse, déjà violée, fut renouvelée, et ne fut pas mieux gardée. Le roi, toujours présent, toujours agissant, ne pouvait être arrêté par l'autorité des États, qui ne se sentait qu'à de longs intervalles. Les précédents des États étaient perdus pour leurs successeurs. A chaque convocation, il fallait recommencer le chemin déjà fait.

La suppression des offices nouveaux, accordée aux États, ne fut pas plus stable : Charles IX les rétablit presque tous. Les États de 1576, sous Henri, firent entendre les mêmes doléances, sur la vénalité des charges, la multiplicité des offices ; elles ne produisirent pas plus d'effets ; les États n'étaient donc qu'une comédie. Qu'est-ce qu'un corps politique qui ne peut se faire obéir? Les parlements, qui remplacèrent les États, furent plus puissants qu'eux. Ils inséraient souvent, dans les ordonnances, des articles qui en faisaient partie et qu'aucun juge n'eût osé violer.

Avant 1561, le clergé avait contribué aux charges publiques d'une manière irrégulière; les levées de décimes que le roi exigeait étaient devenues peu à peu un impôt ordinaire, puisqu'en 1557 (1) le roi érigea en office les fonctions de receveur des décimes; mais cette perception, quoique ordinaire, était regardée comme exceptionnelle. Après les États d'Orléans, la contribution du clergé prit la forme qu'elle a toujours gardée depuis. Le clergé s'engagea, par un contrat passé devant notaire (2), à fournir au roi 1,600,000 l. pendant six ans. Le produit de cet impôt devait être employé à racheter les aides et gabelles cédées à la ville de Paris pour garantir les emprunts constitués sur son hôtel. Ce secours devait être temporaire, mais les fonds destinés à l'extinction de cette dette furent mangés par avance, et le clergé fut obligé d'accorder une nouvelle somme. Depuis, cette coutume ne fut plus interrompue; seul, de tous les ordres de l'État, le clergé conserva l'apparence de sa liberté.

Il prit une part active aux guerres de religion et les soutint de sa bourse; dans l'espace de quinze ans, il avait payé une somme de 60,000,000 (180,000,000 environ de notre monnaie). Sa contribution annuelle de 1,600,000 francs, réduite plus tard à

(1) Font., tome IV, page 535.

(2) Font., tome IV, page 531, an 1561.

On peut voir dans le même auteur les divers contrats par lesquels le clergé s'engagea jusqu'en 1606. Pages 1050 et 1051.

1,300,000 francs, était égale aux trois vingtièmes du revenu royal. D'après l'état présenté aux États de 1576 par les ministres de Henri III, on peut conclure que le revenu royal était de 16,000,000 (48,000,000 de notre monnaie); la moitié de cette somme avait été absorbée par les intérêts et les gages des officiers (1). Le roi devait encore 101,000,000 environ, plus de six fois son revenu annuel; les diverses guerres civiles avaient augmenté les dépenses et diminué les ressources. Les recettes ordinaires, selon le même document, n'avaient été que de 44,000,000; cette situation était terrible, et Henri III avait tous les vices nécessaires pour l'aggraver. L'histoire lui a été trop indulgente; sa fin tragique suffit-elle à justifier le conseiller et l'auteur de la Saint-Barthélemy? car Charles IX ne fit qu'exécuter le dessein de son frère. Comme si, dans une crise pareille, ce n'était pas assez des dettes du gouvernement, il se livra à des prodigalités sans bornes; les impôts, les créations d'offices les plus bizarres se multiplièrent sous lui, la France était traitée comme le patrimoine d'un dissipateur; il sembla même qu'il ajoutât la dérision au fardeau. Les officiers des gabelles, dit-il, n'ont été établis que pour veiller à la santé du peuple, pour empêcher qu'on ne lui vendît du sel de mauvaise qualité (2). C'était sans doute dans ce but

(1) États généraux, tome XIII, page 230.

(2) Font., tome II, page 1055.

d'hygiène publique que, dans un grenier à sel, on comptait six officiers, qu'il en établissait partout de nouveaux, et que le droit de gabelle, à la fin de son règne, était de 133 écus par muid. On donnera une idée des inventions fiscales en citant la création de commissaires chargés de forcer les paysans à acheter des rentes; dans un édit de 1577, il vend à un individu par paroisse l'exemption de toute contribution (1).

Aucun souverain n'a tenu autant que lui à l'indépendance du pouvoir royal; il reprochait à ses ministres de trop augmenter l'autorité de leur charge, et cependant il ne donnait que peu de temps aux affaires; sa faiblesse s'irritait qu'un autre fît ce qu'il négligeait et ce qu'il ne voulait faire (2). Il proclama que le droit de travailler était un droit royal, et il vendait ce droit; il eût été conséquent s'il eût vendu au bureau des parties casuelles le droit de manger. Il aliéna la meilleure partie des revenus royaux, créa des rentes sur l'Hôtel-de-Ville pour 932,000 francs, ou 2,500,000 francs de notre monnaie (3).

Parmi cette variété infinie d'édits, il en est un qui eut des conséquences graves. Avant Henri III (4), il n'existait de droits à l'importation que sur certaines marchandises d'une consom-

(1) Font., tome II, page 865.

(2) Mémoires de Villeroi.

(3) Forb.

(4) Font., tome II, page 503, an 1540.

mation restreinte; les draps d'or et d'argent, la soie devaient une gabelle à Lyon; les marchands étaient même tenus de passer par cette ville pour la payer. Si l'on pense au prix de ces denrées, alors qu'une paire de bas de soie coûtait 7 écus (1), environ 50 francs de notre monnaie, que la livre de soie coûtait 30 livres; si, en outre, on a égard à l'augmentation de la richesse qui a diminué de plus de moitié la valeur de l'argent, on sentira que ces objets de luxe ne pouvaient être la matière d'un commerce actif.

Le droit que Henri III établit à l'importation portait, au contraire, sur toutes les marchandises; il dit en termes formels, dans le préambule de son édit, que cette taxe avait été créée par lui (2). Elle était peu considérable : en prenant pour base les évaluations du tarif de François Ier, on n'arrive guère qu'à une taxe de deux ou trois pour cent de la valeur. Dans ces limites, le droit n'était qu'une mesure de finance, sans être une protection; l'idée de venir au secours du commerce national par des entraves mises à la concurrence étrangère appartient à Colbert; mais le principe du droit à l'entrée était déjà dans les lois.

A la même époque, le gouvernement levait un

(1) Font., tome I, page 832, an 1577.

La voie de bois flotté est estimée un écu : ainsi pour une paire de bas de soie on eût acheté sept voies de bois.

(2) Font., tome II, page 496, an 1581.

droit d'octroi à son profit, à l'entrée des villes (1). Sous Charles IX qui l'établit, il était de 5 sols par muid de vin; Henri III le porta à 20 sols, il abandonna même le produit des entrées dans Paris au prévôt des marchands pour payer les rentes sur l'Hôtel-de-Ville.

Dans les guerres religieuses, il y eut comme une résurrection de la noblesse; les grands, sous Charles IX, Henri III et le commencement de Henri IV, retrouvant un pouvoir perdu depuis Louis XI, s'arrogent le droit de guerre; le duc de Montpensier, prince du sang, proposa même au roi de donner aux gouverneurs des provinces la propriété de leurs gouvernements, à la charge du service militaire (2) : c'était le rétablissement des fiefs. Mais l'autorité des grands seigneurs s'appuyait sur un titre bien différent de celui des vassaux. Coligny, Condé, le duc de Guise n'étaient pas grands par eux-mêmes comme l'avaient été le comte de Champagne ou le duc de Normandie; toute leur force était dans le parti dont ils étaient les chefs; quand la discorde religieuse qui les avait élevés au niveau de la royauté s'affaissa, ils se trouvèrent si petits en sa présence, qu'ils furent trop heureux de s'abriter derrière elle.

Pour bien apprécier le service que Henri IV a

(1) Font., tome II, page 1117, an 1561.
Ib., an 1581.

(2) Économies royales.

rendu à la France, il faut se représenter la situation où il la trouva. Le dernier Valois avait gaspillé la considération de la royauté, comme il en avait épuisé la fortune; il avait justifié d'avance son assassin, en égorgeant le duc de Guise; il s'était avili aux yeux de tous par le bigotisme et les débauches qu'il associait. Les guerres étrangères ne peuvent se comparer, pour les désastres, aux guerres civiles; chaque ville renfermait deux partis toujours prêts à en venir aux mains. Dans toutes les provinces s'étaient élevés quelques chefs qui ne reconnaissaient l'autorité royale que de nom, même quand ils suivaient son drapeau (1). Lesdiguières en Dauphiné, Montmorency en Languedoc étaient souverains, le reste du royaume appartenait à la Ligue. Toutes les grandes villes étaient catholiques; Henri IV n'avait pour lui que les protestants relégués dans le midi de la France et quelques seigneurs catholiques attachés à sa fortune par des liens douteux (2). Les faibles secours qu'il recevait des protestants d'Allemagne et d'Élisabeth ne pouvaient balancer l'influence et l'argent de

(1) Nous n'avons plus tant de gouverneurs qui font les roitelets, et se vantent d'être assez riches quand ils ont une toise de rivière à leur commandement.... Les demy-roys de Bretaigne, de Languedoc, de Provence, de Lyonnois, de Bourgogne, de Champagne.

Satire Menippée, édit. de 1677, pages 253 et 257.

(2) Sully rappelle à Henri IV que les catholiques de son parti, après la victoire d'Ivry et le premier siége de Paris, firent ce qu'ils purent pour l'empêcher de s'emparer de la capitale.

Économies royales, tome VI.

Philippe II, le plus puissant monarque de son temps; il avait pour lui le droit public du royaume et un mérite reconnu. Ces avantages le soutinrent pendant quatre ans, mais ne lui donnèrent pas le royaume; la bataille d'Ivry ne lui ouvrit pas une ville, il échoua devant Rouen et Paris.

Les deux religions qui se partageaient la France avaient trop d'ardeur et de sincérité pour être tolérantes; dès que l'une d'elles avait en sa faveur le gouvernement, la sécurité de l'autre était compromise. Il lui fallait des garanties, un traité. Dans le pays, il y avait deux puissances rivales toujours en guerre ou en négociation. Si Henri IV resté protestant eût obtenu des catholiques la reconnaissance de son titre, il eût été obligé de leur accorder les sûretés qu'il donna aux protestants. Cette autorité rivale, posée en face de la royauté, qui a gêné la France dans tous ses mouvements jusqu'à la prise de la Rochelle, eût été un embarras bien plus grave si elle eût pu compter sur l'immense majorité des Français; la royauté d'un roi protestant n'eût rien été devant elle.

Henri IV prévit cette difficulté, il sentit qu'un protestant ne pouvait être roi d'un pays catholique. Il abjura, et Sully, protestant, lui donna le conseil de le faire. A peine son abjuration fut-elle connue, que tout se soumit avec une rapidité qui tenait du prodige. Plusieurs villes ne laissèrent pas à leurs gouverneurs le temps de les vendre; car les bourgeois s'étaient dévoués au service de leur religion et non pas à celui des intérêts particuliers.

Henri IV se montra facile sur les conditions qu'il accorda aux hommes, plus de 30,000,000 passèrent entre les mains des ligueurs (1); mais il ne voulut jamais traiter avec un corps ayant, disait-il, une tête et des jambes.

Mayenne se perdit par son hésitation : il attendit, pour traiter avec le roi, que son pouvoir fût détruit; il fut trop heureux de ce que celui-ci voulut bien lui donner.

Cette guerre civile, terminée par des négociations et non par une victoire, n'ôta rien au pouvoir du roi. Sa conversion avait désintéressé les intérêts généraux. Restaient les avidités des particuliers; elles furent satisfaites par des concessions d'avantages momentanés; mais l'idée de stipuler des garanties pour l'avenir ne vint à personne. L'espèce de république protestante créée en France par l'édit de Nantes était la seule opposition sérieuse; Henri IV se tira de cette difficulté avec adresse. Son principal ministre fut huguenot, et ce choix lui servit à calmer les méfiances. Si les protestants eussent pu redouter un prince qui, pendant vingt ans, avait été leur chef, ils étaient sûrs au moins

(1) Villars reçut, outre la charge d'amiral du gouvernement, plusieurs abbayes, 1,200,000 livres de ce temps, un peu plus du quart des gabelles.

Économies royales.

que dans son conseil leurs réclamations seraient entendues.

Henri, soit douceur de caractère, soit prudence, n'usait de tout son pouvoir qu'à l'extrémité. Il semble qu'il ménagea l'autorité exercée par les grands seigneurs dans le passé, et qu'il se souvint que ceux-ci avaient été au moins ses égaux; ainsi, pour tirer Montmorency du Languedoc, il le créa connétable, et n'approcha jamais du Dauphiné où Lesdiguières était presque souverain. Cette extrême prudence n'était pas nécessaire. Biron fut exécuté, Sedan enlevé au duc de Bouillon, sans que personne osât remuer dans le royaume. Mais les souvenirs de la guerre civile en imposaient. Richelieu donna à la royauté la conscience de sa force, à la noblesse celle de son impuissance.

Les notables convoqués à Rouen pour subvenir aux nécessités du royaume firent une demande qui éveilla la susceptibilité de Henri IV : ils demandèrent que les impôts fussent divisés en deux parties : l'une destinée au paiement des charges et administrée par un conseil de leur choix, l'autre laissée à la disposition du roi. Les circonstances ne permettaient pas à celui-ci de rejeter cette ouverture. Sully le tira de ce mauvais pas avec plus d'adresse que de loyauté : il lui conseilla d'accepter l'offre des notables en se réservant le choix des revenus (1). Les finances étaient alors si peu connues,

(1) Économies royales.

qu'il fut facile de réserver au roi les impôts productifs et de ne laisser au conseil que des parties sans valeur. Le projet des notables n'était pas praticable; s'il eût été adopté, une comptabilité régulière n'eût pas été possible, car elle suppose toujours l'unité. L'impôt qu'ils proposaient, le sou pour livre sur tous les marchés, s'il eût pu se percevoir, eût paralysé tout commerce et toute industrie : il était heureusement facile de l'éluder, et Henri IV put y renoncer en 1602. Les notables oubliaient, en outre, que les premiers besoins d'un État sont ceux du présent, et que le plus grand malheur pour lui n'est pas la banqueroute, mais le suicide. Pour suffire à la guerre contre l'Espagne, le roi n'avait pas trop de toutes ses ressources. Quelques unes étaient déplorables; on donnait aux munitionnaires de l'armée un office de trésorier en paiement (1).

Henri consulta plutôt sa colère que sa prudence en déclarant la guerre à l'Espagne. La prise d'Amiens et les peines qu'il eut à trouver l'argent nécessaire pour reprendre cette place lui apprirent que le royaume avait besoin de se renouveler dans la paix. Quarante ans de guerre civile, de prodigalités, de détestable administration avaient détruit tout ordre et toute richesse; une grande partie des revenus publics étaient entre les mains des grands seigneurs. Les dettes prétendues montaient

(1) Écon. roy., tome II, page 112.

à 296,000,000 liv. et le revenu total de l'État n'était que de 23,000,000 liv., sur lesquels 16 étaient absorbés par les charges (1).

Les mémoires de Sully sont une des révélations les plus précieuses de l'ancien régime. Sa position sous Henri IV lui a permis de tout voir; sa disgrace, de tout dire.

Sully voulut voir clair dans cet immense désordre. D'après un état de lui, il paraît qu'il se levait sur la France 47,000,000 d'impôts, dont plus de la moitié était absorbée par des aliénations (2). Comme les revenus étaient inférieurs aux dépenses, et que, sur la recette des comptables, on assignait plus qu'ils ne pouvaient payer, ceux-ci faisaient un choix dans les assignations des diverses années. Dans l'inspection que Sully fit dans quatre généralités, il sut tourner contre les receveurs eux-mêmes cette confusion; il les força de payer comptant toutes les assignations, et rassembla ainsi 500,000 écus. Henri IV (3) jugea l'homme par le résultat, et dès lors Sully eut seul le maniement réel des finances.

Sully, homme de guerre, étranger aux finances, n'y apporta que l'amour de l'ordre et la probité : ces deux choses suffirent pour tout rétablir.

L'édit connu sous le nom de Paulet, son inventeur, a changé toutes les conditions de la magis-

(1) Forb., tome I, page 29.

(2) Nous donnerons ce détail un peu plus bas.

(3) Écon. roy., tome VI.

trature et de l'administration. Sully ne fut frappé que du résultat financier et ne vit pas les conséquences qui devaient en découler.

Le rôle de la magistrature dans les deux derniers siècles a été si important, qu'au risque de nous répéter nous allons rappeler les modifications qu'elle a subies. Lorsqu'une procédure régulière eut remplacé le combat judiciaire, les tribunaux éprouvèrent un changement analogue : les baillis remplacèrent les vassaux dans les cours de justice. Ainsi, déjà le droit de juger ne dépendit plus de la possession d'un fief. Les gentilshommes ne furent pas exclus formellement des tribunaux ; mais les études que supposait la nouvelle jurisprudence étaient incompatibles avec la profession des armes. L'ordonnance de Louis XII, plus tard, celle de l'Hôpital, qui privèrent les baillis d'épée de toute juridiction, consacrèrent cette incompatibilité. Comme alors l'administration n'était qu'un démembrement du pouvoir judiciaire, avec lequel elle avait été longtemps confondue, elle tomba naturellement entre les mains des magistrats. Les fonctions politiques qui ne touchaient pas d'une manière immédiate à la guerre furent enlevées à la noblesse ; elle ne fut plus tout dans l'État. Toutefois la magistrature n'était qu'une profession spéciale : elle ne formait pas encore une classe distincte dans la nation ; elle n'obtint ce résultat qu'à l'établissement de l'hérédité des offices.

Les offices vendus depuis le commencement du XIVe siècle tendaient à devenir héréditaires, à se confondre avec les autres propriétés ; ceci tenait au prix même payé par l'acheteur. Toute vente est un échange : pour que l'acquéreur ne fût pas lesé, il fallait qu'il reçût un droit absolu, tel qu'il l'eût acquis par un autre emploi de son argent; ce n'était pas une corruption où les deux parties connaissent les risques qu'elles courent, et où chacune d'elles se livre à la discrétion d'un malhonnête homme. Ces ventes étaient publiques, autorisées par l'État. Le principe de la vénalité des offices contenait l'hérédité (1) ; mais avant d'être admise, cette conséquence dut passer par diverses gradations.

On trouve l'usage des survivances sous François Ier (2); elles furent d'abord défendues, puis exploitées. L'édit de 1567 donna aux titulaires la faculté de résigner moyennant le paiement d'une somme d'argent. Celui de 1568 étendit cette faveur à la femme et aux enfants de l'officier. Il fallait payer le tiers de la valeur de l'office. Ces deux édits ne s'appliquaient qu'aux charges de finance; l'hérédité n'y apparaissait que déguisée. En 1580,

(1) Par une singulière contradiction, le Parlement exigea de tous ses membres, jusqu'en 1599, le serment qu'ils n'avaient pas acheté leur office. L'argent donné au roi à chaque mutation se déguisait sous le nom de *prêt*.

Loyseau, des Offices, chapitre I.

(2) Font., tome I, page 1560, an 1541.

Ibid., page 572.

on la débarrassa de tout nuage; certains offices, les greffes, furent déclarés héréditaires (1). Cette brèche ouverte, tous les autres s'y précipitèrent. Divers édits créèrent une survivance générale pour tous les officiers qui paieraient une somme proportionnelle au prix de leur office (2). Il y eut des réclamations, et Henri IV, en 1598, d'après l'avis des notables, abolit toutes les survivances (3); mais l'édit de 1604 (4), rendu, dit le préambule, sur la demande de plusieurs magistrats, rejeta toutes les restrictions.

Si l'on n'avait égard qu'aux termes de l'édit, on n'y trouverait pas cette portée; il semble que son but unique ait été de dispenser les titulaires d'une condition qui leur était imposée. Pour rendre leur résignation valable, il fallait qu'ils survécussent quarante jours. Ceux qui payaient au roi le soixantième du prix de leur office échappaient à cette nécessité. Mais l'édit fut interprété dans un sens plus étendu; le paiement du soixantième donna à tous les titulaires la disposition pleine et entière de leurs offices. Le roi et la magistrature furent également portés à cette extension de l'édit; le roi à cause des revenus qu'il en retirait, le magistrat dans son intérêt. Un office de conseiller au

(1) Loyseau, des Offices, livre II, chap. VIII.

(2) Font., page 574.

(3) Font., page 575.

(4) Loyseau.

Parlement était une propriété valant 60,000 liv., 150,000 de notre monnaie (1). La perception de ce droit avait été affermée à Paulet l'inventeur, pour 2,026,000 liv. en six ans, plus de 5,000,000 liv. (2). Personne ne s'apercevait de la révolution qui allait s'opérer dans l'État : jusqu'alors la noblesse avait été la seule limite contre le despotisme ; elle seule avait une existence indépendante, un pouvoir qu'elle ne tenait de personne ; mais cette force lui échappait. Les magistrats qui avaient tant contribué à la lui enlever venaient la remplacer : tant qu'ils n'avaient été que les délégués de l'autorité royale, ils n'avaient pu opposer aux prétentions de la cour une résistance sérieuse ; mais lorsqu'en fait ils durent leur autorité, non pas seulement à l'institution royale, mais à l'hérédité ou à l'achat, le changement dans le titre en fit un dans leur conduite. Au moyen-âge, tous les pouvoirs de la société, le droit de guerre, celui de justice étaient devenus des propriétés de famille ; les gentilshommes ne conservèrent que les armes. Entre eux et le peuple s'éleva une classe intermédiaire, chez laquelle le pouvoir judiciaire passait du père aux enfants. Il y eut donc en France deux aristocraties revêtues de pouvoirs divers et rivales l'une de l'autre. C'est depuis lors que les parlements ont pris toute leur importance ; avant Henri IV, ils n'a-

(1) Loyseau, des Offices.

(2) Fontanon.

vaient jamais été consultés sur la régence : les princes du sang, ou les États généraux en avaient seuls disposé dans les trois minorités qui se succédèrent durant un siècle (1). Au XVIIe siècle, le Parlement fut seul juge de cette grande question politique ; il cassa même les testaments de deux rois. Sans l'autorité et l'indépendance des parlements, la monarchie française, aux XVIIe et XVIIIe siècles, eût été despotique ; leur résistance, fondée non sur une loi précise, mais sur le sentiment national, arrêtait les entreprises violentes. Dépouiller un conseiller du Parlement de sa charge eût été un acte si odieux, qu'il eût soulevé l'indignation universelle. Trop de gens étaient intéressés au maintien de l'usage ; et les officiers formaient un corps solidaire les uns des autres.

La magistrature n'avait pas seule eu part à cette hérédité ; les comptables, les receveurs n'étaient plus dans la dépendance du gouvernement. Une telle situation était une entrave à toute administration régulière ; il en résulta que le système de la ferme fut partout substitué à celui de la régie : la ferme, comme nous l'avons vu, est ancienne en France, et nous en trouvons plusieurs exemples. Mais les baux avaient toujours été divisés et n'avaient compris que certaines localités ou certains impôts. Sully le premier afferma les gabelles, en 1598 (2);

(1) De Charles VI, Charles VIII et Charles IX.
(2) Font., tome II, page 1100.
Ib., tome IV, page 1195.

en 1604, tous les droits d'entrées de traite, tous les droits d'aides. Il est évident que cette forme nouvelle était la plus favorable à l'accroissement du revenu. Un traitant est plus vigilant sur son intérêt qu'un fonctionnaire sur celui du gouvernement; mais c'était le peuple qui payait les frais de cette activité : il lui fallait, outre l'impôt primitif, payer les bénéfices considérables du fermier, les gages des anciens officiers qui furent conservés. Pour augmenter le prix du bail, le roi vendait la justice : ainsi, par exemple, il promet à Jousse (1), adjudicataire des gabelles, de lui accorder toutes les évocations qu'il demandera. Il ne faut pas oublier que la gloire de Sully est plutôt dans l'ordre et la régularité mis dans les finances que dans des réformes : il était jaloux d'augmenter les revenus du roi, mais n'en supprimait aucun. Aussi la douane de Vienne avait été établie pendant les guerres, sur les marchandises qui remontaient le Rhône; cette perception improvisée continua; cependant il n'était pas dépourvu d'humanité : « Tout cela serait bon, disait-il à la marquise de » Verneuil, si Sa Majesté prenait l'argent en sa » bourse........ Marchands, artisans, laboureurs » étant ceux qui nourrissent le roi et nous tous, » et se contentent bien d'un seul maître sans avoir » tant de cousins, de maîtresses à entretenir (2). »

(1) Bail des gabelles.
Font., tome II, page 1100.
(2) Économies royales.

Sully avait commencé par remettre au peuple 20,000,000 d'arriérés dus sur les tailles, c'était une mesure de bon sens : il était impossible que le peuple suffît à la fois, et aux contributions passées et aux présentes, et il lui épargnait ainsi les vexations des collecteurs sans diminuer le revenu du roi. Le bon sens est peut-être le trait distinctif de son caractère. Une des raisons qu'il donne contre l'établissement des manufactures de soie est celle que tous les économistes ont alléguée depuis lui : Chaque province, dit-il, a certaines denrées spéciales, et la Providence a permis cette diversité pour entretenir la société humaine (1). Malgré son antipathie pour les gens d'affaires, il ne fut pas partisan de la chambre ardente où, disait-il, on n'atteindra que des larronneaux. Il fit une recherche sur les rentes, qui fut plus productive, puisqu'elle diminua les charges de 6,000,000 : cette opération était rigoureuse ; mais si l'on réfléchit comment la fortune publique avait été dilapidée, comment des rentes avaient été achetées pour des créances décriées, elle sera justifiée.

Tel fut le bon effet de cette probité dans les affaires, que les gabelles de France en 1604 furent affermées 4,100,000 francs (2), plus de 10,000,000 francs de notre monnaie; elles n'avaient rendu, en 1598, que 3,330,000 francs. En

(1) Économies royales, tome V, page 66.
(2) Font., tome II, page 1126.
Sully dit 4,600,000 livres.

général, Sully préférait augmenter l'impôt sur le sel et diminuer la taille. La taille ne pesait que sur le peuple, la gabelle était perçue sur tout le monde; mais ainsi s'accroissait l'inégalité entre les provinces.

Dans les douze années qui séparent la paix de Vervins, de la mort de Henri IV, ce qui se fit passe toute croyance. Nous avons vu quel était l'état des finances au commencement de ce règne; il n'entrait pas dans les coffres du Trésor plus de 7,000,000. Malgré l'état militaire légué par la guerre civile, l'expédition de Savoie, le paiement des traités de la Ligue, le revenu net du Trésor s'éleva à 20,000,000. Les charges et diminutions étaient de 6,000,000; 41,000,000 d'avance, dont 23 comptant (1), étaient préparés pour servir le projet de Henri IV. Certes, un pareil résultat obtenu sans que les impôts fussent augmentés (2) est le plus grand éloge du prince et du ministre. On a blâmé cette somme énorme, ensevelie à la Bastille; dans un temps où l'usage du crédit était inconnu, le grand projet de Henri IV, sans cette réserve, ne se fût jamais exécuté. Quelques historiens ont révoqué en doute la réalité de ce projet, mais elle ressort partout de la lecture des économies royales; tout était prévu, arrêté dans les combinaisons de Henri IV, et lorsqu'on songe que la

(1) Plus exactement, 41,345,000 liv., dont 23,460,000 comptant.

(2) La taille, qui, en 1599, était de 16,226,478 liv., n'était plus, en 1609, que de 14,295,000 livres

plupart de ses idées se sont réalisées, que la maison d'Autriche a été confinée dans le continent des Espagnes, l'indépendance de la Hollande reconnue, que les principales religions de l'Europe ont été réduites aux trois divisions principales, on ne peut se défendre d'admirer une vue si profonde de l'avenir.

A l'intérieur, Sully avait pensé à unir le Rhône, la Saône, la Loire et la Seine (1); il a fallu deux siècles pour que cette communication, où Sully voyait un accroissement de richesse et une ressource pour le revenu public, fût achevée.

Nous pouvons, grâce aux économies royales, arriver à une évaluation plus précise des impôts payés en France (2). Sully évalue les sommes

levées au compte du roi, à	47,000,000
les sommes perçues par la ville, à. .	8,000,000
la dîme.	12,000,000
les décimes payés au roi par le clergé.	4,500,000
le (3) produit des taxes sur les offices.	1,600,000
	73,100,000

C'est 200,000,000 de notre monnaie.

Ces impôts étaient payés par une population de 13 à 14,000,000 d'habitants; l'impôt se serait donc élevé à plus de 14 livres par tête. Si l'on a égard au

(1) Écon. royales, tome V, page 66.

(2) Voir aux Pièces justificatives.

(3) Nous avons pris, au lieu du chiffre donné par Sully, chiffre évidemment exagéré, celui qui fut présenté aux États de 1614. Le même document n'évalue les sommes levées au nom du roi, en France, qu'à 36,926,698 liv. États généraux, tome XVIII, page 212. Le lecteur verra dans la note suivante pourquoi nous avons préféré l'autorité de Sully.

prix du blé qui était alors à 21 livres le setier, et qui est aujourd'hui à 31 francs, on aura le chiffre de 20 francs par tête (1); mais il s'en fallait de beaucoup que le sacrifice exigé de chaque Français se rapprochât également de cette moyenne. Les aides, les gabelles, les droits de traite perçus dans certaines provinces, inconnus dans les autres, donnaient à chaque partie du territoire une condition différente. La Normandie, par exemple, payait, en impôts directs, 2,028,343 livres sur 10,000,000, c'est à dire à peu près le cinquième (2); la Bretagne, au contraire, ne payait que 289,000 francs, c'est à dire un trente-quatrième. La Normandie comptait cependant moins d'habitants que la Bretagne; la première province était, en outre, soumise aux aides, aux gabelles dont la Bretagne était exempte.

La gabelle et la taille formaient la plus grande partie du revenu public : la richesse n'était pas assez grande pour qu'on pût l'atteindre sous des formes multipliées; plusieurs de nos impôts les plus productifs n'étaient même pas soupçonnés.

(1) Nous n'avons pas eu la prétention de donner un résultat d'une précision absolue ; les documents ne sont ni assez clairs ni assez nombreux pour nous le permettre. Nous mettons nos autorités sous les yeux du lecteur, c'est à lui de juger si elles sont assez certaines; cependant nous devons le prémunir contre une contradiction qui le frappera dans les économies royales, et qui est plus apparente que réelle. Sully, dans deux passages cités par nous, évalue la taille à 16,000,000 et à 20,000,000. Il est probable que, dans cette dernière somme, il a compris le salaire des collecteurs, divers droits alloués aux receveurs, qui, pour ne pas entrer dans les coffres du Trésor, n'étaient pas moins payés par le contribuable. On peut en dire autant des gabelles.

(2) Forb., pages 110 et 112.
Il n'est ici question que du produit net.

CHAPITRE V.

DERNIÈRES LUTTES CONTRE L'AUTORITÉ ROYALE.

La régence décernée par le Parlement. — États de 1614. — Discorde entre les trois ordres. — La noblesse demande la suppression de la paulette. — Les officiers de justice députés du Tiers. — Leur opposition contre le clergé, contre la noblesse. — Sagesse de leurs vœux. — Ils sont inutiles. — Publication du code Michaud. — Répression des duels. — Indépendance des gouverneurs. — Richelieu détruit le pouvoir des grands. — Celui des protestants. — Opposition de la magistrature. — Administration de Richelieu. — Il crée la marine, les intendances. — Des finances à son avènement et à sa mort. — De la Fronde. — Autorité du Parlement. — Dilapidation de la fortune publique. — Opposition du Parlement. — Première émeute. — Déclaration du 22 octobre. — Guerre civile. — Force apparente de la Fronde. — Sa faiblesse réelle. — Vues intéressées des chefs. — Fins des troubles.

Pendant la première moitié du XVIIe siècle, se sont constituées la société et la monarchie que la révolution de 1789 a trouvées debout; le vieil édifice féodal fut renversé, et ses débris n'eurent plus que la force d'un préjugé. La bourgeoisie eut sa voix dans les conseils du gouvernement, et, sous Louis XIV, cette voix fut même prépondérante; la noblesse et le tiers-État firent partie d'une même nation, et bientôt les différences entre les deux ordres se nivelèrent sous une obéissance commune.

Il n'y a point de gouvernement sans opposition, sans une espèce de tribunat; c'est quelquefois une insurrection militaire, une conspiration de palais; mais qu'il ait lieu en vertu de la loi ou malgré elle, on le retrouve partout. Le moyen-âge n'avait trouvé contre l'oppression d'autre ressource que la violence: il l'avait légitimée et en avait fait un droit. La rébellion, tradition affaiblie du droit de guerre, fut l'obstacle que Richelieu et Mazarin eurent à combattre; mais, au moment même où l'insurrection militaire allait échapper aux gentilshommes, les parlements se saisissaient de la résistance judiciaire.

Le rôle politique de la magistrature remonte au commencement du XVIIe siècle; c'est aussi l'époque de l'affranchissement définitif du tiers-État. Les magistrats formaient une classe intermédiaire qui touchait au tiers-État par l'origine de la plupart de ses membres, à la noblesse par ses fonctions et ses priviléges.

En un demi-siècle, l'influence politique s'était déplacée. Catherine de Médicis avait dû la régence au consentement des princes du sang; Marie l'obtint par un arrêt. Quelques partisans de l'autorité royale dirent bien que les magistrats n'avaient fait que confirmer le choix de Henri IV; mais ces distinctions subtiles ne satisfont que ceux qui les inventent. Aux yeux de tous, le Parlement avait décerné la régence : ce précédent devint un droit sous toutes les minorités.

Nous ne voulons pas ici retracer l'histoire de la régence, de ces guerres nées de motifs égoïstes, soutenues avec mollesse, où reparut pour un moment une aristocratie sans racines que Richelieu rejeta violemment dans le passé. Il n'y avait plus, comme au temps des Guise, un intérêt général pour nourrir la guerre; les prétentions isolées de quelques grands seigneurs qui se disputaient, les armes à la main, la faveur du maître, comme leurs aïeux avaient disputé les provinces du royaume, laissaient le peuple froid et tranquille.

La convocation des États de 1614 ne produisit aucun résultat sérieux, mais elle mérite d'être remarquée comme le dernier exemple de ces assemblées féodales en France ; elle avait été demandée par les princes armés, et accordée par la cour (1).

La division éclata entre les trois ordres; la noblesse et le tiers-État surtout ne purent s'entendre dans leurs demandes. Une circonstance particulière donna à la rivalité quelque chose de plus vif; presque tous les députés du tiers-État étaient pourvus d'office de judicature. Les gentilshommes voyaient avec jalousie s'élever cette noblesse nouvelle, comme elle s'appelait déjà. Les ennemis naturels de toute aristocratie sont ceux qui s'approchent le plus d'elle.

(1) Richelieu, Mémoires, tome I, page 338.

La paulette avait introduit dans l'État un nouvel ordre de personnes : les privilégiés par acquisition à côté des privilégiés de naissance. Tout ce qui, dans le tiers-État, avait des capitaux, de l'intelligence, s'empressait de venir jouir de la considération attachée à l'oisiveté.

Ce recrutement graduel de la noblesse est peut-être une des causes qui ont maintenu l'aristocratie en France. La portion la plus éclairée de la bourgeoisie eût été son ennemie déclarée, si elle n'eût pu acheter les mêmes avantages. En 1626(1), les officiers étaient assez nombreux pour que le capital de leurs charges s'élevât à 300,000,000 liv., dette énorme que l'État acquittait en argent et en priviléges.

L'ordre de la noblesse demanda l'abolition de la paulette et engagea (2) le tiers-État à se joindre à lui ; celui-ci n'osa pas s'opposer formellement à la réforme d'un abus aussi criant ; mais il ne voulut jamais isoler sa demande de deux propositions qu'il faisait en même temps, la réduction des tailles et la suppression des pensions : c'était blesser les gentilshommes à l'endroit sensible. Ils jouissaient presque seuls des faveurs de la cour. La régente, qui achetait ceux qu'elle ne pouvait contenir, avait élevé le chiffre des pensions à 6,000,000 liv. : elles ne s'élevaient qu'à 2,000,000 liv. sous Henri IV.

(1) Forbonnais, tome I, page 187.

(2) États généraux, tome XVII, passim.

Le tiers-État faisait, en outre, observer que la vénalité des charges était un plus grand mal que l'hérédité. Pendant qu'on agitait l'abolition de la paulette, des banquiers offrirent 2,000,000 liv. du bail des parties casuelles; il valait encore mieux faire des offices un héritage qu'une marchandise à l'encan. Un moment, la paulette fut ôtée; les charges de judicature furent données à des chevau-légers (1). Le Parlement seconda les députés; il y était intéressé comme eux.

Malgré la réclamation de la noblesse, rien ne fut changé, la cour ne voulait pas sacrifier les 1,600,000 liv. que lui produisait cet impôt; les priviléges des officiers s'étendirent, et bientôt la robe anoblit plus vite que l'épée.

La prépondérance des officiers de justice dans le tiers-État se trahit également dans leur démêlé avec le clergé; ils voulurent, dans le premier article de leur cahier (2), déclarer que les sujets du roi ne pouvaient, pour aucune cause, être dégagés de leur obéissance. Le clergé soutenait que c'était un point de doctrine sur lequel un concile seul pouvait prononcer. La cour arrêta cette discussion, où le Parlement se déclara pour le tiers-État. Cette opposition de la magistrature contre le clergé a commencé et a fini avec elle: depuis Pierre de Cugnières, au XIVe siècle, jusqu'à

(1) États généraux, tome XVIII, page 291.

(2) États généraux, tome XVII, page 110.

La Chalotais, au XVIIIe, cet esprit ne s'est pas démenti.

Les vœux du tiers-État furent presque tous sages (1); il demanda que les corvées fussent abolies, que les bureaux de l'imposition foraine fussent reportés à la frontière réelle du royaume. Parmi les provinces privilégiées, la Bourgogne seule consentit à cette réforme. Les États généraux, en France, ont presque toujours été inutiles, parce qu'ils étaient impuissants : ils exposaient les abus dans leurs remontrances sans pouvoir les corriger (2).

Cependant ils embarrassaient la cour tant qu'ils étaient assemblés; celle-ci fut obligée de leur communiquer l'état des finances et de leur dévoiler tout le désordre qui avait remplacé l'administration de Sully. En trois ans, le Trésor laissé par Henri IV avait été dévoré, la dépense surpassait la recette de 3,000,000 livres.

Mais, dès que le cahier des États fut présenté au roi, la cour ne chercha qu'à secouer leur contrôle; on fit même ce qui a été essayé en 1789 avec une fortune si diverse (3). On démeubla la salle des séances pour empêcher les assemblées. Les plaintes sur l'état du peuple (4), les conseils sur l'administra-

(1) États généraux, tome XVIII, page 16.

(2) Les députés du tiers-État délibéraient par gouvernement : la proposition de voter par bailliage fut même rejetée. Ainsi, en 1789, il fallut renoncer à invoquer les précédents.

(3) États généraux, tome XVIII, page 118.

(4) Le pauvre peuple travaille incessamment, ne pardonnant ni à

tion furent oubliés; il y eut encore sous ce règne, en 1617 et en 1626, deux assemblées de notables; mais leur autorité était encore plus incertaine que celle des États : membres des parlements, ou gens d'épée, les notables étaient choisis par le gouvernement : ils ne pouvaient lui donner que des conseils.

Les usages et les institutions du moyen-âge disparaissaient successivement. Les États généraux ne furent plus convoqués depuis 1614; en 1629, fut publiée la dernière de ces grandes ordonnances qui embrassaient à la fois les affaires ecclésiastiques, les finances, l'armée, la justice. Les travaux législatifs sous Louis XIV, rédigés dans un ordre plus méthodique, ne portèrent que sur des matières spéciales. Comme, en un demi-siècle, le pouvoir absolu était devenu le principe légal, la décision des choses administratives fut enlevée à la loi et laissée à la volonté du prince. Celui-ci ne voulut plus mettre personne dans sa confidence,

son corps, ni quasi à son ame, c'est à dire à sa vie, pour nourrir l'universel du royaume; il se rend quasi médiateur de la vie que Dieu nous donne, et de son travail il ne lui reste que la sueur et la misère : ce qui lui demeure de plus présent s'emploie à l'acquit des tailles de la gabelle et des aides.... Si V. M. n'y pourvoit, il est à craindre que le désespoir ne fasse connaître au pauvre peuple que le soldat n'est autre chose qu'un paysan portant les armes, que quand le vigneron aura pris l'arquebuse, d'enclume qu'il est il ne devienne marteau.

Remontrance de Miron, président du tiers-État.

Ibid., tome XVII, page 92.

ni se prescrire des règles qui, respectées, l'eussent entravé; violées, l'eussent embarrassé aux yeux du public.

Le principe féodal, la souveraineté individuelle, était poursuivi dans ses dernières conséquences. C'est dans le droit de guerre plutôt que dans le combat judiciaire qu'il faut chercher l'origine du duel. Les gages de bataille étaient tout simplement une preuve, comme l'avaient été les épreuves de l'eau bouillante et du feu; ils étaient à l'usage du roturier comme du noble. Le droit de guerre, au contraire, n'appartenait qu'aux gentilshommes. L'usage des seconds tenait à cette solidarité entre les parents et les amis qui les entraînait, au moyen-âge, dans des querelles auxquelles ils étaient étrangers. Au XVIIe siècle, les rois eurent autant de peine à proscrire le duel que leurs prédécesseurs du XIVe siècle en avaient eu à défendre les guerres privées : c'était au fond le même principe; le droit de se faire justice soi-même. Il était donc naturel à Louis XIV et à Richelieu qui, dans le royaume, voulaient que tout dépendît du roi (1), de vouloir renverser cette autorité, ce droit de vie et de mort usurpé par des particuliers.

(1) Quand Richelieu fit exécuter Bouteville et Deschapelles, il n'avait contre eux aucune animosité personnelle; il donne même des éloges à leur valeur. Il faut avouer que Bouteville avait largement abusé de la longanimité du gouvernement : il s'était battu vingt-deux fois. Son dernier combat avait eu lieu à la Place-Royale. Mém. de Richelieu, tome III.

Il semble qu'une cause cachée ramenât sans cesse la France vers la féodalité : les gouvernements de provinces tendaient à devenir la propriété de certaines familles, comme les comtés avaient fait sous les successeurs de Charlemagne. Le Languedoc, par exemple, était depuis soixante ans le patrimoine des Montmorency; les habitants connaissaient à peine le nom du roi, et le dernier duc avait levé en dix ans 22,000,000 liv. sur ses seules ordonnances (1); nous ne pouvons mieux décrire l'état dans lequel Richelieu trouva la France, qu'en transcrivant ses propres paroles : « Lorsque Votre » Majesté se résolut de me donner en même temps » et l'entrée de ses conseils, et une grande » part en sa confiance pour la direction de ses » affaires, je puis dire avec vérité que les huguenots partageaient l'État avec elle; que les grands » se conduisaient comme s'ils n'avaient pas été » sujets, et les plus puissants gouverneurs de » province, comme s'ils eussent été souverains » en leurs charges. Je puis dire que chacun mesurait son mérite par son audace (2). »

Richelieu se rendait compte de la tâche qu'il s'était imposée, il l'a accomplie avec une prudence et un esprit d'à-propos plus admirables encore que son audace.

Il n'attaqua pas d'abord ouvertement Mont-

(1) Mém. de Rich., tome VII, page 224.

(2) Test. polit., chap. I.

morency ; il essaya d'introduire dans le Languedoc les élus officiers du roi pour balancer le pouvoir du gouverneur ; que ce fût son but, il est aisé de s'en convaincre par la manière différente dont il traita la Bourgogne. Il s'opposa à la création des élus dans ce pays où il y avait des États comme en Languedoc, mais où l'autorité du roi était sans rivale. L'imprudence de Montmorency pris les armes à la main le délivra de tous ces ménagements ; il fut jugé et eut la tête tranchée. Il envoya dans le Midi des maîtres de requêtes, qui firent exécuter plusieurs gentilshommes et démolir leurs châteaux (1). Il arrivait ainsi à son but qui était de *raser toutes les places qui n'étaient pas frontières* (2) ; il avait de même profité de la défaite des huguenots pour démolir les fortifications de leurs villes. Trente-huit places furent rasées après la prise de la Rochelle (3).

La république protestante, constituée en France par l'édit de Nantes, fut alors détruite ; nous ne nous étendrons pas davantage sur ce sujet ; nous nous bornerons à faire remarquer que, de toutes les guerres civiles de ce règne, la guerre entreprise dans un intérêt général fut la seule sérieuse, la seule dont le chef se soit fait un nom ; les petites causes n'engendrent que de petits effets.

(1) Mém. de Rich., tome VII, page 330.
(2) Mém. de Rich., tome IV, page 248.
(3) Mém. de Rich., tome IV, page 488.

Rohan, malgré sa défaite, est toujours appelé le grand Rohan (1) par les écrivains du siècle de Louis XIV; ils sentaient vaguement qu'il n'y avait plus de place pour ces hommes dont la puissance ne venait pas de la royauté.

Entre Richelieu et ses ennemis, c'était une guerre à mort; il eut même presque toujours l'habileté de mettre les torts du côté de ses adversaires : contre Châlais, la Reine-Mère, Marillac, Cinq-Mars, il ne fit que se défendre; il opposait l'échafaud à l'assassinat. Retz, par exemple, nous raconte une entreprise qui n'allait à rien moins qu'à faire égorger le cardinal; le scrupule qu'éveilla chez lui le meurtre d'un prêtre et la manière dont La Rochepot le dissipe méritent d'être rapportés. « Quand vous irez à la guerre, lui ditcelui-ci, vous n'enleverez pas de quartier de peur d'y assassiner des gens endormis. » Le gouvernement avait encouragé par son exemple ces moyens atroces. L'assassinat de Guise, celui de Concini ne furent pas aussi odieux qu'ils nous le semblent aujourd'hui; cette férocité, cette promptitude de l'épée étaient le fruit de la politique de Machiavel introduite par Médicis. Sur le sol militaire de la France, elle produisit ds assassinats et non des empoisonnements. Quant à Richelieu, il ne frappa jamais dans l'ombre.

(1) Mém. d'Arnaud, de Motteville.

La magistrature, sous lui, n'abdiqua pas son opposition; elle protesta contre les jugements par commissaires, entre autres contre la Commission qui jugea Marillac (1). Tantôt le roi faisait venir les magistrats à Metz (2), et prenait plaisir à voir ces robes longues à la suite de la cour, tantôt il les maltraitait de paroles et leur disait qu'ils étaient des impudents (3); mais, en certaines occasions, le gouvernement autorisait leur résistance. Porter au Parlement les diverses déclarations contre Monsieur et ses partisans (4), comme on le fit plusieurs fois, n'était-ce pas avouer que les magistrats étaient chargés d'autre chose que *d'administrer la justice entre le tiers et le quart* (5); en un mot, qu'ils étaient un corps politique (6)? Richelieu le sentait bien, aussi voulait-il supprimer la paulette et *modérer les compagnies qui, par une prétendue souveraineté, s'opposaient tous les jours au bien du royaume* (7).

La politique de Richelieu a rejeté dans l'ombre son administration; il a cependant préparé tout ce qui s'est fait sous Louis XIV. La marine royale était si faible quand il prit la direction des affaires,

(1) Mém. de Rich., tome VII, page 71.

(2) Mém. de Rich., tome VII, page 60.

(3) Mém. de Rich., tome X, page 190.

(4) Mém. de Rich., tome VIII, page 4.

(5) Paroles du roi au Parlement.

(6) Mém. de Rich., tome VI, page 483.

(7) Mém. de Rich., tome IV, page 248.

qu'en 1625 la flotte de la Rochelle (1) s'empara des vaisseaux du roi; il fallut, pour trouver des bâtiments, en emprunter aux Hollandais et aux Anglais. Richelieu sentait vivement toute l'importance d'une marine militaire; le code Michaud nous révèle ce qu'il fit pour elle; il ordonna que le roi eût toujours dans ses ports cinquante vaisseaux de quatre à cinq cents tonneaux, prescrivit le recensement de tous les marins (2) et de tous les bâtiments; abolit le droit de bris sur les naufragés; enfin il interdit aux justices seigneuriales la connaissance des causes où le commerce maritime serait intéressé.

La même ordonnance essaya d'introduire dans l'armée de terre l'ordre et la discipline : entre l'intérêt des gens de guerre et celui du peuple; Richelieu se décida pour le dernier, il ne redoutait pas ceux à qui Dieu semble avoir *plutôt donné des bras pour gagner leur vie que pour se défendre* (3).

Avant lui, l'autorité royale était obligée de se servir d'agents presque indépendants : elle s'exerçait au sommet et à la base par des officiers propriétaires de leurs charges. Il supprima les charges de connétable et d'amiral qui ne reconnaissaient d'autre supérieur que le roi (4).

(1) Mém. de Rich., tome II, page 415.

(2) C'est donc là l'origine de l'inscription maritime.

(3) Test. Polit.

(4) Mém. de Rich., tome III, page 212.

L'administration proprement dite, la perception des impôts étaient dirigées par les trésoriers de France (1). Richelieu se contenta de leur laisser l'ombre du pouvoir en leur en ôtant le solide. Il créa dans chaque généralité un intendant (2) : les trésoriers n'eurent plus qu'une voix consultative. Les intendants firent seuls la répartition des tailles, et peu à peu réduisirent les bureaux de finance à une autorité nominale. Ainsi, pour la première fois, l'administration sortit des mains de la magistrature. La faute qu'on avait déjà commise ne fut plus renouvelée ; les intendances furent toujours des commissions et ne devinrent jamais une propriété. L'appel de leurs décisions était porté au conseil du roi ; ainsi le gouvernement se centralisait : il avait partout des agents dans sa dépendance pour transmettre et faire exécuter ses ordres. Chaque intendant délégué immédiat de l'autorité royale agissait avec une force irrésistible. Cette innovation ne se fit pas sans résistance : elle choquait à la fois la noblesse qu'elle contraignait à l'obéissance, les parlements, sur l'autorité desquels elle empiétait.

Toutes les grandes actions de Richelieu ont été faites avec des finances délabrées. En 1625, les dépenses et les recettes des diverses années étaient confondues, et le désordre était d'autant plus inex-

(1) Art. 344, 348, de l'ord. de 1629.

(2) Ord. de 1635.

tricable que chaque année avait son trésorier. Sur 19,000,000 liv. de tailles, 6 seulement rentraient au Trésor, le produit presque entier des fermes était absorbé par le paiement des charges. Le revenu net n'était que de 16,000,000 liv. en 1621 (1), les dépenses étaient montées à 50,000,000 livres. Pour combler cette insuffisance, on avait aliéné la meilleure partie des impôts; des rentes sur les aides, sur les gabelles, des offices avec des attributions de droits avaient été successivement créés. Ces secours étaient payés un prix exorbitant; l'intérêt exigé par les partisans était quelquefois de 50 pour 100 (2).

Richelieu essaya d'une chambre de justice, remède violent, inefficace surtout à une époque où l'on allait avoir recours aux financiers. Les grands desseins du ministre ne permettaient pas l'économie. Il avait à payer par an 150,000 hommes de pied et 30,000 chevaux, à solder une dépense annuellle de 60,000,000 livres. Il fit de l'argent avec les moyens communs de son temps; il vendit des offices, augmenta les divers impôts, créa des rentes. On usa de cette dernière ressource plus largement qu'on n'avait encore fait; de 1621 à 1634, il fut constitué pour 16,200,000 liv. de rentes (3). Quelques

(1) Forb., tome I, page 182.

Il avait dû encore diminuer de 1621 à 1625, puisque les causes du déficit étaient toujours les mêmes.

(2) Discours de d'Effiat aux notables.

Forb., tome I, page 191.

(3) Forb.

taxes nouvelles, assez insignifiantes à leur origine, furent établies. Le tabac paya un droit de 30 sols par livre à l'entrée (1), le fer un droit de 10 sols par quintal, à la fabrication. La valeur nominale des monnaies fut deux fois haussée en 1636 et en 1641 : le marc d'argent fin, de 22 livres, passa à 27 et à 29.

A la mort de Richelieu, les impôts levés au nom du Trésor public s'élevaient à 80,000,000 livres (152 de notre monnaie) ; sur cette somme, le revenu net n'était que de 35,000,000 liv., le reste avait été aliéné. Les tailles seules s'étaient élevées à 44,000,000 livres, les gabelles à 19,000,000. Henri IV, comme nous l'avons déjà exposé, avait laissé le revenu public à 26,000,000 livres (2). Ainsi, dans l'espace de trente ans, les charges du peuple avaient triplé : nous disons le peuple à dessein ; car c'était le vieil impôt, celui où à la part du peuple s'ajoutait celle des privilégiés, qui avait cru dans la plus forte proportion. Il paraît même que le chiffre de 44,000,000 liv. pour les tailles atteignait la limite du possible ; nous ne le verrons plus dépassé.

Richelieu léguait à ses successeurs un héritage difficile, des mécontentements nombreux, des

(1) Forb., tome I, page 213.

(2) Nous ne parlons ici que de la portion des impôts portée aux états de finance ; nous omettons celle qui, payée par le contribuable, n'entrait pas dans le Trésor public.

finances épuisées, de grandes entreprises et de la gloire à soutenir : son inflexible caractère avait suffi à tout. Il avait eu à la fois ses ennemis à vaincre et son maître à dominer : celui-ci, par une faiblesse inexplicable chez un homme si ferme et sur le champ de bataille, et au lit de mort, obéissait à un ministre qu'il n'aimait pas. Peut-être pensait-il ce que Richelieu déclara à l'agonie (1) : qu'il n'avait jamais eu d'autres ennemis que ceux de l'État.

La Fronde a été la dernière insurrection militaire contre le pouvoir royal. Après elle, les souvenirs mêmes de la féodalité disparaissent; les grands seigneurs devinrent des gens de cour, et leur ambition se réduisit à la faveur.

Dans le temps même où l'opposition armée livrait sa dernière bataille, le Parlement intervenait dans les affaires, au nom de la légalité. Le moyen-âge, où la résistance était la force, le monde moderne, où ce devait être la justice, se touchent en ce point. Mais un seul regard, jeté sur l'histoire du temps, nous apprendra lequel de deux principes était le plus puissant.

La Fronde a commencé comme une guerre civile et fini comme une intrigue. Richelieu avait contenu tous les mécontentements par la terreur. Mazarin, ignorant de nos lois et de nos mœurs, crut que

(1) Mémoires de Motteville.

cette servitude était l'état habituel (1); il ne vit pas que toutes les classes de la nation avaient été froissées; que la noblesse n'avait pas renoncé à ses prérogatives, le Parlement à son droit de remontrance; que la bourgeoisie, atteinte par des impôts multipliés, était disposée à prendre parti contre la cour. Enfin, la sédition agitait une partie de l'Europe : Charles Ier luttait contre Cromwel, l'Espagne contre les Napolitains. Ces levains de révolte fermentaient sous une régence, c'est à dire en un temps où l'autorité royale avait toujours sommeillé. On ne pouvait donc employer trop de ménagements, ni trop d'habileté pour ne point précipiter ces mauvais-vouloirs dans la faction. On va voir ce que fit Mazarin.

Le Parlement venait de décerner la régence à la reine, et cette fois on ne put pas dire qu'il reconnaissait la volonté du feu roi, car il cassait son testament et délivrait la régence de la tutelle d'un conseil de régence, imposé par la méfiance de son mari. Après un tel acte d'autorité, demandé par la reine, avoué par les princes, la cour pouvait-elle espérer que le Parlement se résignerait à n'être qu'un corps judiciaire (2) ? Bien plus, elle venait elle-même de relever l'importance de la magistra-

(1) Mémoires de Retz.

(2) « Le roi étant tombé dangereusement malade de la petite-vérole, la reine, M. le duc d'Orléans et M. le prince recherchèrent » messieurs du Parlement, et eurent pour eux de très grands mé-

ture, elle avait accordé la noblesse transmissible aux membres des cours souveraines (1), qui, jusque-là, n'avait joui que de la noblesse personnelle.

Les priviléges donnés à un corps ont bien plus de valeur que ceux dont jouissent les particuliers. Chaque membre d'une compagnie les défend avec toute la force de cette compagnie même. Le Parlement, seule institution constituée, se trouva l'écho du mécontentement général.

La fortune de la France était livrée à la dilapidation la plus frauduleuse et la plus éhontée. Emery, surintendant des finances, et créature de Mazarin, disait, en plein conseil, que la bonne foi n'était que pour les marchands. Le mal n'est jamais à son période que (2) « *quand ceux qui* » *commandent ont perdu la honte, parce que c'est* » *justement le moment où ceux qui obéissent perdent le respect.* » L'intérêt des rentes constituées en 1643 (3) fut de 25 pour 100; tous les impôts étaient augmentés, et l'imagination d'Emery était fertile en nouveaux offices. Il créa des jurés-vendeurs de foin, des cordeurs de bois, des commissaires conservateurs de tailles. A chacune de ces

» nagements, dans la vue que, si le roi venait à mourir, ils pour- » raient avoir besoin d'eux pour une nouvelle régence. » Mém. de la duchesse de Nemours, page 227. Ainsi l'autorité du Parlement était incontestée.

(1) Ord. de 1644.

(2) Retz.

(3) Forbonnais, tome I, page 246.

fonctions ridicules était attachée, comme salaire, une nouvelle taxe. Enfin les tailles furent affermées, et le peuple livré à l'avidité des traitants. On ne s'étonnera pas si, dans cette foule de mesures détestables, l'opinion publique ne sut pas distinguer un impôt dont la perception eût été légitime. Emery voulait frapper d'un droit tous les objets de consommation à l'entrée de Paris (1). Cet édit, qui ne reconnaissait aucun privilége, eût été une révolution financière ; le Parlement n'y vit qu'une innovation, et le repoussa par le respect naturel de tous les magistrats, pour les droits acquis, qui leur fait souvent sacrifier la justice à la légalité. Le tarif fut modifié : le grain, le bois, le vin, tout ce qui provenait du cru des bourgeois fut exempt de droit. Il ne restait de l'édit, réduit à ces termes, qu'une surcharge pour le pauvre.

Dans tous ces impôts que les cours rejetaient avec obstination, il y avait cependant une part à faire à la nécessité ; la guerre avec l'Espagne ne permettait pas d'économie, et le premier devoir de l'État était de se soutenir. C'était là l'inconvénient du système qui plaçait la limite de l'autorité royale dans un corps judiciaire, et l'une des causes qui l'empêchèrent de passer dans la pratique. Le magistrat, par les habitudes entières de sa vie, ne sait pas se soumettre aux exigences de

(1) 1646.

la politique. En outre, le contrôle des Parlements était imparfait : les édits, sources de produits, leur étaient seuls adressés ; mais les dépenses leur étaient cachées, en sorte que le rapport entre les recettes et les besoins de l'État ne pouvait être apprécié. Mazarin, d'ailleurs, a pris soin de justifier cette opposition systématique. L'énorme fortune amassée par lui, au milieu de la pénurie du Trésor, montre assez en quelles mains la France était tombée.

Mazarin, si faible dans le danger, ne le prévoyait pas ; les édits qu'il envoya au Parlement en 1648 semblaient faits pour soulever toute la bourgeoisie ; quatre quartiers de rentes étaient différés ; les gages de quatre années des compagnies souveraines étaient retranchés ; l'impôt du droit annuel sur tous les offices était rétabli ; enfin de nouveaux officiers étaient créés. Les compagnies souveraines s'émurent, s'assemblèrent malgré les arrêts du conseil. Mazarin, effrayé, négocia ; mais la victoire de Lens lui tourna la tête : il fit arrêter deux membres du Parlement ; ce fut le signal de la guerre civile. La cour, qui, sous Richelieu, n'avait eu pour adversaires que des grands seigneurs, ne se doutait pas qu'il y eût une résistance possible là où il n'y avait que des bourgeois et des magistrats ; elle comptait le peuple pour rien et s'imaginait qu'un chef seul pouvait faire un mouvement, tandis que le chef sort souvent du mouvement lui-même. La part de l'intrigue fut faible comme dans toutes les émotions populaires; nous avons sur ce point le témoignage du co-adjuteur. Les deux magistrats prisonniers furent rendus à la liberté après la journée des barricades.

Il y eut une trêve de quelques mois entre le Parlement et la cour : celle-ci confirma dans la déclaration du 22 octobre les articles qui avaient été arrêtés au mois de juillet dans une réunion composée des cours souveraines, assemblée malgré ses ordres. D'après cette déclaration, aucun impôt ne pouvait être établi sans l'enregistrement des cours, les intendants étaient révoqués; enfin tout prisonnier devait être interrogé vingt-quatre heures après son arrestation. Ce dernier article fut de tous le plus contesté; il semblait qu'en stipulant cette défense contre l'arbitraire, les magistrats demandassent une chose inouie. Le prince de Condé (1), un des adversaires les plus vifs de cette restriction apportée à l'autorité royale, ne se doutait guère qu'un an plus tard il aurait à l'invoquer pour son propre compte, et qu'il paierait de sa liberté l'animosité d'un ministre.

Cette déclaration était une révolution, mais une révolution sans garantie. Le pouvoir avait toujours la force pour ressaisir ce qu'on lui avait arraché. Après cette courte trêve, les deux partis en

(1) Mém. de Motteville.

vinrent à des hostilités ouvertes : la cour sortit de Paris; plusieurs grands seigneurs se rangèrent du côté du Parlement.

Il semble qu'à cette époque il y avait dans le peuple toute l'énergie et la force nécessaires pour commencer et pour soutenir un mouvement. La révolution d'Angleterre, qui se terminait alors, n'avait pas commencé avec un tel éclat; le Parlement, le premier corps de la nation, était à la tête des révoltés. Enfin la noblesse, malgré son abattement sous Richelieu, exerçait encore un immense patronage. Retz, cantonné dans l'archevêché, rassembla quatre-vingts gentilshommes du Vexin; à sa fuite de Nantes, il fut entouré de plus de trois cents gentilshommes (1); les plus grands noms du XVIIe siècle, Retz, Condé, Turenne, La Rochefoucauld, ont été successivement à la tête des mécontents, et tous ces grands hommes n'ont fait que des misères.

Mais, au fond, l'agitation était moins profonde qu'elle ne le paraissait; c'était la bourgeoisie, surtout, qui avait été blessée dans ses intérêts par le cardinal, et qui, tenant par mille côtés à la magistrature, cédait à son impulsion. Nous ne voyons pas, comme au temps des guerres religieuses, les campagnes soulevées; la révolte ne sortait pas des villes.

(1) Mém. de Retz.

Pendant toute la durée des troubles, il y eut comme un gouvernement représentatif; toutes les affaires se délibéraient à haute voix dans les assemblées du Parlement; mais, à cette tribune, les grands seigneurs et les magistrats seuls avaient la parole. Cette limite a peut-être empêché une révolution : s'il y eût eu une tribune où des chefs eussent pu se faire connaître, il en serait sorti des rangs du tiers-État; ceux-là auraient pu passionner le peuple déjà ému. Pour agiter la masse populaire, il eût fallu que les grands seigneurs osassent arborer un drapeau, et c'est ce qu'ils ne surent pas faire. Ils se firent illusion sur leur propre importance; la noblesse crut qu'elle était encore tout dans la nation, tandis qu'elle n'en était plus qu'une faible partie. Elle aurait dû se rappeler que, sous Henri IV, réunie presque tout entière autour de lui, elle n'avait pu réduire le peuple catholique, et que celui-ci n'avait été désarmé que par la conversion du prince. Il y a deux époques dans la Fronde : dans la première, le Parlement fait la guerre, traite de la paix en son nom, sans presque consulter les grands seigneurs du parti; les généraux sont sous ses ordres; la cour ne put terminer la lutte que par des concessions. Dans la seconde, les princes du sang sont sur le premier plan; le Parlement n'est plus qu'auxiliaire. Cette levée de boucliers amène le triomphe définitif de la cour et le bannissement des derniers frondeurs.

Ces deux résultats montrent assez où était la puissance réelle.

Il manqua toujours aux grands seigneurs une condition essentielle pour entraîner le peuple ; ils ne partageaient aucune de ses passions. Tous les hommes qui ont été grands par lui ont eu, jusqu'à un certain degré, ses haines et ses idées; Cromwel fut fanatique avant d'être hypocrite. L'habileté la plus consommée ne produit pas le même effet que la conviction, et les vues intéressées des principaux frondeurs perçaient au travers de leurs déclamations contre Mazarin. Le genre même des armes qu'ils employaient contre lui, les chansons prouvent assez qu'il n'y avait de sérieux, de leur côté, que l'intérêt privé. Si l'on nous objectait les chansons de 89, nous n'aurions qu'à comparer la Marseillaise et les triolets de la Fronde pour prononcer sur les deux époques.

La haute noblesse n'était occupée que de futilités. Les raffinements sur la galanterie étaient l'occupation principale de la société de madame de Longueville, c'est à dire de La Rochefoucauld et de Condé. Les deux sonnets de Job et d'Iranie échauffèrent les esprits presque autant que la Fronde elle-même. Il y avait un abîme entre les masses populaires, qui ne s'agitent que pour des idées graves, générales, et les gentilshommes occupés de jeux d'esprit. Au siècle précédent, les Châtillons ne pensaient guère à ces futilités, maladie d'une société oisive, quand ils armaient les protestants au nom de la liberté de conscience (1).

Retz seul entrevit qu'il y avait une guerre civile à faire, et que l'écueil serait les prétentions particulières. Il connaissait le peuple mieux que ses amis, par lui-même et par les curés de Paris ses agents les plus dévoués, mais il fut entraîné comme les autres. La bourgeoisie se lassa bientôt de se sacrifier pour donner à l'un un gouvernement, à l'autre un chapeau de cardinal; la noblesse, réduite à ses propres forces et au génie militaire de Condé, fut vaincue presque sans combat. Ce fut le dernier signe de vie de la féodalité.

Outre ces causes générales, il y en eut de particulières qui favorisèrent la cour. La magistrature portait dans la guerre ses habitudes et les formes du palais, et voulait la faire *d'après les conclusions des gens du roi*. Cette préoccupation la jetait dans les contradictions les plus étranges, et souvent elle défendait par un arrêt ce qu'elle avait prescrit par l'autre. Le prince de Condé était le chef naturel des mécontents; mais il hésita

(1) Cette manie n'était pas bornée à Paris : il est question, dans les mémoires de l'abbé Arnaud, d'un ordre des bohémiens fondé à Metz : pour y être admis, il fallait avoir commis quelque larcin amoureux. On n'aurait qu'une idée fort inexacte de la Fronde si l'on n'en voyait que le côté sérieux. Retz compte parmi ses ressources les chansons de Marigny. Quand il voulut enlever au duc d'Elbeuf le commandement de l'armée parlementaire, le chansonnier fit le *fameux couplet* : Monsieur d'Elbeuf et ses enfants.

Mém. de Retz.

longtemps avant de se mettre à leur tête. De toutes les qualités d'un chef de parti, il en possédait une au plus haut degré, la gloire militaire; mais c'était presque la seule. Il ignorait l'art de ménager les hommes : il les blessait souvent par son impétuosité; enfin son instinct de prince et de gentilhomme se soulevait contre ces bourgeois qui en voulaient à l'autorité royale; sa probité même tourna contre lui; personne n'a fait la guerre civile avec plus d'horreur pour la guerre civile: Il ne faut pas s'étonner s'il la fit mal.

La Fronde était une coalition de deux partis si antipathiques l'un à l'autre, qu'il ne fallait qu'attendre pour les dissoudre. D'un côté était le Parlement, composé d'hommes graves, religieux, dont quelques uns, Molé par exemple, rappellent les caractères antiques, se jetant dans les troubles à regret, et croyant de bonne foi défendre ainsi la France et le roi. La noblesse frondeuse, au contraire, était turbulente, licencieuse, pleine de mépris pour les *bourgeois* (1) du Parlement; le patriotisme l'inquiétait assez peu, elle n'hésitait pas devant un traité avec les ennemis de l'État : Condé, Turenne se sont tour à tour alliés avec l'Espagne. Le patriotisme augmente en descendant l'échelle sociale. La noblesse formait alors une nation à part dans l'Europe; elle prenait in-

(1) Mot du duc de Bouillon en parlant du président de Bellièvre Retz.

différemment du service pour un prince, ou pour un autre, sans paraître croire qu'elle dût quelque chose à son pays. Les gentilshommes ne connaissaient d'autre loi que l'honneur, c'est à dire le devoir envers soi-même ; il fallut, au contraire, employer tous les ménagements possibles pour décider le Parlement à écouter un envoyé de l'archiduc.

Mazarin, qui fut aussi habile à terminer les troubles qu'il avait été imprudent à les amener, vit parfaitement que la concorde était impossible entre des idées et des hommes si divers. Il négocia, traîna les choses en longueur, s'attacha surtout à séparer le prince de Condé du Parlement, se fiant sur le temps pour diviser ses ennemis. Cette marche lui réussit; le roi rentra dans Paris sans faire aucune concession, les principaux frondeurs furent exilés, les corporations bourgeoises furent seules ménagées (1); quant au Parlement, il lui fut défendu de se mêler des affaires d'État et de la direction des finances. La royauté gagna à cette lutte l'autorité que donne le succès.

(1) Mém. de Joly, page 315.

CHAPITRE VI.

POUVOIR ABSOLU.

État des finances après la régence. — Colbert. — Il remet au peuple l'arriéré des tailles. — Il institue une Chambre de justice. — Réduit les rentes. — Supprime les offices inutiles. — Abaisse les droits de ferme. — Diminue les tailles. — Fait liquider les dettes des communautés. — Intervention de l'autorité centrale dans les provinces. — Direction donnée à l'industrie. — Caractère de Colbert. — État des charges publiques sous Louis XIV. — Successeurs de Colbert. — Emprunts. — Création d'offices. — Altération des monnaies. — Droit de contrôle, d'enregistrement. — Capitation. — Importance de cet impôt. — Lutte de la France contre l'Europe. — Papier-monnaie. — État du Trésor à la retraite de Chamillard. — Desmarets. — Il établit le dixième. — La noblesse y est assujettie. — État des finances à la mort de Louis XIV. — Dette exigible. — Régence. — Chambre de justice. — Refonte des monnaies. — Réduction sur les rentes. — Law. — Principes de son système. — Inconvénients. — La compagnie rembourse les créanciers de l'État. — Hausse des actions. — Baisse. — Effet du système sur le gouvernement. — Sur le pays. — Au XVIIIe siècle, le gouvernement s'immobilise. — Il lutte contre l'opinion. — Le mouvement n'est plus que dans les idées. — Deux faibles réformes tentées par Necker et par Turgot.

Le siècle de Louis XIV a été plusieurs fois comparé à celui d'Auguste; mais peut-être n'a-t-on pas signalé tous les rapports entre les deux époques; l'une et l'autre ont vu consommer une révolution. Après Auguste, il n'y eut plus de république, après Louis XIV, plus de féodalité. Au premier siècle comme au XVIIe, le pouvoir s'agrandit de l'abaissement des classes supérieures. Les deux souverains succédaient à des hommes d'un génie plus impétueux, plus brillant, mais dont l'œuvre était restée inachevée ; ils ont gouverné un nombre presque égal d'années, et cette longue durée d'une autorité exercée dans un même esprit, par la même main, découragea toutes les espérances. Le passé excita des regrets, mais non une tentative sérieuse ; ce pouvait être une chimère caressée par quelques esprits spéculatifs, ce n'était pas une possibilité à réaliser. Hâtons-nous d'ajouter que l'analogie est plus entre les situations qu'entre les hommes : ils diffèrent et par les bons et par les mauvais côtés. Le pouvoir absolu que le roi étalait fastueusement, l'empereur le dissimulait sous les mœurs les plus simples ; enfin la mémoire de Louis XIV n'a pas à répondre des crimes du triumvirat.

D'après un état de 1649, les impôts étaient de 92,000,000 (1) : le plus arbitraire, le plus inéga-

(1) Forb., tome I, page 260.

D'après un état rapporté par M. Isambert, dans sa collection, l'impôt n'était que de 78,000,000 : celui que cite Forbonnais nous semble mériter plus de confiance, il est plus détaillé; il est d'ailleurs évident que, depuis Richelieu, les dépenses avaient dû augmenter les impôts d'une somme assez forte.

lement réparti, la taille, entrait dans ce chiffre pour 50,000,000. Le reste était le produit des fermes : la gabelle rendait 18,000,000. Depuis la mort de Henri IV, les charges du peuple s'étaient presque quadruplées sans que rien indique une augmentation dans la richesse générale. Le prix moyen du blé est à peu près le même aux deux époques, si l'on n'a pas égard à la cherté, fruit des guerres civiles, et qui était un désastre de plus (1); la population n'avait pas dû s'accroître dans ces temps de désordre. Le peuple devait être accablé, puisque, avec la même richesse, un nombre d'habitants égal payait une somme quatre fois plus forte, tant les individus comme les nations ont à payer leur gloire. Sur ces 92,000,000, le Trésor n'en touchait guère que 35 (2); le reste servait à l'acquittement des charges. Les finances restèrent dans cet état jusqu'à Colbert, comme le prouvent les États de 1661 et 1662. Une trentaine de millions était la seule ressource dont l'État pût disposer.

Telle est la situation financière sous laquelle s'ouvre le règne de Louis XIV, règne où la force et la richesse de la France se sont révélées à l'étranger par des guerres soutenues contre l'Europe, par des conquêtes qui font encore partie du

(1) Sous Sully, de 1606 à 1615, il valait 21 fr. 70 c.
Sous Colbert, de 1666 à 1675, 18 fr.

(2) Forb., *ib.*, page 273.

territoire ; à l'intérieur, par les monuments des arts et la création de l'industrie. Jusqu'alors la diplomatie, la guerre, avaient été le soin exclusif du gouvernement ; les fonctions politiques étaient les seules qui ne dérogeaient pas ; l'industrie, le commerce, occupations forcées du tiers-État, étaient frappés du même mépris. Mais, quand le roi se trouva non seulement le premier des gentils-hommes, mais le roi du tiers-État, ces objets éveillèrent une sollicitude nouvelle. Jamais la société française n'avait été représentée d'une manière aussi complète : c'est même là ce qui explique cette unanimité d'admiration qui ne s'est dissoute qu'aux derniers revers de Louis XIV. La tâche nouvelle acceptée par le gouvernement demandait des moyens plus énergiques, des ressources plus étendues ; nous allons le voir les créer successivement.

Colbert trouva deux sortes d'abus dans les finances, les uns tenaient aux hommes, les autres aux institutions (1) ; il en essaya la double réforme. Depuis 1633, les droits des fermes avaient été haussés de 60 pour 100 : les tailles portées à un chiffre énorme étaient mal payées. Le prix du blé avait doublé (2), et la disette s'ajoutait à la misère générale. Presque toutes les branches de

(1) Comme notre autorité principale est Forbonnais, il nous suffit de renvoyer le lecteur à l'ouvrage original et aux Pièces justificatives. Forbonnais avait consulté les papiers de la famille Colbert.

(2) Voir le prix du blé aux pièces justificatives.

revenus étaient passées entre les mains des particuliers ; enfin une foule d'offices inutiles diminuaient les revenus de l'État et par le paiement des gages et par les exemptions accordées.

Colbert fit ce qu'avait fait Sully ; il remit au peuple les restes des tailles de 1647 à 1656, abandonnant ce qu'il était impossible de recouvrer. C'était un soulagement réel pour le contribuable : comme il ne pouvait jamais se libérer d'une manière complète envers le receveur, il était livré à sa merci. L'arbitraire dans la perception ruinait celui qui payait, et enrichissait celui qui recevait.

Il voulut aussi revenir sur toutes les dilapidations commises depuis 1635, et institua une chambre de justice, moyen violent sans doute, mais qu'il fallait employer si l'on ne voulait pas renoncer à tout allégement dans les impôts. Il fallait choisir entre l'intérêt d'un petit nombre et celui de tous ; en prenant le premier parti, l'animosité était sûre, la reconnaissance incertaine ; car les hommes ne tiennent guère compte du mal qu'on leur épargne.

Les recherches de la chambre de justice contre les financiers eussent été plus efficaces si ceux-ci n'eussent pas eu pour protecteurs les gens de cour, et si le plus grand dilapidateur de tous, Mazarin, n'eût pas été couvert de l'autorité royale (1).

(1) Préambule d'une ordonnance de 1669. Isamb., tome XVIII, page 382.

Ainsi, par exemple, 384,000,000 avaient été dépensés par ordonnance de comptant. Dans les autres paiements, la cause de la dépense était spécifiée, et les chambres des comptes prononçaient sur la validité; les ordonnances de comptant portaient comptant remis entre les mains du roi, et ce nom les affranchissait de tout contrôle.

Les rentiers et les détenteurs de droits aliénés furent moins ménagés; les rentes sur l'Hôtel-de-Ville, déjà réduites à plus de moitié par le cardinal Mazarin, subirent un nouveau retranchement. Le capital des rentes sur les tailles fut abaissé de 1,000 livres à 300. Ceci est une banqueroute; mais devait-on laisser périr l'État? Ne valait-il pas mieux priver quelques propriétaires de rentes achetées à bas prix, ou des traitants d'une partie de leurs revenus, que d'aller demander par l'impôt le dernier morceau de pain du pauvre? Les devoirs de l'État ne sont pas les mêmes que ceux d'un particulier; payer ses dettes est pour celui-ci une obligation rigoureuse, parce que, dans sa ruine, il n'y a que lui d'intéressé, et que la probité ordonne de sacrifier son utilité à son engagement; à la prospérité de l'État, au contraire, sont attachées toutes les prospérités particulières; il doit donc la maintenir à tout prix.

Ces atteintes portées au crédit, justifiées par la nécessité, eurent des conséquences fâcheuses. Sous tout le règne de Louis XIV, les capitalistes méfiants exigèrent un prix élevé; Colbert n'obtint jamais leurs secours qu'en leur payant un intérêt de dix pour cent.

Quand la bonne foi seule n'obligerait pas un gouvernement à n'avoir recours à ces opérations rigoureuses qu'à la dernière extrémité, la prévoyance lui en ferait une loi. Chez un débiteur qui a pour lui la force, qui peut toujours autoriser son injustice par des lois, la plus solide garantie du crédit est son intérêt.

Une autre réforme qui ne mérite que des éloges fut la suppression des charges inutiles ; nous nous sommes déjà assez de fois expliqué sur ce sujet pour n'y plus revenir. Malgré les extinctions ordonnées par Colbert, il résulte, d'un tableau dressé par ses ordres, que le capital des charges conservées s'élevait à 419,000,000 (1), et le nombre des titulaires à 45,000. Ainsi un capital énorme, 800,000,000 de notre monnaie, soustrait à la circulation, allait s'annihiler dans des échanges improductifs ; 45,000 familles les plus riches de l'État se dérobaient, en partie, aux charges publiques. Grâce à ces réformes diverses, les charges, qui, en 1661, étaient de 52,000,000, ne furent plus, en 1662, que de 43, en 1664 de 35 ; enfin, en 1670, elles n'étaient plus que de 25.

Chaque division dans les finances était, avant

(1) Nous parlons ici de la valeur vénale ; le capital dont l'État s'était reconnu débiteur n'était que de 187 millions.

Colbert, dirigée par des chefs particuliers qui n'étaient soumis à aucune direction commune : à cette autorité divergente fut substitué le conseil des finances. La rancune du roi contre Fouquet s'étendit même au titre de sa place ; il n'y eut plus de surintendant des finances, mais un contrôleur général qui, en son nom personnel, ne pouvait ordonnancer aucune dépense. Tout émanait du roi ; mais la réalité ne s'accorda pas avec la théorie. S'il est une partie de l'administration qui exige des connaissances spéciales, ce sont les finances, et surtout les finances confuses de l'ancienne monarchie ; le contrôleur général, malgré la modestie de son titre, eut donc l'autorité d'un ministre ; il était seulement affranchi de toute responsabilité (1).

Colbert diminua les droits de ferme de 50 pour 100, mesure hardie qui lui a réussi ; il avait deviné ce principe de l'économie politique, que le chiffre d'une diminution sur une taxe est plus que compensé par l'accroissement de la consommation. La recette du Trésor suivit une progression constante ; les dettes, comme nous l'avons dit, diminuaient chaque année, et les produits augmentaient. En 1654, les femmes avaient produit 38,918,000 liv., en 1668 50,610,000 liv. ; le bail de 1682 le porta à 56,670,000 liv. Ces produits élevés étaient dus à la prospérité de la France ; car les

(1) Mém. de Desmarets au régent, rapporté par Forbonnais, tome II.

droits sur le sel (1) et sur les traites venaient d'être abaissés. Les tailles, qui, en 1661, étaient de 46,000,000 l., descendirent, en 1670, à 40,000,000 livres; Colbert eût même désiré faire davantage, et ne lever que 25,000,000 liv. d'impôt direct.

Depuis que les charges de l'État ont été réparties entre tous également, les taxes indirectes ont été vues avec défaveur; le pauvre le paie comme le riche avec des ressources moindres; l'impôt territorial, au contraire, se rapproche plus de la proportion exacte de la richesse; mais, au XVIIe siècle, les privilégiés étaient exempts d'une portion de la taille, tandis qu'ils étaient soumis aux droits sur la consommation; augmenter les uns et diminuer les autres étaient donc un moyen de rétablir l'égalité.

Toutes les mesures de Colbert découlent d'un seul principe : l'accroissement du revenu public fondé sur la richesse générale. Comme l'impôt est prélevé sur les fortunes particulières, il ne peut être considérable dans un pays pauvre; où il n'y a rien le roi perd ses droits, dit un proverbe populaire. C'est donc non seulement un devoir, mais un bon calcul de la part du gouvernement, que de ne pas aller saisir chez le producteur le dernier lambeau de capital, instrument du travail. Mais cet intérêt bien entendu n'est accessible qu'aux

(1) La diminution sur le sel avait été d'un écu en 1663 (note de la main de Colbert. Forb., tom. I, page 565); une autre réduction avait eu lieu en 1668.

esprits élevés, à ceux qui ne se bornent pas au présent, et qui, dans toute chose, voient la conséquence.

Nous avons vu que les taxes perçues au nom du roi étaient diminuées; les villes où les diverses communautés d'artisans en levaient d'autres à leur profit, elles étaient grevées de dettes dont le paiement retombait sur le contribuable.

Colbert fit liquider et payer ces dettes. En 1648, la moitié de l'octroi des villes avait été confisqué au profit du Trésor; il conserva ce revenu, mais en même temps il soumit les villes à la tutelle de l'administration centrale; il leur fut défendu de contracter aucun emprunt, d'intenter aucun procès sans l'autorisation du roi. Le budget des communes fut réglé par les intendants(1). Ainsi disparaissaient les souvenirs de la liberté municipale du moyen-âge, qui ne se distinguait guère de la souveraineté : les villes, les provinces, longtemps isolées, tendaient à ne plus vivre que de la vie commune de la monarchie.

Bonne ou mauvaise, l'intervention de l'autorité générale dans les affaires locales n'est pas aussi récente qu'on se l'imagine. Au XVIIe siècle, nous ne doutons pas qu'elle ne présentât plus d'avantages que d'inconvénients; quand les lumières sont répandues, quand chacun peut, en connaissance de cause, prononcer sur son véritable intérêt, une si grande dépendance n'est peut-être pas nécessaire,

(1) Isambert, tome XVIII, page 421, an 1683.

et la seule communauté des idées et des besoins peut, comme en Angleterre, par exemple, donner plus d'unité que l'administration la plus concentrée. Mais sous Colbert le pouvoir était en avant de la société.

Le rôle du gouvernement pour lui ne se bornait pas à l'inaction et à la tolérance. Si, à cette époque, l'État, dépositaire des plus grands capitaux, se fût résigné au rôle passif que lui ont assigné les économistes, le canal de Languedoc n'eût pas été creusé, les manufactures n'eussent pas pris racine en France; de ce que l'industrie livrée à elle-même est arrivée, en certains pays, à un développement prodigieux, on a conclu qu'elle devait toujours rester en dehors de l'action politique. On n'a pas vu que, dans l'Amérique du nord et dans l'Angleterre, toujours citées comme modèles, les corps constitués ne sont pas tout le gouvernement : il y a une force plus difficile à définir qu'à saisir, l'opinion générale manifestée par la presse qui est un des pouvoirs réels de l'État. C'est ce pouvoir, non écrit dans la loi, qui dirige l'industrie, qui lui donne une force qu'elle ne pourrait obtenir des efforts particuliers. Quand le gouvernement est constitué de manière à s'accorder avec l'intérêt général, où serait l'inconvénient de lui donner une part dans une des fonctions les plus importantes des sociétés modernes? Faire autrement, c'est déshériter l'industrie du concours de la plus puissante des associations; car l'État n'est-il pas la réunion de l'énergie et de la richesse de tous? On a étendu au principe lui-même le blâme qui devait s'arrêter à l'abus.

Plusieurs des réglements de Colbert sont tyranniques : la forme des étoffes, le mode de fabrication étaient prévus, imposés à l'ouvrier sous les peines les plus sévères. On peut dire, pour justifier l'homme et non la chose, que la prodigalité des châtiments était alors le droit commun; l'humanité est récente dans nos lois. Sans doute, en ordonnant les méthodes les plus avancées de son temps, Colbert ne s'attendait pas que ses successeurs, attachés à la lettre et non à l'esprit de ces réglements, attendraient un siècle avant de les réformer : il était préoccupé du besoin d'enlever aux Hollandais leur monopole; sur 20,000 vaisseaux qui faisaient le commerce du globe(1), 16,000 appartenaient à ce peuple, la France en possédait à peine 600. Que ce dessein ait réussi en partie, on peut s'en convaincre, et par la prospérité de la France, et par l'État de la marine royale. Sa puissance jusqu'à la Hogue prouve assez qu'elle était recrutée par une marine marchande nombreuse.

Le dernier état sous l'ancien régime des aides, des gabelles, des droits de douane fut fixé par Colbert; nous nous réservons d'en parler plus tard pour ne pas scinder cette matière. Il serait injuste

(1) Dépêche de Colbert à Pomponne, rapportée par Forbonnais.

de ne juger ce grand homme que sur ce qu'il a fait ; ses mesures sont restées en deçà de ses idées, on peut s'en convaincre en lisant une note de sa main destinée à Louis XIV ; il n'avait pas à faire, comme Sully, à un maître nourri dans les fatigues et devenu presque avare par l'habitude des privations ; Louis XIV était magnifique et n'était que conseillé par ses ministres.

Colbert a laissé une réputation de dureté, et son convoi fut insulté par le peuple ; il avait pourtant beaucoup travaillé à son soulagement ; cette idée se retrouve dans plusieurs notes écrites par lui : « *Il faut que mon fils sente aussi vivement tous les désastres qui arrivent dans le commerce, et toutes les pertes que font les marchands, comme si elles lui étaient personnelles.* » Mais, comme son humanité venait de ses lumières qui étaient grandes, elle n'était pas expansive ; cachée sous des formes acerbes, elle échappait au premier coup d'œil ; on ne se rappelait que la fermeté avec laquelle, en 1664, il avait opéré des retranchements sévères. Ainsi cet homme qui a créé la marine en France, qui a commencé les magnificences de Versailles, soutenu la guerre terminée à Nimègue, qui a tant fait pour le roi et pour le pays, est mort dans la disgrace de l'un et de l'autre.

La guerre de 1669(1) l'avait obligé de recourir à des emprunts ; avec une recette de 629,000,000

(1) Note de sa main citée par Forb., tome I, page 565.

livres, il eut à solder une dépense de 804,000,000 livres; il emprunta 149,000,000 liv., c'est à dire environ deux années du produit net du Trésor. Cependant, à sa mort, le revenu du Trésor était de 112,000,000 liv., les charges étaient de 25. Sur cette dernière somme 4 étaient accordées comme diminution sur le chiffre des tailles. Ainsi, depuis 1661, le revenu public était augmenté de 28,000,000 livres, les charges diminuées de 25. Il avait abaissé l'impôt sur le sel deux fois, et réduit les tailles.

C'est peut-être ici qu'il convient de s'arrêter un moment pour donner une idée des charges publiques, sous Louis XIV. Plus tard, les expédients ruineux, les revers de la guerre et la misère enfantée par ces deux désastres ont tellement bouleversé tous les rapports des valeurs que la vérité serait insaisissable.

(1) Le Trésor percevait en 1683.	109,000,000
(2) La dîme était de.	34,000,000
(3) Les corvées pour les chemins royaux.	3,500,000
A reporter. . . .	146,500,000

(1) La totalité de la recette était de 112,800,000; mais sur cette somme, 4,000,000 environ n'étaient point levés sur le peuple : c'était une diminution accordée sur le brevet de taille.

(2) Voir pour l'appréciation de la dîme les Pièces justificatives. La taille, à l'époque où Vauban écrivait, était de 42,000,000, lesquels, par les altérations de monnaie, ne valaient, en 1683, que 34,000,000.

(3) Necker évalue les corvées à 20,000,000, c'est à dire au dixième de l'impôt direct : en prenant la même base pour l'année 1683, on trouve le chiffre du texte.

Report.	146,500,000
(1) Impôt payé par le clergé. . .	1,600,000
(2) Taxes levées par les villes. .	14,000,000
(3) Les droits de mutation perçus par des particuliers.	4,500,000
(4) Droit de péage, de minage. .	5,000,000
Total. . . .	171,600,000

Le rapport des monnaies étant alors comme 1 est

(1) La subvention annuelle était de 1,292,000; il donna de plus, en vingt ans, deux dons gratuits, l'un de 4,000,000, et l'autre de 2,400,000 francs, ou, par année, 320,000. Dans cette somme n'étaient pas compris les frais de perception : nous sommes donc resté en deçà de la vérité.

(2) Sully évalue cette somme à 4,000,000, Necker à 28; nous avons pris une moyenne entre les deux chiffres. A la première époque, c'était un peu plus du tiers de la taille.

(3) C'est le chiffre qu'a donné M. de Boullongne dans ses états. Comme la plupart des droits étaient fixes, qu'ils n'ont pas dû souffrir de l'abaissement des espèces, nous l'avons conservé, quoiqu'il ait été fixé à ce taux, quatre-vingts ans plus tard, et dans une monnaie plus faible; nous le croyons beaucoup au dessous de la vérité, si l'on a égard aux corvées personnelles dues par les paysans aux seigneurs.

(4) Il existait, dans le royaume, environ seize cents péages dont le produit brut s'élevait à 6,000,000. Sur cette somme le domaine royal ne touchait que 300,000 livres. Il ne serait cependant pas juste de porter la totalité en recette; plusieurs de ces droits étaient concédés à titre onéreux. Le droit de ménage se percevait en nature sur les marchés, il était quelquefois du sixième, quelquefois du trente-deuxième de la mesure. Le produit était de 3,000,000; un peu plus du quart appartenait à des particuliers. Le reste était levé au profit du roi, des villes, des hôpitaux. Tout ce qui précède est extrait de Cormeré.

à 1,90, ce serait une somme de 324,000,000 f. de notre monnaie. Le prix du blé, à cette époque, était de (1) 21 liv. 50 s.; il est aujourd'hui de 30 fr. 65 c.; la différence entre les deux chiffres ne s'élève pas tout à fait au tiers (2).

Mais nous ferons observer que, sous Louis XIV, la production était déjà trop variée pour que cette base unique empruntée à l'agriculture fût assez solide. Comme la valeur vénale n'est que le rapport de la quantité des choses avec le numéraire, il en résulte que plus le nombre des denrées augmente, plus le prix de chaque denrée particulière baisse. La concurrence entre les produits a le même effet que la concurrence entre les vendeurs. Le prix du blé a dû baisser par le changement survenu dans la législation sur le transport des grains. Ce commerce entre les diverses provinces était entouré de restrictions faites pour arrêter l'élévation du prix, et qui, au contraire, l'augmentaient; car le marchand fait tout payer, même les avanies.

Vauban évalue la journée d'homme à 8 à 9 sous, c'est à dire à 62 ou 71 (3) centimes de notre monnaie. Si l'on prend pour valeur de la journée moyenne de notre temps 1 franc 50 centimes, on trouvera que le prix de l'argent, relativement au

(1) Nous avons pris, pour plus d'exactitude, la moyenne de deux prix, de celui de 1666 à 1675 et de celui de 1676 à 1685.

(2) Le rapport entre les deux prix est comme 1 est à 1,42.

(3) Le rapport des monnaies était passé à 1,58.

travail, a baissé de moitié depuis Louis XIV. Nous prenons une moyenne entre le (1) produit que donne le prix de la subsistance et celui que donne le prix du travail (2), et nous trouvons que les 324,000,000 de ce temps étaient aussi courts pour le contribuable que 592,000,000 le seraient aujourd'hui; pour payer l'impôt, ne fallait-il pas qu'il vendît ou ses denrées ou son temps?

D'après le recensement fait par les intendants à la fin du XVIIIe siècle, la population du royaume était de 19,000,000 d'habitants; l'impôt était donc de plus de 31 francs par tête. Nous avons d'autant plus de confiance en ce chiffre qu'il s'accorde avec celui qu'a trouvé Necker en partant de données toutes différentes; en 1783, il évalue l'impôt à 23 liv. 10 sous par tête. Comme, depuis la fin du XVIIIe siècle, le prix de l'argent a baissé au moins d'un sixième, la coïncidence des deux valeurs est remarquable : si l'on veut, en outre, observer que Necker, sans tenir compte des dîmes, des droits, propriétés des particuliers, est arrivé au même résultat que le nôtre, on sera convaincu que nous n'avons rien exagéré (3).

(1) En prenant la moyenne entre les deux valeurs données par Vauban, on obtient 66 cent.; le rapport avec la journée de notre époque serait comme 1 est à 2,27.

(2) En multipliant 324,000,000 par 1,42, rapport du blé, on obtient 450,000,000; en le multipliant par 2,27, rapport des journées, on obtient 735,000,000.

(3) Il nous eût été facile de choisir une autre époque dans le règne

L'impôt sous Louis XIV était donc égal à celui d'aujourd'hui; mais ce serait une erreur complète que de croire que le peuple ne fût pas plus accablé; il y avait alors inégalité entre les provinces et inégalité entre les habitants d'une même province. En 1683, aucun impôt n'était encore perçu d'une manière uniforme dans tout le royaume; Necker, qui ne s'est occupé que de la première de ces deux inégalités, dans un temps où plusieurs taxes nouvelles avaient nivelé les différences, a trouvé qu'elle était comme 29 est à 12 et à 13; il est impossible d'évaluer la part exclusive du peuple dans l'impôt des tailles, mais enfin elle existait; il est donc hors de doute que, sous Louis XIV, la taxe prélevée sur le nécessaire ne fût beaucoup plus forte qu'aujourd'hui. Le despotisme, malgré le préjugé contraire, est plus cher que la liberté, et le mot de Tacite : *Servitutem suam quotidie emit, quotidie pascit*, est plus vrai que la parodie qu'on en a faite. Si un gouvernement absolu a moins de ressources qu'un gouvernement libre, ce n'est pas qu'il prenne dans une proportion moins forte, c'est qu'il étouffe la richesse; sa modération vient de la nécessité.

La France vécut quelque temps des créations de Colbert; les principes introduits par lui fécondèrent après sa mort la richesse nationale; le

de Louis XIV; nous avons pris celle où les impôts ont été le plus bas.

produit des fermes augmenta et se soutint, pendant cinq années, à 66,000,000. Louis XIV jouissait de cette prospérité sans prévoyance; sous le court ministère de Lepelletier, la dépense fut de 545,000,000; sur cette somme, la guerre en avait absorbé 141, les bâtiments 46. Comme la recette n'avait été que de 463,000,000, le déficit, déjà entr'ouvert par Colbert dans ses dernières années, s'élargissait; son successeur, homme sans portée, escompta l'avenir, créa des rentes, des offices. Les emprunts étaient déguisés quelquefois sous le nom d'augmentations de gages : 500,000 liv. furent distribuées de cette manière aux cours supérieures.

L'emprunt se conçoit pendant la guerre, c'est un moyen de différer la dépense jusqu'à la paix, temps où les recettes doivent s'élever et les dépenses s'abaisser; emprunter durant la paix, c'est remettre le paiement des dépenses à une époque où les recettes sont insuffisantes pour les charges du présent.

A la guerre de 1689, le ministre changea, mais non le système; on eut recours aux mêmes expédients. L'argent était bon de quelque part qu'il vînt. Les créations d'offices se succédaient avec rapidité. Il est inutile de s'appesantir sur ces mesures; on peut seulement citer pour leur singularité les jurés-crieurs d'enterrement qui produisirent 800,000 liv. Le gouvernement ne vendait pas lui-même en détail sa marchandise; des traitants, moyennant une remise qui dépassait le sixième, se chargeaient de trouver des acheteurs. On créa aussi des rentes; en 1695, il en fut constitué pour un capital de 95,000,000. L'état militaire avait pris un développement sans exemple; la guerre coûtait, par an, 90,000,000, la marine 20 à 25: c'était le revenu net du Trésor public.

Mais les emprunts, les anticipations diffèrent l'impôt, mais n'en dispensent pas; ils deviennent même une charge nouvelle à laquelle il faut subvenir. De nouvelles taxes furent imaginées; enfin l'esprit fiscal ressuscita l'exaction odieuse du XIVe siècle, la falsification des espèces : c'était le moyen le plus désastreux. Un impôt, quelque accablant qu'il puisse être, n'atteint le contribuable qu'une fois, il ne lui demande qu'une somme certaine, définie; enfin, en changeant les rapports du gouvernement avec les sujets, il laisse subsister ceux des sujets entre eux. L'altération des espèces, au contraire, s'attache comme un chancre à toutes les conventions pour les dénaturer; dans chaque engagement, elle autorise et organise le vol pour en percevoir une part légère.

Le marc d'argent de 29 livres fut porté, en 1689, à 32 (1); dans le but de multiplier les bénéfices, on multipliait et l'on variait les changements; l'augmentation dans la valeur nominale

(1) Voir le tableau des monnaies aux Pièces justificatives.

était toujours précédée d'un abaissement, ingénieux mécanisme qui doublait les produits. En 1693, le marc d'argent monnayé, abaissé à 27 l., remonta subitement à 32 livres. Le marc d'argent pur valait ainsi 35 livres. Le gouvernement gagna à cette opération 40,000,000, véritable vol qui tournait contre son auteur; l'impôt était acquitté avec des espèces décriées; mais le mal était la perturbation jetée dans le commerce. Un peu de bon sens eût suffi pour voir que le roi perdait plus par l'appauvrissement général qu'il ne gagnait par sa mauvaise foi. Cette conséquence devint manifeste par l'état du revenu public; les fermes, malgré les augmentations de droits, baissèrent d'un sixième; en 1694, le Trésor ne reçut plus que 102,000,000 de notre monnaie.

Une des ressources créées à cette époque est restée dans nos finances. En 1691, tous les actes des notaires durent être contrôlés (1); en 1704 (2), toutes les mutations, excepté les successions en ligne directe, furent soumises à l'insinuation et au paiement du centième denier. Le principe féodal qui avait consacré l'indépendance individuelle, qui avait limité d'avance les rapports entre le seigneur et le vassal, était bien loin : ici le gouvernement intervenait dans les affaires privées. Les créateurs de cette taxe n'y virent qu'un revenu

(1) Isamb., tome XIX, page 119.

(2) *Ib.*, page 439.

temporaire; ils créèrent des officiers auxquels le produit était abandonné en échange de leurs finances, il était donc aliéné avant d'être perçu. Par une légèreté sans excuse, on ne profita même pas de la nouveauté de cet établissement pour le rendre uniforme dans le royaume; il n'eut lieu ni en Flandre, ni en Alsace, ni en Hainaut, ni en Franche-Comté. Dans l'étendue même de la ferme, les notaires de Paris achetèrent l'exemption du droit; il fut remplacé pour eux par un droit sur le papier et le parchemin timbré. Depuis Colbert, personne n'a paru comprendre la solidarité forcée qui rattache l'intérêt du fisc à celui du pays; lors de la création du contrôle, il fut défendu de passer des baux de plus de neuf ans. Le ministre dut sans doute s'applaudir du moyen détourné qu'il avait découvert pour toucher plus souvent la taxe; il ne s'apercevait pas du tort qu'il faisait dans l'agriculture. Des lois, le principe est passé dans les habitudes; la législation abolie, l'habitude est restée, et les baux à courte période sont encore aujourd'hui un des obstacles qui entravent la production agricole.

Mais de toutes ces innovations, la plus importante c'est la capitation; elle remonte à 1695 (1) : c'est un grand événement dans notre histoire que cet impôt qui exigea nettement de tous les privilégiés leur part dans les charges publiques; les princes

(1) Impos. en France, tome II. Forb., tome II, page 81.

du sang, le dauphin lui-même, y furent soumis. La noblesse disait bien encore qu'elle payait sa dette au pays en le défendant; mais c'était là un mensonge officiel, le peuple se plaçait à côté d'elle dans l'armée. Malgré l'équité de la capitation, elle choquait les préjugés du temps; elle fut abolie à la paix de Ryswick; mais, en 1701, elle fut rétablie pour ne plus disparaître.

De 1689 en 1699 les dépenses avaient été de 1,600,000,000 livres; les recettes du Trésor, en déduisant les rentes et les charges, n'avaient été que de 663,000,000 liv. Il avait donc fallu demander le reste aux affaires extraordinaires. Le peuple cependant avait, dans les dernières années de cette guerre, payé 156,000,000 liv. d'impôts; mais ce qu'il importe le plus de connaître n'est pas tant le chiffre de l'impôt en lui-même que son rapport avec la richesse du pays; une décadence rapide se trahissait partout : les taxes sur la consommation étaient descendues de 66,000,000 (à 29 l. le marc) à 62,000,000 (le marc à 35 l.). Les mesures sur les monnaies produisaient leur effet. Les diminutions et les augmentations se succédaient sans autre motif que l'intérêt mal entendu du fisc. Le marc pur, abaissé progressivement à 30 l. 5 s., fut porté, deux mois plus tard, à 34 liv. 19 s.; en 1701, il passa de 31 l. 12 s. à 36 l. 19 s.; en 1709, de 31 l. à 43 l.; on se croirait au temps de Philippe le Bel. Mais ces changements entraînaient avec eux plus de désastres qu'au XIVe siècle; les rapports avec l'étranger étaient devenus plus fréquents, et chaque compte se liquidait au désavantage de la France. Elle était forcée de recevoir son paiement en monnaie faible; mais, comme chacun fait la loi chez soi, elle ne pouvait payer ses créanciers à l'étranger qu'en monnaie forte. La tentation donnée à la fraude était si grande qu'une partie du profit espéré passait entre les mains des faux-monnayeurs.

On peut s'étonner que de pareils expédients n'aient pas effrayé Chamillard dont la probité égalait l'incapacité; quant à son successeur Desmarets, il n'eut pas le choix des moyens.

Cette lutte désespérée de la France contre l'Europe, soutenue pendant quinze ans malgré les revers, malgré une disette dont le souvenir ne s'est pas effacé, est le plus beau titre de gloire de Louis XIV; il ne désespéra ni de la monarchie, ni de lui-même; mais cette gloire l'épuisa. Durant les sept années de guerre du ministère de Chamillard, les dépenses avaient été de 1,346,000,000 liv., la recette du Trésor n'avait pas dépassé 387,000,000 livres. Chamillard eut recours aux altérations d'espèces, aux créations de charges, aux emprunts; enfin au papier-monnaie. Ce dernier moyen est un fait assez nouveau dans l'histoire de nos finances pour mériter quelques éclaircissements. Colbert l'avait déjà employé, mais dans des proport ons très faibles, et avait jeté dans la circulation les promesses d'une caisse des emprunts. Cette tentative isolée n'eut pas de suite; le papier ne reparut que vingt ans plus tard, sous une autre forme.

Les directeurs de monnaie, au lieu de payer comptant les espèces apportées pour les refontes, avaient souscrit des billets; l'exactitude des paiements avait inspiré la confiance du public. Cette confiance fut exploitée avec une hardiesse telle qu'on s'étonne de ne pas la voir plus tôt découragée. Les billets furent prodigués, ils furent renouvelés à long terme, enfin le discrédit arriva; ils perdirent jusqu'à 75 pour 100. Dans le temps même où le gouvernement, que ces émissions avaient sauvé, ne voulut plus les recevoir dans ses caisses, il ordonna qu'ils formeraient le quart de tout paiement entre particuliers. L'assignat, comme on peut le voir, n'est pas récent en France, et le système de Law, qui semble un fait isolé, n'était pas sans antécédents; il y eut même à cette époque une modification analogue à celui des mandats territoriaux pendant la révolution; les billets de monnaie furent convertis en billets des fermiers et des receveurs généraux. Aux deux époques, le public ne fut pas assez simple pour croire que la solvabilité du gouvernement dépendît d'un changement de caisse; les nouveaux effets partagèrent et accrurent la défaveur des anciens.

Quand Chamillard fut remplacé par Desmarets, neveu de Colbert, il laissait à son successeur 482,000,000 liv. de dettes exigibles, représentées, en grande partie, par du papier ; dans cette masse entraient les billets, les ordonnances et les assignations sur diverses années ; sur un revenu total de 150,000,000 liv., il fallait déduire 77,000,000 livres de charges et de diminutions. Ainsi le papier seul égalait plus de trois années de la recette brute du Trésor. Presque tous les fonds de l'année 1708 étaient consommés par avance, il restait à peine une vingtaine de millions sur lesquels on pût compter. C'était la seule ressource disponible pour faire face à une dépense de 208,000,000 liv. La disette de 1709, où le blé dépassa de plus de quatre fois sa valeur moyenne, vint encore compliquer cette situation ; il ne s'agissait là ni de réforme, ni d'abus, il fallait vivre. Les gouvernements absolus ont cet avantage, dans les grands désastres, que rien ne leur fait obstacle ; un gouvernement modéré pourrait peut-être prévenir les guerres, où la nationalité d'un peuple est en question ; mais, quand une fois les choses sont arrivées à ces points extrêmes, la dictature est une nécessité.

En sept années, il fut dépensé 1,533,000,000 l. ; la recette n'était que de 75 ; la dépense moyenne était de 219,000,000 ; chaque année présentait donc une insuffisance de 144,000,000 l. Néanmoins Desmarets, en sortant des affaires, n'a laissé qu'une somme de papiers égale à celle qu'il avait trouvée (491 au lieu de 483). Plusieurs dettes, il est vrai, avaient été immobilisées ; les billets avaient été reçus plusieurs fois en paiement de rentes ou d'offices. La refonte des monnaies qu'il ordonna fut une véritable banqueroute ; les hôtels recevaient cinq sixièmes en vieilles espèces et un sixième en billets; mais l'affaiblissement du poids était tel qu'en rendant la somme totale en monnaie nouvelle, le gouvernement donnait moins d'argent qu'il n'en avait reçu.

Desmarets chercha à délivrer l'État du courtage énorme qu'il payait aux gens d'affaires. Sous Colbert lui-même, la remise qu'on leur accordait était du sixième, et de 1689 en 1699, elle dépassa le tiers : ce discrédit était le châtiment et des banqueroutes moqueuses de Mazarin et des réductions de Colbert lui-même. Il faut payer au prêteur le risque auquel on l'expose.

Enfin il établit le dixième sur tous les revenus; cet impôt fut regardé comme un remède violent et temporaire. Il a sauvé l'État, si, comme le dit Desmarets, il a contribué à la paix (1). Les classes pauvres étaient épuisées; il n'y avait donc de ressources que chez les riches et les privilégiés. Vauban (2), dix ans plus tôt, avait déjà proposé

(1) Mémoire de Desmarets au régent, rapporté par Forbonnais, tome II.

(2) Dîme royale. Les calculs de Vauban étaient erronés ; il suppose que la dîme royale s'élèverait à 60,000,000 : il l'avait fixée au vingtième du revenu total. Le revenu de la France était donc, selon lui, de 1,200,000, environ deux milliards de notre monnaie, évaluation exagérée. Le revenu de la propriété foncière ne dépasse guère, aujourd'hui, 16 à 1,700,000,000. Ce qu'il faut louer dans son

une mesure semblable; mais il prétendait lever le dixième en nature, comme les dîmes ecclésiastiques. Cet impôt est le seul qui ait une entière ressemblance avec notre impôt direct; il ne dépendait ni de la qualité ni de la condition du contribuable, mais seulement de sa fortune. Dans les taxes personnelles, l'égalité remonte à la capitation; dans les réelles, au dixième. Le dixième s'appliquait même aux propriétés mobilières, même aux charges payées par le roi; dans ce dernier cas, ce n'était qu'une réduction. Ce nivellement de tous, expression d'un fait consommé, de l'égalité des sujets devant le souverain, contrariait les préjugés du temps. Le dixième fut aboli en 1717 (1); il reparut en 1725 (2), sous le nom de cinquantième; en 1733, sous celui de vingtième. Supprimé encore une fois en 1739, il fut rétabli définitivement en 1741 (3).

Ainsi, depuis Louis XIV, la noblesse, indépendamment des taxes indirectes, paya deux impôts directs. L'impôt roturier, la taille perdit de son importance; déjà, en 1716, il n'était plus que le quart du revenu public.

livre, c'est l'humanité avec laquelle, né gentilhomme, il proposa d'atteindre les privilégiés, et le courage qu'il montra pour dire une vérité utile. Il n'était même pas soutenu par l'espoir de la popularité : son livre était obscur, et l'auteur était à la fin de sa carrière.

(1) Isamb., tome XXI, page 150.

(2) Imposit. en France, tome II, page 474.

(3) Matières d'impôts. Remontrances de la cour des aides, p. 680.

A la mort de Louis XIV, sur une recette de 165,000,000 liv., le Trésor ne touchait que 68,000,000 (1); 96,000,000 (2) étaient absorbés par le paiement des charges et les diminutions sur les impôts. Cette faible ressource n'était même pas tout entière à la libre disposition du gouvernement; les revenus de 1715 et de 1716 étaient consommés d'avance; il fallait faire face à une dépense de 165,000,000, et au paiement d'effets royaux qu'on évaluait à 700,000,000.

Nous allons mettre sous les yeux du lecteur l'état du capital dû par l'État; malgré tous nos efforts, nous ne pourrons pas toujours éviter l'incertitude et l'obscurité. La confusion introduite depuis Colbert dans les finances semble avoir passé dans le seul ouvrage détaillé que nous possédions sur cette époque. Chaque chiffre aura besoin d'un commentaire.

La dette se divisait en deux classes : la dette consolidée et la dette flottante.

Le capital de la première était de (3) 1,825,000,000

(1) Forb., tome II, page 351.

(2) 86,000,000 de charges, 10,000,000 de diminution.

Forb., tome II, page 463.

(3) Forb., tome II, page 504. La compagnie d'Occident ne prêta au roi que 1,500,000,000 pour rembourser les créanciers de l'État; mais déjà s'étaient faites quelques réductions assez fortes sur le capital des dettes. 73,000,000, p. 465. Il ne paraît pas en outre que le capital primitif des anciens offices ait été soumis au remboursement; il n'a porté que sur les augmentations des gages et les offices créés depuis 1689. Le capital de ces dettes nouvelles était de

Report. .	1,825,000,000
La dette représentée par du papier était, selon Desmarets, de..	491,000,000
enfin il y avait en dépenses arriérées (1)	80,000,000
	2,396,000,000.

c'est à dire 4,320,000,000, ou 2,880,000,000 de notre monnaie, selon que l'on prend la valeur

215,000,000. Après la réforme de Colbert, les charges conservées étaient évaluées 187,000,000. Si maintenant nous faisons la somme des divers capitaux donnés par Forbonnais, nous arriverons à peu près au chiffre du texte. Quand deux voies différentes aboutissent au même résultat, c'est une grande présomption en faveur de la vérité.

Capital des rentes payées à l'Hôtel-de-Ville..	1,292,000,000
Rentes payées dans d'autres bureaux, p. 385.	104,000,000
Augmentations de gages depuis 1689, p. 395.	215,000,000
Capital des offices dû par l'État en 1664.....	187,000,000
	1,798,000,000

Il y a cependant une contradiction dans le texte de Forbonnais dont il faut prévenir le lecteur : il dit que les arrérages des rentes sur l'Hôtel-de-Ville étaient de 32,400,000; l'intérêt de cette dette aurait donc été à deux et demi pour cent. C'est une erreur évidente; autrement quel avantage eût trouvé le roi à emprunter de la compagnie à trois pour cent pour rembourser des effets à deux et demi? Dans les reproches que Forbonnais adresse au système, il lui fait celui d'avoir fait banqueroute aux créanciers de l'État en les remboursant en contrats à deux et demi : il dit formellement que l'intérêt primitif était de quatre. Enfin le texte de l'édit de décembre 1716 ne laisse aucun doute. « Nous avons réduit au denier vingt-» cinq les rentes créées sur les tailles au denier douze pour ne pas » leur laisser un si grand avantage sur celles de l'Hôtel-de-Ville. » Peut-être Forbonnais ne veut-il parler que de la portion des rentes payables sur le produit des fermes.

(1) Forb., tome II, page 463.

du marc en septembre et en décembre. Dans les quatorze dernières années du règne de Louis XIV, les dépenses avaient été de 2,870,000,000, les recettes ordinaires n'avaient été que de 880,000,000; il avait donc fallu demander au crédit environ 2,000,000,000.

On conçoit que l'énormité de ce chiffre ait effrayé la régence, et qu'il ait été proposé de liquider cette situation par une banqueroute. Si l'État eût été tenu à payer le capital de sa dette, on était acculé à une impossibilité; mais ce remboursement est une hypothèse qui ne se réalise jamais. L'État n'est débiteur que d'une annuité dont il n'a pas grand intérêt à rembourser le capital. Le temps seul, qui diminue la valeur de l'argent, diminue aussi sa dette; c'est un effet insensible pour des particuliers, mais très important pour l'État dont la vie n'est pas bornée. La seule chose à considérer était le rapport entre le revenu total et les charges annuelles; il y avait là matière à des réflexions graves. Plus de la moitié du revenu était paralysée par l'acquittement de la dette annuelle (1).

Mais le danger de la situation n'était pas là, il était dans cette dette exigible, égale à trois fois le revenu de l'État, et qui dévoilait à chaque instant la pénurie du Trésor. Le désordre, les doubles emplois, les retards de paiement avaient introduit une confusion telle que, quoique

(1) Voir aux Pièces justificatives.

l'État ne dût que 491,000,000 liv. à la mort de Louis XIV, il y avait en circulation pour à peu près 668,000,000 de papiers (1). La régence, en outre, qui n'avait pas d'argent et qui avait à payer, employa la même ressource. La plupart de ces papiers perdaient 75 pour 100, et donnaient naissance à un agiotage effréné; une réduction ordonnée sur ces valeurs, achetées la plupart à bas prix, était juste. Il fut ordonné que les billets seraient visés par des commissaires, et qu'en échange les détenteurs recevraient des billets d'État, avec un intérêt de 4 pour 100. Une des choses qui nous démontre le mieux à quel point les anticipations, les délais dans les paiements avaient tout mêlé, tout confondu, c'est le résultat même du visa. 198,000,000 suffirent pour acquitter 596,000,000 d'effets *visés*; car, dans les 250,000,000 qui furent créés, plus de 50 acquittèrent secrètement plusieurs dépenses. Les parties intéressées elles-mêmes ont reconnu la justice de cette opération rigoureuse, puisque les réclamations adressées au régent ne portaient que sur une somme de 14,000,000 (2). Malgré le bénéfice du Trésor, on ne sortait pas du provisoire, il restait encore (3) 343,000,000 de dettes exigibles.

Deux des mesures les plus acerbes, l'une de

(1) Forb., page 464.
(2) Lemontey, Hist. de la régence.
(3) Forb., tome II, page 465.

fraude, la refonte des monnaies, l'autre de violence, la chambre de justice, furent exploitées pour la dernière fois; on en reconnut depuis l'inutilité. Le principe des chambres de justice est rigoureux, mais n'est pas inique; car l'État ne peut être dans une condition pire que les particuliers, et il a le droit de revenir sur des engagements usuraires; mais l'application est presque impossible. Les recherches sur les fortunes devaient remonter jusqu'en 1689 (1). Pendant vingt-sept ans, les titres primitifs avaient changé tant de fois de main, l'édit était conçu en termes si élastiques, que tous devaient subir cette juridiction, et que personne n'était sûr de conserver son patrimoine. La législation la plus tyrannique était mise au service de la chambre de justice. Il fut défendu, sous peine de la vie, de médire des dénonciateurs; quelques traitants furent même condamnés à mort et exécutés. Mais cette sévérité fléchit : c'était de leur argent et non de leur sang qu'on avait besoin. Ils furent taxés d'après leurs déclarations; quatre mille quatre cent soixante-dix personnes furent condamnées à payer 219,000,000, environ les deux septièmes de leur fortune (2); mais, sur cette somme, il ne rentra guère que 70,000,000. Le reste fut gaspillé, ou remis aux financiers par les sollicitations des gens en faveur.

(1) Isamb., tome XXI, page 96.

(2) Lemontey, page 68.

La refonte des monnaies est une opération déjà jugée; Desmarets avait eu le tort, en 1715, de baisser la valeur du marc, qui, depuis 1689, avait haussé d'une manière constante; il avait ainsi dénaturé les conditions de tous les engagements. Si le conseil des finances se fût borné à rendre aux espèces la valeur antérieure à 1715, il eût réparé cette injustice; mais il ne se borna pas là. Il donna au marc une valeur supérieure à celle qu'il avait jamais eue, 43 liv.; de 1716 à 1723, le bénéfice sur les monnaies fut de 352,000,000 (1); mais le gouvernement ne put s'assurer le monopole de sa mauvaise foi; l'étranger, les faux-monnayeurs en touchèrent leur part.

On fit aussi des réductions sur les rentes, des retranchements sur les dépenses; la réduction ne porta que sur les rentes payées autre part qu'à l'Hôtel-de-Ville; elle produisit 3,000,000. Ces dernières étaient protégées et par la modicité de l'intérêt, et par le crédit des propriétaires. 19,600,444 liv. sur 32,443,429 étaient possédées par des privilégiés.

Mais cette réforme, terre à terre, disparut bientôt devant la révolution financière qui devait bouleverser et la fortune de l'État, et les fortunes privées: il s'agit ici du fameux système de Law.

(1) Isamb., tome XXI, page 290.

De 1716 à 1720, les altérations d'espèces produisirent 233,000,000; de 1720 à 1723, 119,000,000.

La création du papier-monnaie a soulevé tant de détracteurs et d'apologistes, que le lecteur nous pardonnera si, pour lui en donner une idée abrégée, nous sortons de notre plan.

C'est aussi un fait grave que l'espèce de fureur avec laquelle la France et le gouvernement, à sa tête, se précipitent dans une des théories les plus hardies. A ce titre, le système de Law est un des antécédents de la Révolution.

Law avait vu que les espèces n'étaient pas seulement un signe, qu'elles avaient une valeur propre; que cette valeur les soumettait à des alternatives de hausse et de baisse; il conclut de là que les métaux précieux n'étaient pas le signe le plus propre à faire les fonctions de monnaie; il pensa que le papier avait une fixité dépendant de la convention et de la valeur qu'il représentait (1). Ainsi les altérateurs des espèces ne les avaient considérées que comme un signe; lui, au contraire, n'en considéra que la valeur et chercha le signe ailleurs.

Il existe partout des richesses qui ne sont pas représentées, qui ne peuvent entrer dans les échanges qu'après des formalités nombreuses; elles sont paralysées dans les mains des détenteurs, et ne servent en rien à la production générale. Law voulut restreindre le nombre de ces valeurs immobilisées, et jeter dans la circulation le capital

(1) Mém. de Law au régent, rapporté par Forb.

des dettes de l'État, celui des sociétés financières chargées d'exploiter les revenus publics, celui des compagnies privilégiées pour le commerce maritime. Le papier-monnaie lui parut le meilleur signe représentatif de cette énorme circulation; sa valeur ne pouvait varier selon lui, puisque le nombre des actions était limité. Mais il ne réfléchissait pas que ces actions elles-mêmes ne seraient estimées qu'en raison de leur produit. Bien des causes s'opposent à des changements brusques dans le rapport des denrées aux espèces d'or et d'argent. Comme elles forment la monnaie de tout l'univers, que le commerce a rapproché toutes les distances, il s'établit un niveau général qui ne permet que des oscillations légères. La production des métaux précieux est bornée; elle ne s'opère que graduellement; elle n'agit donc sur le prix des choses que d'une manière insensible. Il est évident que le billet de banque étant privé de ces deux avantages, il n'avait cours qu'en France, et la quantité des émissions n'avait aucune limite.

La banque et les compagnies, portions d'un même système dans la pensée de l'auteur, conservèrent longtemps une existence séparée. La banque avait été créée en 1716, au capital modeste de 6,000,000; elle avait obtenu, par un privilége, qu'elle ne paierait qu'en écus de banque, d'une valeur invariable. Cette fixité, la régularité des paiements, avaient ranimé la circulation presque éteinte depuis la refonte des monnaies; jusqu'en

1718, elle ne fut qu'une entreprise particulière; mais, à cette époque, elle devint banque royale. Les actionnaires furent remboursés, et le gouvernement eut la direction absolue; les billets devinrent une monnaie obligatoire.

Dans le même temps, une compagnie privilégiée pour le commerce d'Occident avait été fondée en 1716; son capital avait été de 100,000,000 de billets d'État, dont le gouvernement payait l'intérêt à 4 pour 100 (1). L'intérêt de la première année devait être employé à son commerce; de nouveaux priviléges lui furent accordés : le commerce des Indes, celui du Sénégal. Elle acheta au roi le bénéfice des monnaies, la ferme du tabac; enfin elle réunit les fermes générales, les domaines et les recettes générales. Quand on réfléchit à l'énorme puissance concédée à la compagnie, il est aisé de voir que si, le système eût été possible, il eût été une révolution, non pas seulement dans les finances, mais dans l'État. Le gouvernement eût été bien peu de chose au prix de la société, disposant de telles ressources, ou plutôt la société fût devenue le gouvernement lui-même.

La compagnie prêta au roi 1,500,000,000 à 3 pour 100, pour rembourser les dettes de l'État; tous les créanciers d'État, de bon gré ou de force,

(1) L'établissement de cette compagnie avait servi à diminuer la dette flottante; le capital payé en billets d'État sortait de la circulation.

furent appelés à cette débauche d'agiotage. A chaque nouvel engagement contracté, des actions étaient émises; ces émissions étaient réglées de manière que le taux des actions primitives haussait toujours. Tout souscripteur des nouvelles actions devait en représenter cinq anciennes. L'engouement fut tel que le prix d'une action originaire de 500 liv. s'éleva à 20,000 liv.; le nombre total des actions s'éleva à 600,000 liv. (1). Cet énorme mouvement de fonds exigeait un numéraire abondant. La Banque créa des billets pour plus de 3,000,000,000; on eût même l'imprudence de faire des billets de 10 liv. : c'était, comme l'expérience l'a démontré depuis, se préparer une crise terrible au moment où la confiance s'arrêterait : plus le nombre des détenteurs augmente, plus la peur est contagieuse et soudaine. Tout fut employé pour donner à la monnaie de papier une supériorité sur l'argent; il fut défendu de garder de l'or et de l'argent; les espèces métalliques ne purent être employées dans les paiements au dessus de 600 liv.; ces mesures réussirent un moment. Le billet gagna 10 pour 100 sur l'argent; mais le gouvernement avait abusé de cette facilité de se créer des ressources, il avait multiplié secrètement les billets (2); c'est là l'in-

(1) Forb., page 601.

(2) 3,070,000,000 furent fabriqués. Préamb d'un édit de 1725. Isamb., tome XXI, page 290.

convénient le plus grand d'un papier-monnaie, surtout dans un pays où le pouvoir n'est pas le public.

Celui-ci s'aperçut bientôt qu'il ne possédait qu'une valeur fictive, il voulut la réaliser : l'enthousiasme qui avait porté les actions à 20,000,000 livres se refroidissait. Law, nommé contrôleur général, essaya de lutter contre le discrédit des billets. Il déprécia les espèces, porta la valeur du marc à 120 livres par des augmentations successives. Il espérait que l'incertitude et les variations brusques de la monnaie métallique dégoûteraient les détenteurs ; mais ces mesures prouvaient la défiance du public et ne le guérissaient pas. Ce fut alors que la banque fut réunie à la compagnie. Law promit d'échanger les billets en actions et les actions en billets : il espérait ainsi soutenir le cours des premiers, parce que le billet ne donnait aucun droit au dividende ; mais ce dividende était fort exageré : Law, lui-même, ne l'évalue qu'à 91,000,000 liv., et le capital des actions possédées par le public dépassait 4,000,000,000 livres.

La confusion de la Banque et de la compagnie fut la mort du système : les billets de banque et les actions, devenus solidaires, se précipitèrent dans une baisse énorme. La décadence fut aussi prodigieuse que la prospérité. On cite une action qui fut vendue un louis. Enfin, le billet de banque fut démonétisé. Tous les effets, actions et billets furent soumis au visa : de 2,222,000,000 liv. ils furent réduits à 1,708,000,000 liv. (1). Avant la chute complète du système, les rentiers avaient été remboursés en rentes à deux et demi pour cent.

L'État gagna au système une réduction de 13,000,000 liv. sur ses charges annuelles, mince résultat si on le compare au bouleversement de toutes les fortunes. Grâce à cette faculté d'improviser des richesses, il se releva du milieu des ruines financières de Louis XIV qui l'accablaient.

Cette réduction de plus de 500,000,000 liv. sur des titres dépréciés portait avec elle son excuse. Le gouvernement avait, il est vrai, garanti les billets de banque; mais il avait été entraîné lui-même par l'enthousiasme général. La véritable banqueroute fut l'altération des monnaies. Le marc passa de 30 liv. à 54; c'était réduire de moitié, à peu près, la dette de Louis XIV.

Si maintenant on accumule ces diverses réductions, celle de 3,000,000 liv. sur 6,000,000 de rentes, la conversion des rentes sur l'Hôtel-de-Ville en actions entières à deux et demi pour cent, la banqueroute d'un quart sur les billets de banque, on arrivera à un chiffre qui surpassera les deux tiers retranchés à la dette publique par la révolution. Mais, nous le repétons, le système n'est entré que pour peu de chose dans cette banqueroute.

Tous les capitaux ne furent pas remués sans profit pour le pays : les débiteurs, les propriétaires de

(1) Forb., tome II, page 642.

terres se libérèrent; et, quoique ce fût aux dépens de leurs créanciers, comme les dettes avaient été contractées en des temps fâcheux, où les conditions étaient dures, le remboursement fit plus de bien que de mal. Il délivra la production d'intérêts usuraires. La France entière avait été appelée à prendre sa part dans ce jeu effréné : le magistrat pour ses gages, le rentier pour ses rentes sur l'Hô-tel-de-Ville. Tous durent sentir combien leur bonne ou mauvaise fortune dépendait de celle de l'État. C'est à cette époque qu'ont commencé les théories financières, les idées de réforme; quelques idées plus justes sur la monnaie, le crédit se répandirent; et, depuis 1726, il n'y a pas eu un ministre assez ignorant pour altérer les espèces. Quant au gouvernement, il ne vit dans cette expérience qu'un encouragement à la routine; il prit en haine les idées de réforme et de théorie, justement au moment où elles étaient accueillies avec le plus de faveur par la nation.

Le lecteur s'étonnera peut-être de ne pas nous voir pousser ces recherches plus loin. Il y a une telle différence entre l'organisation actuelle et celle de l'ancien régime, qu'on est porté à croire que des transitions, des réformes graduelles avaient préparé et amené le changement. Il n'en est rien pourtant. L'ancienne monarchie s'est immobilisée dans les traditions de Louis XIV. Après ce règne, le progrès fut dans les idées : les lois restèrent stationnaires. Pendant que les bases de l'état social, la politique, la religion même, étaient discutées tout autour de lui, le gouvernement s'endormait dans son égoïsme et son apathie. Il ne s'occupait du mouvement philosophique que pour lui donner des preuves d'un mauvais-vouloir impuissant. L'édit de 1759 « condamne à mort tous ceux qui auront » composé, fait composer des écrits tendant à at» taquer la religion, à émouvoir les esprits, à don» ner atteinte à notre autorité. » Au siècle de Voltaire et des encyclopédistes, une telle législation eût été atroce si elle n'eût pas été ridicule.

Cette séparation du pouvoir d'avec la société a été signalée par tous les hommes qui se sont occupés de l'histoire de cette époque : elle est le caractère du XVIIIe siècle. La spéculation et la pratique furent deux mondes distincts, sans aucune communication, et qui, mutuellement, se méprisaient fort. Cet éloignement des idées nouvelles ne fut même pas particulier au pouvoir royal; la magistrature, malgré son opposition constante à la cour, repoussait tout changement. Ainsi les deux pouvoirs politiques restaient en arrière du mouvement qui emportait la société.

De leur côté, les philosophes, exclusifs dans leurs alliances, n'appuyèrent jamais la résistance du Parlement. Voltaire, Turgot étaient mal disposés pour la magistrature. Les idées les plus hardies se développaient donc en face du gouvernement le plus méticuleux qui fût jamais. Ce fut peut-être une des causes qui rendirent les systèmes aussi indépendants. L'homme qui espère voir ses théories appliquées essaie de les concilier avec les intérêts présents, et ce soin polit, efface ce qu'elles ont de trop absolu; lorsqu'au contraire il sait qu'il n'encourra pas la responsabilité de la réalisation, il ne recule devant aucune hypothèse, devant aucune conséquence. Cette foi dans les principes, que les faits n'avaient jamais embarrassée, a donné, aux réformes de 89, un caractère de radicalisme qui ne s'est même pas soutenu. La révolution s'est modérée en se consolidant.

Si donc on voulait suivre l'enchaînement des causes qui l'ont amenée, ce serait à l'histoire des idées et des théories, et non à celle des faits qu'il faudrait s'adresser. La régence avait donné le pouvoir à un prince amoureux de nouveautés, ennemi de Louis XIV, qui, pendant sa vie, l'avait disgracié, et qui avait voulu le tenir en tutelle après sa mort. Philippe, à son avènement, essaya de modifier le système administratif. A des ministres, maîtres absolus dans chaque partie, il substitua des conseils dépendant tous d'un conseil central (1). Chaque conseil devait décider les affaires à la pluralité des voix. Cette machine compliquée ne fonctionna pas longtemps, l'ancienne forme fut reprise,

(1) Isamb., tome XXI, page 36, an 1715.

et la nouvelle abandonnée aux utopies de l'abbé de Saint-Pierre. Même dans des détails insignifiants, les idées de Louis XIV prévalurent. Après la disgrace de Fouquet, la place de surintendant fut abolie. Il n'y eut plus de ministre des finances: le roi ordonna toutes les dépenses lui-même sur le rapport du contrôleur général. On voit assez que cette distinction était plus apparente que réelle; mais elle fut conservée. Le plus important des ministres n'en eut jamais le titre, et ce ne fut qu'en 1789 que Necker fut ministre des finances. Jusqu'alors il n'y avait eu que des contrôleurs généraux.

Dans la législation, quelques réformes furent essayées; mais, par leur timidité même, elles confirment ce que nous avons avancé. L'unité dans les lois était un besoin généralement senti; la jurisprudence était si variable, que tout l'art du plaideur consistait à obtenir, par des jugements de compétence, des tribunaux favorables à sa cause(1). Néanmoins on ne toucha pas au fond de la législation civile. Dans les ordonnances sur les donations(2), les testaments, matières où les successions sont partout rappelées, il n'est parlé ni du droit d'aînesse, ni de la légitime : ces points étaient laissés aux articles des coutumes. Les substitutions furent traitées avec plus de ménagement encore.

(1) Préamb. de l'ordonnance sur les donations. Isamb., tome XXI, page 344, an 1731.
(2) 1731, 1735.

Ainsi, dans certaines provinces, où le droit de substituer était indéfini, rien ne fut changé (1); dans les autres, on borna la substitution à deux degrés, outre le légataire.

La seule chose de cette époque qui soit restée dans notre droit, la législation sur les hypothèques, est due à Terray. Avant cette réforme que Colbert voulut et ne put accomplir, les ventes des immeubles étaient entravées de gênes nombreuses. L'acquéreur ne pouvait se libérer envers les créanciers hypothécaires de son vendeur qu'en créant un créancier fictif (2). Celui-ci poursuivait l'expropriation devant la justice. Ainsi toute vente d'immeubles était soumise aux longues procédures de la saisie immobilière. Terray simplifia ces formalités et les réduisit à peu près à ce qu'elles sont aujourd'hui. Le vendeur fut obligé de déposer son contrat, le créancier de former opposition au bureau du conservateur. Cette opposition équivalait à l'inscription du code; elle était valable pour trois ans (3). L'ensemble des mesures prises par Terray autorise à croire qu'il ne vit dans celle-ci qu'une ressource financière, et que les taxes perçues par les officiers chargés de délivrer les divers actes de procédure le touchèrent plus que la facilité du

(1) Art. 32, ord. sur les substitutions.
Isamb., tome XXII.

(2) Guyot, voc. Décret volontaire.

(3) Art. 8, 15 et 16, de l'ord. de 1771.
Isamb., tome XXII, page 530.

contrôle. Mais ce n'est pas la première fois que le bien a été fait par de mauvais motifs.

Quant aux finances, le chiffre de l'impôt augmenta ; mais les principes restèrent les mêmes. L'État participa à la richesse générale. Le revenu du tabac, par exemple, prit un développement énorme. En 1674, il n'était affermé que 500,000 livres ; à la paix de 1714, il fut porté à 2,200,000 livres (1) ; enfin Necker l'évalue à 30,000,000 liv. Les autres taxes ne furent pas modifiées. La capitation, les vingtièmes furent toujours perçus sur la noblesse ; la taille fut toujours un signe de roture. Les banqueroutes de Terray ne furent pas une innovation dans l'ancien régime ; elles eurent toutefois ceci de particulier, qu'elles furent faites dans un intérêt égoïste. Louis XIV avait confondu l'État et sa personne en disant : « L'État, c'est moi. » Ce mot était l'orgueil à son plus haut degré, mais l'orgueil délivré de calculs mesquins. Louis XV, au contraire, cherchait à gagner sur la misère générale ; il se livrait à des spéculations qu'il favorisait de son pouvoir de législateur, permettant ou défendant le commerce des grains, selon les intérêts de son monopole.

Louis XVI, avec de bonnes intentions, essaya deux fois de la réforme. Turgot apporta dans les affaires les idées de son siècle ; il voulut réaliser la réforme administrative qu'effectua la révolution

(1) Imposit. en France, tome IV.

française. Par la roideur de son esprit, l'inflexibilité de sa théorie, il en est le seul précurseur dans le gouvernement. Il avait l'esprit d'un philosophe, et non celui d'un légiste. Les préambules de ses édits (1) sont d'excellents traités sur chaque matière; mais l'opposition du Parlement fit avorter ces réformes hardies (2). Les corvées un moment suspendues, les jurandes et les corps de maîtrises détruits furent rétablis, et la tentative de Turgot ne servit qu'à démontrer combien la plaie de l'ancien régime était incurable. Necker, plus timide que son prédécesseur, essaya de vivre avec les abus et de les adoucir : il échoua comme lui. Lorsque les abus sont portés à un certain degré, lorsque le plus grand de tous est dans la contradiction des idées du passé avec les faits actuels, il est rare qu'un gouvernement puisse se corriger lui-même; son antiquité même lui nuit. Il apporte dans les affaires les principes du temps où il s'est créé plutôt que ceux du temps où il vit; il faudrait, avant de se réformer, qu'il renonçât à son titre légal. Or, pour le despotisme, une pareille abdication, c'est le suicide.

(1) L'édit sur le commerce des grains, celui sur les corporations, celui sur les corvées.

(2) Isamb., tome XXIV, page 410, an 1776.

Il est curieux de lire, dans les remontrances du Parlement, les motifs de son opposition. Il craint que la liberté du commerce des grains n'introduise la disette, page 417; que la liberté du commerce ne nuise à sa prospérité, que la suppression de la corvée ne confonde la noblesse et le clergé avec le peuple, page 414.

Dans les deux années qui précédèrent les États généraux, il y eut quelques édits dont la pensée semble plus radicale : ainsi, par exemple, celui qui réduit les juridictions à deux degrés, qui restreint la justice seigneuriale. Mais ces lois appartiennent plutôt à l'histoire de la révolution qu'à celle qui précède; en réalité, la France n'a pas vécu sous ce régime intermediaire, et ces lois n'ont d'intérêt que comme symptômes de l'esprit novateur.

Sous le règne de Louis XIV, nous le répétons, une forme définitive a été donnée à cette société bizarre, féodale par les mots et moderne par les idées; où le despotisme, absolu en principes, cédait cependant à des restrictions mal définies; où la nation française, si longtemps morcelée, s'approchait de l'unité complète. Dans le tableau que nous allons faire, nous n'oublierons pas les changements opérés depuis lors, et la rareté même de ces changements pourra montrer au lecteur si nous avons eu tort de nous arrêter à cette époque. Nous avons cru qu'il valait mieux donner une idée générale de ce gouvernement dans le temps où il s'est constitué que dans celui où il a été détruit.

CHAPITRE VII.

ÉTAT DE LA FRANCE AVANT LA RÉVOLUTION. — FINANCES.

Impôt direct. — La taille. — Elle était levée dans les pays d'États par les officiers des États. — Dans le pays d'élection au nom du gouvernement. — Elle est réelle dans certaines provinces. — Personnelle dans les autres. — Exemptions. — Surcharge du pauvre. — Brevet de la taille. — Département entre les paroisses. — Le rôle. — Collecteurs. — Juridiction de la cour des aides. — Capitation. — Vingtièmes. — Fixés par l'intendant. — Incertitude de cet impôt. — Arbitraire. — Impôts indirects. — De la ferme. — Ses inconvénients — Inégalité entre les provinces. — Gabelle. — Diversité des droits. — Ordonnance de 1680. — Greniers d'impôt. — Greniers de vente volontaire. — Sévérité des lois de gabelle. — Juridiction spéciale. — Prix du sel. — Aides. — Droits sur le vin. — Ordonnances de Colbert. — Droit sur le papier timbré. — Douanes. — Division de la France. — Gêne du commerce. — Réforme de Colbert. — Tarif de 1664. — De 1667.

Rappelons-nous le point de départ de ces recherches : la division de la France en provinces séparées les unes des autres, conservant une existence et presque une nationalité distinctes : dans chaque province, deux classes d'hommes, l'une souveraine et l'autre serve. Ces deux inégalités ont laissé après elles des traces profondes. La première, celle entre les provinces, était consacrée dans les taxes sur la consommation ; la seconde, dans les impôts directs. Ceux-ci, il est vrai, n'étaient pas perçus d'une manière uniforme, mais ils étaient partout. Louis XIV fut le premier qui, dans les taxes créées par lui, n'a respecté aucun de ces priviléges ; il les a exigés de tous, sans reconnaître aucune distinction, soit entre les provinces, soit entre les hommes. Il resserrait l'inégalité dans un cercle plus étroit, mais sans la détruire.

Payer la taille a toujours été une espèce de flétrissure. Le principe féodal, que le gentilhomme ne devait rien sur le produit de sa terre, est resté la théorie légale de l'ancien régime. Les dixièmes et la capitation, quoique toujours perçus, étaient regardés comme des mesures temporaires. Le gouvernement déclarait, en établissant les vingtièmes qui remplacèrent les dixièmes, l'époque où ils devaient cesser (1); mais il renouvelait, à chaque période, l'établissement et la déclaration. Les progrés de l'égalité qui envahissait la société française se révélaient dans les divers impôts. Au commencement du XVIIe siècle, la taille, impôt roturier, formait un peu plus de la moitié de la recette (2). Ce rapport resta le même sous Richelieu. Nous ne parlerons pas de l'administration de Mazarin, temps de gaspillage où le chiffre des taxes était d'autant plus

(1) Édits de 1749, 1756, 1763, 1767.
Mat. d'impôts, page 408.
(2) 14,000,000 sur 26,000,000.

élevé qu'elles étaient plus mal payées. Sous Colbert, en 1669, l'impôt direct était de 44,000,000 livres sur 102; en 1633, de 35 sur 112; à peu près le tiers de la recette totale (1). Sous Necker, la taille n'était plus que le cinquième du revenu (2). La révolution opérée dans la société, le niveau qui s'appesantissait sur la classe élevée se manifestaient hautement dans cette progression; mais la même cause rendait plus insupportables les restes de l'inégalité féodale. Ce n'était plus l'expression d'un fait actuel, c'était une injustice née d'un régime détruit : on s'y soumettait comme on se soumet à la force, à contre-cœur, et cette obéissance elle-même rappelait le droit qui ne la légitimait pas.

L'impôt direct variait selon les diverses provinces.

Dans les pays d'États, où certaines traditions de liberté s'étaient conservées, les taxes étaient levées au nom des États, et par leurs officiers (3); mais, depuis longtemps, leurs dons n'éaient gratuits que de nom; ils étaient devenus une imposition ordinaire. Le pouvoir des États n'était plus qu'un mot sans valeur, excepté peut-être en Bretagne. En Bourgogne, par exemple, ils ne s'assemblaient que tous les trois ans, pendant un mois (4). Leur au-

(1) Forb.

(2) 91,000,000 sur 585,000,000.

(3) Mat. d'impôts, page 351.

(4) Remontrances de la cour des aides en 1763. Mat. d'impôts, page 348.

torité était exercée par la chambre des élus, nommés sous l'influence du gouvernement.

Toutefois, les apparences même de la liberté sont bonnes à quelque chose. Les pays d'États dont la population était le quart de celle du royaume ne payaient au roi que 6,000,000 liv. en 1670, tandis que les provinces d'élection payaient 34,000,000 liv. (1). A la fin du XVIIIe siècle, on peut encore observer la même différence (2). On remarquera que les pays d'États, à l'exception de la Bourgogne, jouissaient tous de quelque exemption sur les droits d'aides ou de gabelles.

Non seulement l'impôt direct n'était pas perçu partout de la même manière, il ne l'était même pas d'après les mêmes principes. Le contribuable changeait selon les généralités : dans les unes, la taille était réelle ; dans les autres, elle était personnelle. Cette division ne s'accordait même pas avec celle dont nous avons parlé plus haut. Ainsi, par exemple, en Dauphiné, pays d'élection (3), la taille était réelle, tandis qu'elle était personnelle en Bourgogne. En général, la réalité de l'impôt était le droit commun du midi. La jurisprudence romaine y avait introduit quelques principes d'équité, inconnus dans le reste de la France.

(1) Forb., tome I, page 443.

(2) Compte de Necker à l'Assemblée constituante.

(3) Les pays d'élection où la taille était réelle étaient la généralité de Montauban, de Grenoble et d'Auch.

Imp. en France, tome II, page 118.

La taille personnelle s'imposait d'après la qualité de la personne; la réelle, d'après celle de la terre. Le principe des deux méthodes était l'inégalité. Dans la première, il y avait des hommes; dans la seconde, des terres qui ne payaient rien. Entre ces deux injustices, la dernière était la moindre, parce qu'elle était fixe; elle n'avait été faite qu'une fois, et tout acquéreur d'un bien roturier connaissait l'obligation qu'il contractait. Les changements dans la taille personnelle avaient lieu tous les ans. Rendre la taille réelle dans tout le royaume avait été le vœu inutile de Colbert, et la chimère de tous les rêveurs (1). Les faits vont souvent au delà des utopies les plus hardies.

L'arbitraire et la surcharge du pauvre étaient deux inconvénients inhérents à la taille personnelle. Il est difficile d'évaluer, avec précision, la valeur de l'exemption accordée aux privilégiés. Comme le fermier était imposé à raison des terres qu'il faisait valoir, il compensait l'impôt par une réduction sur le fermage. Mais enfin, il y avait dans la taille une portion, privilége du pauvre habitant des campagnes. Necker est resté au dessous de la vérité, nous le pensons, quand il l'évalue à 10 ou 12 millions sur 90, car les priviléges étaient nombreux (2).

Tous, il est vrai, n'avaient pas la même éten-

(1) Boulainvilliers.

(2) Necker, tome I, page 88.

due. Les nobles, les membres des cours souveraines, non seulement ne payaient pas la taille personnelle; mais ils avaient encore le droit de faire valoir par eux-mêmes une certaine étendue de terre. Ce privilége d'exploitation était de quatre charrues pour les gentilshommes et les ecclésiastiques; d'une charrue, pour les bourgeois de Paris (1). L'exemption de la taille personnelle descendait beaucoup plus bas. Les habitants de Paris, de Lyon et de plusieurs villes franches, les membres des présidiaux, des élections, des greniers à sel, les officiers aux armées, c'est à dire la portion la plus riche du tiers-État, jouissaient de cette faveur. C'était l'effet de cette idée malheureuse qui avait attaché de la honte à un impôt : chacun cherchait à s'en exempter par vanité et par avarice. Telle était la force des préjugés que Malesherbes lui-même ne voit dans ces priviléges que des droits acquis (2).

Le principe de la taille personnelle lui ôtait toute fixité : elle devait varier comme la richesse du contribuable. Le fermier était arrêté dans toute amélioration par la crainte de voir augmenter sa cote. On avait réduit, il est vrai, la rigueur de ce principe; on avait égard à la valeur du fonds ex-

(1) Édits de 1667 et 1673.
Imp., tome II, page 43.

(2) Remontrances de la cour des aides, 1768.
Mat. d'impôts, page 210.

ploité par le taillable. Mais, comme la taille n'emportait pas hypothèque (1), toutes les rigueurs de l'exécution étaient pour le fermier. On peut voir, dans Vauban et dans Boisguilbert (2), à quel degré de dureté elles étaient portées : on arrachait les poutres, les fenêtres des maisons pour les vendre. Si le privilégié payait une part indirecte par les mains de son fermier, il était, au moins, exempt de toute avanie.

Le chiffre de la taille et sa répartition entre les diverses généralités étaient fixés, chaque année, par un arrêt du conseil, appelé brevet. D'après l'avis des intendants, la division de l'impôt était faite entre les élections de chaque généralité, par les commissions émanées du conseil. Après les commissions données, le conseil du roi n'intervenait plus (3).

Dans l'origine, les fonctions attribuées aux intendants étaient remplies par les bureaux de finances; c'était d'après leur avis qu'étaient expédiées les commissions. Ils faisaient aussi, avec les élus, le département entre les diverses paroisses. Mais, depuis 1643 (4), cette autorité passa des magistrats inamovibles aux administrateurs révocables. Les premiers n'eurent plus qu'une voix consultative, le département de la taille dut tou-

(1) Domat.

(2) Vauban, dîme royale. Boisguilbert, détail de la France.

(3) Mat. d'impôts, page 659.

(4) Forb., tome I, page 236.

jours porter l'attache du trésorier de France, simple formalité sans valeur. Les intendants seuls décidaient de l'imposition de chaque paroisse.

Ce changement dans les formes en entraînait un dans le fond. Quand le département se faisait par les élections et les bureaux de finances, tribunaux réguliers, c'était par une décision judiciaire soumise à l'appel. La paroisse lésée avait donc un recours contre l'injustice dans les cours des aides; mais, quand cette opération eut lieu par voie administrative, les magistrats ne purent plus en connaître.

L'autorité, devant les tribunaux, n'eut plus affaire à des communautés, toujours plus fortes que des individus, elle devint plus absolue du jour où elle se fut débarrassée des résistances collectives.

La seule garantie contre l'injustice, le département, était dans l'intérêt du gouvernement qui, pour rendre la perception facile, doit la fixer d'après une proportion équitable.

Dans chaque paroisse, le rôle était fait par le collecteur (1); mais, comme celui-ci était souvent incapable, un commissaire au rôle, délégué de l'intendant (2), pouvait imposer certaines cotes d'office. Le collecteur était responsable du montant de l'impôt; malgré la remise qui lui était accordée, ces fonctions étaient une charge si lourde qu'elles

(1) Mat. d'impôts, page 233.

(2) Mat. d'impôts, page 660.

se donnaient suivant l'ordre d'un tableau. La responsabilité des collecteurs n'affranchissait pas la paroisse. Si ceux-ci devenaient insolvables, le receveur des tailles choisissait cinq ou six des principaux habitants dont il discutait les biens (1).

Le contribuable n'intervenait dans l'impôt que pour le payer; l'arbitraire était partout, et la flexibilité des lois tourne toujours contre le pauvre. Tout seigneur en crédit se faisait un point d'honneur d'obtenir un soulagement pour sa paroisse aux dépens de la paroisse voisine; les collecteurs étaient forcés de ménager ceux dont ils avaient besoin.

Le produit de chaque paroisse était porté, par les collecteurs, aux receveurs des tailles, qui les transmettaient aux receveurs généraux. Ainsi la répartition et le recouvrement de l'impôt ne se faisaient pas par les mêmes mains.

Les contestations relatives à l'impôt étaient jugées, en première instance, par les élections; en dernier ressort, par les cours des aides. Mais cette garantie légale, toujours reconnue, était éludée. Comme les intendants seuls pouvaient faire des diminutions, et qu'ils imposaient toujours une somme supérieure à celle que chaque paroisse pouvait porter, ils disposaient de l'impôt à leur gré (2). Quelquefois le despotisme ne daignait

(1) Imposit. en France, tome II, page 92.
(2) Remontrances de la cour des aides, 1768. Mat. d'impôts, page 244.

pas se cacher. Les procès pendant devant les cours étaient évoqués au conseil du roi, et la décision était alors rendue par le contrôleur général, sur le rapport de l'intendant (1).

La taille dont l'origine remontait à une époque où les deux classes de la nation étaient à une distance immense l'une de l'autre, où le pouvoir royal était soumis à certaines exigences, a toujours rappelé, par quelques formes, ces souvenirs de liberté et d'inégalité. Les vingtièmes et la capitation, ressources imaginées sous un règne où il n'y avait plus aucun intermédiaire entre le sujet et le maître, furent imposés sur tous. Mais l'autorité absolue avait grandi en même temps que l'égalité; elle ne voulut plus même reconnaître le contrôle imparfait de la magistrature.

La capitation et les vingtièmes étaient répartis par les intendants seuls (2). La capitation des taillables était proportionnelle à leur taille; celle des privilégiés reposait sur une base plus inégale, puisqu'elle dépendait de l'État, et non de la fortune du contribuable. Ainsi, par exemple, tous les conseillers au Parlement payaient la même somme, riches ou pauvres (3).

(1) Remontrances de la cour des aides, 1770.
Mat. d'impôts, page 526.
(2) Remontrances de 1756.
Mat. d'impôts, page 10.
(3) Remont. de 1774.
Mat. d'impôts, page 671.

Le principe des vingtièmes était plus équitable; ils étaient levés sur tous les biens, meubles et immeubles. Cet impôt, réel et direct, était levé comme les taxes indirectes; il ne consistait pas dans une somme limitée à répartir entre tous les contribuables, mais dans une proportion déterminée du revenu. La mobilité des taxes sur la consommation se trouvait transportée dans un impôt réel : rien ne compensait les inconvénients de cette incertitude. Les taxes indirectes ne se paient, en général, que par petites sommes, au moment de l'échange ou de la consommation; c'est même pour cette cause que l'accroissement dans leurs produits est un signe de richesses. Le vingtième ne pouvait se subdiviser autant qu'un droit sur le vin, par exemple; et comme il était exigé d'après un rôle fait d'avance, il devait arriver souvent, par les oscillations naturelles de l'aisance et de la gêne, que le plus fort impôt fût exigé au moment même où le contribuable pouvait le moins le payer. Enfin il est libre à chacun de se soustraire au paiement du droit sur la consommation, et cette faculté rend le fardeau moins sensible.

Une large part était laissée à l'arbitraire dans les vingtièmes d'industrie. L'évaluation d'une chose aussi variable ne repose que sur des présomptions sans aucune certitude.

Les rôles de cet impôt n'étaient déposés nulle part : le contribuable ne savait à qui adresser ses réclamations (1); il était obligé de s'en rapporter à la conscience et aux lumières de l'intendant et de ses préposés.

Le même esprit de despotisme envahit les taxes indirectes créées par Louis XIV. Les contestations sur le contrôle (2), sur le centième denier, sur le franc-fief furent enlevées à la justice réglée. Comme les prétextes ne manquent jamais aux mauvaises mesures, on soutint que ces droits faisaient partie du domaine royal, et devaient être jugés dans son conseil. Il faut observer que ce sont ceux qui engendrent le plus de procès, et qui, par leur nature, rentrent le plus sous la compétence judiciaire. Dans les autres impôts, il n'y a qu'une question; l'impôt est-il dû ou ne l'est-il pas? Ici, au contraire, il faut fixer la proportion d'après laquelle il est dû, déterminer le sens d'un acte. Le lecteur nous reprochera peut-être un peu de confusion; mais il est difficile de l'éviter dans les mots quand elle est portée à ce point dans les choses. Elle tenait surtout à ce que le mode de perception, le choix du tribunal dépendaient non de la nature des taxes, mais de l'époque de leur établissement.

L'impôt direct, quel que fût son nom, était perçu au nom du souverain. On retrouve sous l'ancien régime les impôts indirects de nos jours, les droits

(1) Mat. d'impôt, page 66.

(2) Remontrances de 1763.
Mat. d'impôt, page 117.

sur le sel, sur le vin, les droits de douane, depuis Louis XIV l'enregistrement, mais avec cette différence qu'ils sont tous levés au nom de particuliers. Les deux systèmes, la ferme et la régie, étaient en présence. Sous la fin du règne de Louis XV, Terray, sous Louis XVI, Necker donnèrent une part à l'État dans les bénéfices des compagnies de finances; mais jusqu'alors ç'avait été une véritable ferme. Le roi passait un bail de ses droits à un particulier obscur; car les fermiers généraux ne paraissaient pas dans l'acte : ils n'étaient que les cautions de l'adjudicataire.

Ce système soulève bien des objections; jusqu'à quel point le gouvernement peut-il déléguer ses fonctions à des particuliers? Quand celui-ci administre ses finances, chaque citoyen a une garantie ; l'intérêt du Trésor lui-même, qui se confond avec l'intérêt général : il est sûr, tant que l'institution ne sera pas faussée, de n'être pas sacrifié à une avidité particulière. Cette sécurité n'existe plus avec la ferme, car le fermier n'est pas un fonctionnaire public; son rôle est même distinct de celui du gouvernement. Le sort du contribuable ne le touche guère; il veut jouir de ce qu'il a acheté; c'est même là l'inconvénient le plus réel de ce mode de recouvrement. Il y a forcément deux intérêts en présence : celui de l'État qui ne peut abandonner le peuple à toute l'avidité du fermier, celui du fermier qui ne peut s'en fier à des agents hors de sa dépendance. Sous un gouvernement absolu et dissipateur, ce dernier finit toujours par l'emporter; alors le contribuable ne peut se défendre contre l'avidité intelligente des particuliers soutenus de la force publique.

Enfin les frais d'administration sont doublés, puisqu'à chaque perception doivent assister le fonctionnaire public et le préposé de la ferme. Il faut donner, en outre, un bénéfice au fermier, bénéfice considérable, parce que toutes les précautions n'empêchent pas le monopole. Il n'y a jamais assez de capitaux pour qu'une affaire, telle que le maniement des deniers publics, soit disputée par une concurrence sérieuse.

La taille ne reconnaissait qu'une distinction, celle de noble et de roturier; c'était, en effet, celle qui, à la fin du moyen âge, s'était étendue sur toute la France. Les taxes sur la consommation, au contraire, rappelaient le morcellement féodal dans toute sa variété. Aucune d'elles n'était levée dans tout le royaume; il y avait des provinces où les aides avaient cours; d'autres où elles étaient inconnues; des provinces de grande gabelle et de petite gabelle, et des provinces exemptes; des provinces des cinq grosses fermes, et des provinces réputées étrangères. Dans chacune de ces divisions, on trouvait des subdivisions nombreuses; et, pour rendre la confusion plus inextricable, elles ne s'accordaient pas les unes avec les autres. Ainsi la

Provence, la Franche-Comté, exemptes du droit sur le vin, payaient une portion des droits sur le sel; le Poitou, l'Aunis, compris dans les cinq grosses fermes, faisaient partie des pays rédimés sous Henri II. Ces irrégularités n'étaient pas seulement une gêne pour la perception; elles étaient encore une excuse pour toutes les tyrannies. La contrebande était encouragée et par le prix élevé du droit, et par la multiplicité des communications, car la France était une en dépit de ses lois de finance.

Avant de jeter un coup d'œil sur ces divers impôts, nous rappellerons au lecteur que, depuis la réforme de Colbert sur ces matières, il n'y a eu que des innovations de détail. Il a fixé le dernier état de toutes les branches de revenu.

Une partie de la France payait l'impôt sur le sel; la Bretagne, la Flandre, le Cambrésis en étaient exempts. Dans les pays soumis à la gabelle, on distinguait les pays de grande gabelle, ceux de petite gabelle, les pays rédimés et de quart bouillon. Dans chacune de ces divisions, le prix du sel variait; ainsi il fallait protéger l'impôt, non seulement contre les provinces exemptes, mais encore contre celles où le droit était moindre. Nous ne nous occuperons que des pays de grande gabelle (1). Ils formaient le centre de la France; leur popu-

(1) Voir aux pièces justificatives quelques détails sur la perception de cet impôt dans les provinces de petite gabelle. Les généralités de Paris, d'Orléans, de Tours, de Bourges, de Moulins, de Dijon, de Soissons, de la Normandie étaient de grandes gabelles.

lation, égale au tiers de la population totale du royaume, payait à elle seule (1) les deux tiers de cet impôt.

Le lecteur se rappelle peut-être la méthode employée pour lever de nouvelles taxes. Des offices étaient créés avec des attributions de droits; puis, les offices remboursés, les droits étaient maintenus; l'impôt total était donc composé de plusieurs impôts partiels. Ce fut le premier abus que réforma Colbert. Dans le bail de 1668 (2), tous les droits sur le sel furent convertis en un seul, appelé le prix du sel. L'ordonnance de 1680 (3), le fixa à 42 liv. par minot, c'est à dire à 79, 80 de notre monnaie. En admettant, avec Necker, une consommation de 9 liv. par personne, ce serait un impôt de 7 liv. par tête (4), charge accablante, surtout en comparant la valeur de l'argent au temps de Louis XIV et au nôtre.

Les taxes exagérées produisent deux maux : la taxe d'abord, et par dessus tout, les mesures acerbes destinées à les protéger.

Dans l'étendue de la ferme, on distinguait deux espèces de greniers : ceux de vente volontaire, et ceux de vente par impôt. Dans les premiers, si le contribuable n'avait pas consommé son sel à raison

(1) Necker.
(2) Bail de 1668.
(3) Le minot de sel était de 100 livres pesant.
Nous avons pris la moyenne des prix; ils variaient selon les greniers.
(4) Ord. des gabelles.

d'un minot par quatorze personnes, il était condamné *à l'amende, à la restitution des droits et autres peines, s'il échet* (1). Ce sel ne pouvait servir pour les grosses salaisons, il était pour pot et salière, selon l'expression technique de la finance.

Dans les greniers d'impôt, le sel était réparti par paroisses. On trouve ici la même législation que pour les tailles : un collecteur, chargé de distribuer le sel, responsable du prix; la faculté, pour le fermier, de discuter les biens des principaux habitants. Aucune surséance ne pouvait être accordée par la Cour des aides.

La gabelle était protégée par des lois odieuses ou atroces. Toutes les maisons devaient s'ouvrir aux recherches des officiers de greniers. « Voulons » que ceux qui se trouveront saisis de faux sel, ou » convaincus d'en faire trafic, soient condamnés, » savoir les faux-sauniers, avec armes, aux galères » pour neuf ans, et en 500 livres d'amende ; en » cas de récidive, pendus et étranglés. Les faux- » sauniers sans armes, avec chevaux, harnais et » charrettes ou bateaux, condamnés, pour la pre- » mière fois, à 300 livres d'amende; et, en cas » de récidive, aux galères pour neuf ans (2). » Si l'amende n'était pas payée dans le mois de la condamnation, elle était commuée en la peine des ga-

(1) Ord. des gabelles, page 16.

(2) Ord. des gabelles, titre du faux-saunage, art. 3.

lères. Les employés de la ferme, coupables de faux-saunage, étaient punis de mort; ceux qui recélaient les faux-sauniers étaient regardés comme complices.

Ces peines n'étaient point seulement une menace, elles étaient appliquées. Trois cents individus, le tiers des condamnés de tout le royaume, étaient envoyés aux galères, chaque année, pour faux-saunage. Le nombre des prévenus était quelquefois si grand, que des maladies contagieuses se déclaraient dans les prisons (1). Souvent la connaissance de ces affaires était enlevée aux greniers à sel et aux Cours des aides (2), juges naturels de ces matières, et donnée à des commissions (3). Doit-on s'étonner qu'un semblable régime, continué pendant des siècles, ait habitué le peuple à voir dans le gouvernement un ennemi (4)? Les excès de 93 ne sont peut-être que la vengeance de ces barbaries, léguée de génération en génération.

Il peut sembler étrange de dire que cette ordonnance cruelle, qui punit des contraventions de police comme des crimes, fût un bien à l'époque où elle parut : telle est cependant la vérité. Ces

(1) Necker. Le nombre ordinaire des prisonniers accusés de faux-saunage était 1,800. *Ib.*, tome II, page 34.

(2) Mat. d'impôts, an 1769, page 373.

(3) Sous Louis XIV. Pièce cotée A, au bail de 1669.

(4) Sous Louis XV. Mat. d'impôt, pages 13, 20.

rigueurs faisaient partie de la législation : elle ne les fit pas disparaître ; mais au moins elle mit un ordre plus méthodique dans la jurisprudence. La sévérité des peines fut dégagée de l'arbitraire.

Deux cent quarante-quatre greniers à sel, composés de plusieurs juges, prononçaient, en première instance, sur tous les procès de gabelle (1). Ainsi, pour ce seul objet, pour le tiers seulement de la France, le personnel des tribunaux dépassait le nombre des juges de première instance.

Le prix du sel a baissé depuis Louis XIV jusqu'à Necker, puisque celui-ci ne l'évalue qu'à 62 liv. (2). Cette diminution a été due aux altérations de monnaies, car le gouvernement ne touchait aux impôts que pour les augmenter. Non seulement la livre monétaire contenait moins de poids que sous Louis XIV, mais la valeur de l'argent lui-même était devenue moindre. Ces deux causes furent un soulagement pour le contribuable. En général, les vieux impôts, depuis la fin du XVIIe siècle, sont restés stationnaires. Les besoins ont été satisfaits par des créations nouvelles.

Les aides étaient régies par un système encore moins uniforme. La Provence, la Franche-Comté, le Roussillon, la Lorraine (3) jouissaient d'une

(1) Encyclopédie, voc. Gabelle.

(2) Depuis 1680, il avait été ajouté au prix nominal du sel 6 sous par livre, un peu moins d'un tiers. Imp. en France, t. III, p. 54.

(3) Necker, tome I, pages 124, 129, 147.

immunité complète, tandis que dans le Limousin (1), les Trois-Evêchés, la Guienne, l'Aunis, le Perche, le Dauphiné et une partie de la Bourgogne, elle n'était que partielle. Dans la Bretagne, la Flandre et l'Artois (2), la consommation était frappée d'un droit au profit des États. Ce produit servait à acquitter les contributions de la province envers le Trésor royal. Sous Colbert, l'exemption était même plus absolue qu'elle ne le fut plus tard; quelques droits, ceux des courtiers-jaugeurs, des inspecteurs, furent exigés dans tout le royaume (3).

Il y avait des droits de plusieurs sortes : des droits d'entrée à la porte des villes, des droits de transport, des droits de vente en gros, de vente en détail. Quelques uns de ces droits, celui de gros, par exemple, remontaient au XIVe siècle (4); les autres étaient modernes. Certains offices furent créés sous Louis XIV, avec une attribution affectée aux officiers; les offices furent remboursés et le droit maintenu. Parmi ces taxes créées à diverses reprises, quelques unes avaient été conservées dans certaines généralités, et rachetées dans d'autres. Si nous voulions entrer dans le détail de ces taxes, nous fatiguerions inutilement la patience du lecteur. Toutes les vexations inhérentes à

(1) Necker, tome I, pages 130, 136, 139, 143.

(2) Necker, tome I, pages 138, 153.

(3) Ord. sur les aides de 1680 et 1681.

(4) Imp. en France, tome III, page 358.

l'exercice, le droit de visite, de saisie, étaient en usage. Les nobles, les ecclésiastiques, les bourgeois de certaines villes jouissaient de quelques priviléges (1) sans valeur. Le chiffre du droit était élevé; en Normandie, le droit de détail était de 25 pour 100; le droit à l'entrée, à Rouen, était de 9 l. par tonneau, environ 75 pour 100 du prix d'achat.

Entre les pays d'aides eux-mêmes, il y avait des différences. Ainsi il fallut faire deux ordonnances, l'une pour le ressort de Paris, l'autre pour celui de Rouen. Sans détruire ces abus, Colbert essaya de les réduire; il rendit la perception plus facile; il réunit les divers droits d'entrée en un seul, et tâcha d'opérer la même réduction pour tous les droits d'une nature semblable. Par ses ordonnances, il substitua des principes certains à la jurisprudence variable des tribunaux, et c'était déjà une amélioration notable; car la loi écrite est à la portée de tous, la jurisprudence n'est connue que des praticiens. Mais ses successeurs ajoutèrent de nouveaux droits, créèrent des offices, vivant au jour le jour, sans s'occuper des embarras légués à l'avenir. Grâce à cette incurie, la confusion, en 1789, était aussi grande qu'elle l'avait jamais été (2).

Les droits sur le papier timbré (1674), sur la marque des fers, faisaient partie de la ferme

(1) Ord. sur les aides, tit. XI.

(2) Imp. en France, tome III, page 409.

des aides; mais les taxes royales n'étaient pas la seule charge imposée à la consommation (1). Il y avait à Paris, en 1788, 1,271 officiers, divisés en 22 corporations, chargés de la police des ports et des marchés, moyennant un salaire. Ce nombre eût été même plus considérable si la ville de Paris ou les anciens officiers n'eussent acheté les créations nouvelles, enfantées par l'imagination des traitants.

Le commerce, avant Louis XIV, était traité comme un ennemi; il semble qu'on l'eût, à plaisir, arrêté par des gênes et des entraves multipliées. La France, sous le rapport des douanes, se divisait en deux nations, d'une population à peu près égale, qui, réunies sous un même gouvernement, ne pouvaient échanger leurs denrées, soit à l'entrée, soit à la sortie, qu'en payant des droits. L'une était comprise dans les provinces des cinq grosses fermes (2); l'autre, dans les provinces réputées étrangères. Celles-ci étaient celles où les taxes sur la consommation n'avaient pas cours. Le droit n'était pas aussi faible qu'on pourrait le supposer. Ainsi, le blé, à l'entrée, payait 1 liv. 17 s., en-

(1) Imp. en France, tome III, page 409.

(2) Les provinces des cinq grosses fermes étaient l'Ile-de-France, la Normandie, la Picardie, la Champagne, la Bourgogne, la Bresse, le Bugey, le Bourbonnais, le Berri, le Poitou, l'Aunis, l'Anjou, le Maine.

D'après le recensement de Necker, la population de ces provinces était de 12,300,000, moitié de celle du royaume.

viron 20 pour 100 de sa valeur; à la sortie, le droit était dix fois moindre; le plomb, à l'entrée et à la sortie, 12 s., c'est à dire à peu près trois et demi pour 100; la laine 15 liv. à l'entrée et 5 à la sortie (1). Mais le plus grand mal était l'incertitude et la variété de l'impôt. Quelques droits, le rêve, le haut passage, l'imposition foraine, remontaient au XIVe siècle (2). A chaque besoin on avait créé une nouvelle taxe, sans penser à la coordonner avec ce qui existait. La douane de Valence, par exemple, avait été établie, en 1595 (3), pour payer la reddition de Vienne au gouverneur; elle fut toujours continuée, malgré des réclamations continuelles. Tout ce qui y entrait du Dauphiné, de la Provence et du Languedoc était soumis à la douane. Ces trois provinces formaient, dans le royaume, comme un état étranger.

Quelques uns de ces droits étaient soumis à la législation la plus bizarre. Ainsi, à Lyon, centre du commerce entre la Méditerranée et l'Océan, on avait établi une douane locale. Pour percevoir le droit, on força le marchand de passer par cette ville; la marchandise allait chercher l'impôt. En 1756 seulement, les soies purent entrer dans le royaume, sans passer par Narbonne; enfin ce ne fut qu'en 1743 que les marchandises destinées à

(1) Tarif de 1663.

(2) Préambule de l'édit.

(3) Forb., tome I, page 42.

l'étranger furent exemptes de la douane (1).

Certains droits se levaient dans une province et ne se levaient pas dans une autre. Le haut passage, exigible en Champagne, ne l'était pas en Languedoc; d'autres, au contraire, étaient communs à tout le royaume (2). La traite domaniale, par exemple, ne se levait que sur les marchandises destinées à l'étranger; les drogueries, les denrées coloniales ne pouvaient pénétrer dans le royaume que par certains ports, et payaient un droit de 4 pour 100. Ainsi, partout se trouvaient consacrées l'unité et la diversité de la France; le souvenir de son passé et le germe de son avenir.

Quand on songe au prix du temps et de la sécurité pour le commerce, on s'étonne qu'il n'ait pas été anéanti dans un temps où chaque pas l'exposait à une formalité ou à un procès. Le code de la ferme était immense et n'était recueilli nulle part.

« Nous savons bien, disait la cour des aides (3), » que, pour lever des droits excessifs, il faut des » lois rigoureuses; mais au moins faut-il qu'elles » soient précises. » Le marchand aimait mieux payer ce qu'il ne devait pas que de se jeter dans un procès dont l'issue dépendait de lois et d'usages connus seulement de son adversaire.

Colbert eût voulu débarrasser la production de

(1) Forb., tome I, page 220.
(2) Préamb. de l'édit de 1664.
(3) Mat. d'impôts.

toutes ces entraves; mais les préjugés des magistrats s'opposèrent à toute réforme radicale. Le principe de la propriété, celui de l'inaliénabilité du domaine, protégeaient à leurs yeux cette multitude de péages dont le nombre dépassait 600, et dont le produit brut, en 1789, était de 6,000,000. Ils ne voyaient pas que la société seule peut avoir un droit sur la chose d'autrui, en vertu de la protection qu'elle accorde, et que ce droit ne peut s'aliéner; en un mot, qu'il y a un abîme entre la propriété publique et la propriété privée. C'était dans ce sens que la maxime de l'inaliénabilité du domaine eût été raisonnable; et c'était justement celui qu'on n'appliquait jamais. Malgré le préambule de l'édit de 1664, la Loire fut toujours hérissée de 28 péages (1); quelques droits, le trépas et l'imposition d'Anjou furent même aliénés à des particuliers (2).

Colbert ne put faire pour les droits intérieurs de traites que ce qu'il fit plus tard pour les aides et la gabelle; il réunit les divers droits de rêve, de passage en un seul. En même temps, il publia le tarif d'après lequel ils devaient être perçus (3). Il retranchait par là tous les abus, sauf celui qui résultait du droit lui-même. Sans que le gouvernement s'en soit occupé, sans peut-être même qu'il

(1) Forb., tome I, page 305.
(2) Forb., tome I, page 355.
(3) Tarif de 1664.

s'en soit aperçu, ces obstacles opposés au commerce s'abaissèrent. Comme le droit n'était pas proportionnel, mais fixe, il diminua par l'accroissement seul du numéraire et par l'altération des espèces.

En 1667, fut introduit dans les douanes un principe qu'elles n'avaient jamais admis aussi formellement : celui de l'unité nationale (1). Les marchandises fabriquées à l'étranger payèrent un droit à l'entrée; les matières premières, un droit à la sortie du royaume. Divers arrêts du conseil étendirent la liste des objets soumis à une législation uniforme (2); le droit du domaine d'Occident fut de même perçu à l'entrée du royaume, sur toutes les marchandises des îles. Ce commerce avait été d'abord un monopole accordé à une compagnie; elle se ruina, céda ses droits au roi qui maintint les droits établis par elle (3). Malgré ces extensions, les principes ne furent pas changés, ce fut même une discordance de plus dans la législation financière.

Jusqu'en 1789, il y eut en France deux zones de douane dont les limites se déplaçaient selon les denrées. Quelques marchandises payaient, à l'entrée du royaume, les droits du tarif de 1667, et jouissaient d'une circulation libre; d'autres, au con-

(1) Tarif de 1667.

(2) Necker, tome II, page 101.

(3) Forb., tome II, page 30.

traire, ne payaient que le tarif de 1664 à l'entrée des cinq grosses fermes. Dans les provinces réputées étrangères, celles-ci étaient soumises à toutes les taxes locales. Enfin, l'étranger effectif, c'est à dire l'Alsace, la Franche-Comté, les Trois-Évêchés, Bayonne, Dunkerque et Marseille, ne reconnaissait aucune de ces lignes de douane (1).

Les juges des traites, les électeurs, les greniers à sel formaient le premier degré de la juridiction financière. Les cours des aides prononçaient en dernier ressort; sauf les exceptions que nous avons déjà mentionnées, tous les procès relatifs aux impôts étaient portés devant des magistrats inamovibles. Le gouvernement, qui faussait souvent le principe dans l'application, ne le contesta jamais en théorie; seule garantie qu'eût le citoyen.

(1) Nous demandons pardon au lecteur de tous ces mots barbares; la langue financière, même au XVIIe siècle, n'était guère élégante.

CHAPITRE VIII.

ÉTAT DE LA FRANCE AVANT LA RÉVOLUTION. — JUSTICE ET ADMINISTRATION.

Réforme judiciaire sous Louis XIV. — Lois sur le commerce. — Elles font encore partie de notre droit. — Lois civiles. — Elles n'ont pas changé depuis la féodalité. — Diversité des coutumes. — Causes qui s'opposent à l'uniformité. — Nombre des tribunaux. — Esprit de la législation de Louis XIV. — Défiance contre la magistrature. — Ordonnance criminelle. — Rigueur des peines. — Deux ordres de juges. — Les juges royaux. — Les juges particuliers. — Juges ordinaires et juges prévôtaux. — Différence entre eux. — Comparaison des procès criminels de cette époque avec les nôtres. — L'unité ne se trouve que dans l'administration. — Intendances. — Centralisation administrative.

Avant de parler du rôle de la magistrature dans l'ancienne monarchie, il convient de donner une idée du changement opéré dans la législation sous Louis XIV. Cette réforme judiciaire a été faite sous l'influence de Colbert; son oncle Pussort y eut la plus grande part.

La révolution politique de 1789 a introduit, dans presque toutes les matières, des principes nouveaux de droit civil; elle a, au contraire, maintenu le droit commercial. La tenue des livres, paraphés par le juge, l'obligation de l'inventaire, la publicité des actes de société, le jugement arbitral sont consacrés dans l'ordonnance de 1673. L'ordonnance de la marine est passée presqu'en entier dans le Code de commerce (1). Un peu de réflexion nous révélera les causes de cette anomalie. Les rapports dont s'occupe le droit civil existent dans toute société; ils en forment la base nécessaire. Pourrait-on en imaginer une où il n'y aurait aucun usage, aucune loi sur les contrats, sur les successions, sur l'état des personnes? La féodalité avait donc été appelée à statuer sur ces intérêts, et elle l'avait fait d'après ses propres principes. Comme toute législation, elle avait survécu aux circonstances sous lesquelles elle était née, et s'était appliquée à des rapports étrangers à son esprit. Le commerce, au contraire, n'a pris des forces que dans la décadence de l'époque féodale. Celle-ci l'avait proscrit; les droits d'aubaine, de naufrage, témoignent assez qu'elle ne le recevait qu'à contre-cœur. La richesse territoriale enviait la richesse mobilière, et s'en défiait. Quand les relations commerciales s'étendirent, qu'il fallut en fixer les lois, elles n'eurent rien à démêler avec les idées d'un passé déjà mort. Toutes les affaires de commerce furent enlevées à

(1) Non seulement le sens, mais les mots mêmes de l'ordonnance de 1681 sur la marine sont passés dans nos lois. On n'a qu'à comparer les art. 11, 17, 13, 9, 28 du titre 11 avec les art. 223, 232, 227, 239 du Code : nous ne citons ceux-là que comme exemple; il serait facile de multiplier les rapprochements.

la justice du seigneur; le roi prit sous sa protection les naufragés. Nation moderne, la nation commerçante fut gouvernée par des institutions modernes.

Il est impossible, en étudiant la jurisprudence coutumière dans les traités les plus modernes, de ne pas être frappé de sa conformité avec celle du XIIIe siècle. Malgré les révolutions dans les mœurs, dans les lois politiques, ce sont les mêmes principes qui décident des intérêts civils. On retrouve la même division de noblesse et de roture pour les biens comme pour les hommes; des fiefs et des terres vilaines, comme des gentilshommes et des roturiers; les mêmes lois pour les successions, le droit d'aînesse; le même soin pour conserver les biens dans les familles, manifesté par les limites posées à la faculté de tester, et par les deux retraits, le lignager et le féodal. Enfin, si l'on lit Beaumanoir et les auteurs des XVIe et XVIIe siècles, on trouvera, sur presque tous les points, des décisions analogues. Il faut même ajouter que la clarté et la méthode sont presque toujours du côté du vieux jurisconsulte.

L'organisation de la France féodale, détruite partout, s'était conservée dans les coutumes qui lui tenaient lieu de loi. Outre le droit romain reçu dans les pays de droit écrit, il y avait environ 60 coutumes principales (1). Le nombre total de

(1) Fleury, Hist. du droit coutumier.

ces législations partielles dépassait 300. Cette diversité était un bien plus grand mal au XVIIIe siècle qu'au XIIe. Dans les temps féodaux, les hommes et les choses se déplaçaient peu, faute de sécurité et de capitaux : chacun était parqué dans son fief et dans son patrimoine. Mais, plus tard, ces petites barrières furent franchies; l'activité et les intérêts de chaque Français purent s'étendre sur tout le territoire. Comme les coutumes étaient réelles, bien peu de procès ou d'affaires étaient terminés par une seule législation. Dans les affaires personnelles et réelles à la fois, les successions, par exemple, il fallait avoir égard et à la situation des biens et au domicile des parties. Si les biens étaient situés sur le territoire de plusieurs coutumes, il y avait autant de décisions que de coutumes. On essaya de remédier à ces abus : un arrêt de 1671 ordonna que la coutume de Paris aurait force de loi dans tous les cas où les autres coutumes seraient muettes. Mais cette jurisprudence ne fut pas généralement admise (1).

Le conseil du roi avait dans ses attributions celles qui appartiennent à la Cour de cassation; mais, comme l'observe M. Henrion de Pansey, il y avait en France si peu de lois précises que les

(1) La coutume de Paris, quoique d'un grand poids dans les autres provinces, est néanmoins, comme les autres, renfermée dans son territoire.

Ferrières, Inst. cout., titre 1, art. 25.

cassations étaient infiniment plus rares qu'aujourd'hui. L'institution de ce tribunal suprême est un moyen de maintenir l'unité, et non de la créer.

Ainsi, le droit civil, dans ses principes fondamentaux, dans sa variété, était resté le même; mais si on passe aux formalités qui lui donnent la réalité, si l'on compare la procédure des deux époques, le changement est immense. On ne trouve plus aucun vestige de ce jugement par jurés, par *hommes*, dont il est parlé si souvent dans Beaumanoir ; les parties ne sont plus citées à l'audience verbalement, ne comparaissent plus en personne ; dans les ajournements, on ne fait plus aucune différence entre le noble et le roturier ; la compétence criminelle est changée depuis L'Hôpital ; les gages de bataille sont oubliés ; en un mot, c'est sur ces points que le temps a laissé sa trace ; c'est par là qu'on peut voir que cinq siècles ne se sont pas écoulés inutilement.

La procédure touche peut-être plus au gouvernement que les lois civiles elles-mêmes. N'est-elle pas l'intervention du pouvoir dans les rapports entre particuliers, le moyen de mettre la force publique au service des intérêts privés?

Sous Louis XIV, il n'y avait plus en France qu'une autorité, l'autorité royale. Le but de l'ordonnance de 1667 fut d'introduire l'uniformité dans la procédure. Auparavant, les formalités étaient prescrites par chaque Parlement, dans l'étendue de son ressort même. Plusieurs articles d'un réglement de 1663 passèrent dans le texte de la loi nouvelle (1).

Il était difficile que l'uniformité fût complète. En général, la compétence dépendait du domicile du défendeur, ou de la situation de l'objet litigieux; mais les committimus étaient une exception nombreuse. C'était le droit, pour certains officiers, de n'être jugés, en matière personnelle, que par un tribunal composé de maîtres de requêtes. Ce privilége s'appelait le *committimus du grand sceau. Le committimus du petit sceau* était pour les membres des Cours souveraines; ils ne pouvaient être jugés que par leurs collègues (2).

Une autre cause de variété était le nombre infini de juridictions qui se disputaient le justiciable; les Parlements, les cours des aides, le grand-conseil, les cours des monnaies, les bureaux de finance, les intendances. Pour qui sait combien il est difficile de caractériser la nature d'une affaire, il y a là matière à des conflits perpétuels: la même raison augmentait la quantité des procès; elle croît en raison directe de celle des juges.

Le pouvoir législatif ne savait comment régler le judiciaire. Chaque ordonnance sur une juridiction contenait des peines contre les tribunaux qui

(1) Procès-verbal de l'ord. de 1667.

(2) Guyot. Voc. Committimus.

empiéteraient sur elle (1). Ceci tenait à l'origine même du pouvoir judiciaire. Dans le principe, le Parlement, conseil du roi, avait tout embrassé; les diverses cours, créées depuis, n'avaient été que des démembrements de cette autorité générale. Les cours des aides, par exemple, se regardaient comme le Parlement jugeant sur les matières d'impôt. On n'avait jamais songé à définir la juridiction du Parlement, c'est à dire à la limiter.

L'ordonnance de 1667 a laissé subsister bien des inconvénients; mais elle n'en a pas moins fait un grand bien. Elle abrégea les délais, enfin elle mit la loi à la portée de tous : sur la matière la plus obscure du monde, la procédure, la partie ne fut plus à la discrétion du praticien.

Toute la législation de Louis XIV est faite dans le même esprit, le soupçon permanent contre la magistrature. Colbert voulait remplacer les élections par des compagnies de finances (2). Cette défiance a été justifiée par la Fronde et par le XVIIIe siècle; dans l'ordonnance de 1667, on trouve quatorze articles qui soumettent le juge à des dommages et intérêts envers les parties; plusieurs autres l'obligent, en outre, à la restitution du quadruple. Lamoignon fit en vain observer que ce soupçon était injurieux à la magistrature; que, jusqu'alors, le juge avait été puni pour des fautes

(1) Art. 14 de l'ord. des eaux et forêts.

(2) Note de sa main. Forb., tome I, page 571.

graves, mais qu'il ne (1) l'avait jamais été pour des erreurs de procédure. On réhabilitait le principe du moyen-âge, la responsabilité du juge, avec cette différence que, dans les Cours féodales, le délit était présumé contre la partie, et qu'ici il était contre le souverain. Le juge fut non seulement tenu d'obéir aux ordonnances, il lui fut même interdit d'en interpréter les dispositions douteuses, défense exorbitante dans un temps où il n'y avait si mince tribunal qui ne fût législateur (2). Le droit de remontrance fut réduit à rien par l'ordonnance de 1672.

Le même esprit se retrouve dans l'ordonnance criminelle. Lamoignon s'opposa à cette menace perpétuelle faite au juge : « Les peines, disait-il, étaient trop prodiguées ; » mais il ne parlait que des peines portées contre le magistrat. Il y avait cependant autre chose à flétrir dans cette législation, d'après laquelle, selon l'observation de Pussort, qui s'en félicite, le procès pouvait être fait et parfait à un accusé présent dans les vingt-quatre heures. Si le juge est obligé d'interroger le prévenu dans le jour de son arrestation, ne croyez pas que cet article soit en faveur du dernier; Pussort en donne le véritable motif : « C'est pour convaincre plus sûrement le coupable (3). » La certitude de la

(1) Procès-verbal de l'ord. de 1667.

(2) Art. 7 et 8 de l'ord. de 1667.

(3) Procès-verbal de l'ord. criminelle.

répression l'emportait sur les garanties dues à l'accusé, et ce sentiment était partagé par des hommes d'une humanité reconnue. Ainsi, Lamoignon ne demandait pas qu'on accordât un conseil à l'accusé dans toutes les affaires; il ne le voulait que pour certains cas moins criminels que civils.

Pussort arriva au même résultat que Lamoignon sur la suppression de la torture, par un motif différent; il trouvait inutile ce que Lamoignon trouvait cruel. Mais ni l'un ni l'autre ne parut tenir beaucoup à son opinion, et la torture ne fut pas moins consignée dans l'ordonnance. Elle n'a été abolie que par Louis XVI.

En général, la loi est d'autant plus rigoureuse, que le législateur est sûr qu'elle ne lui sera jamais appliquée. Au XVIIe siècle, un magistrat, un homme de la classe élevée, traduit devant un tribunal, était une rare exception; de nos jours, au contraire, où chacun sent qu'il peut être appelé en jugement, que la faveur ne viendra pas pour l'y soustraire, on est moins porté à voir dans tout accusé un coupable; plus l'égalité politique s'étend, plus les lois sont humaines. Nous ne prétendons pas que ce soit là l'unique cause des changements dans notre droit pénal, mais c'est sans contredit l'une des principales. Ainsi le bien engendre le bien, comme le mal engendre le mal.

Au criminel comme au civil, il existait deux ordres de juges : les juges royaux et les juges particuliers. Mais l'autorité de ces derniers était bien restreinte ; on évita, dans l'article II, de spécifier tous les cas royaux. Lamoignon fit ajouter : *et autres cas expliqués par nos réglements et ordonnances ;* c'était déclarer inutile la définition qui précédait. Les cas prévôtaux dont nous parlerons tout à l'heure, le droit de prévention accordé au juge royal, si le juge seigneurial n'informait pas dans les vingt-quatre heures, étaient autant de limites à la justice privée. Enfin, comme tout jugement à mort devait être prononcé par sept juges, toute condamnation à une peine afflictive par trois, que, dans tous les cas, il y avait appel devant le tribunal royal, le pouvoir judiciaire n'était plus qu'un mot entre les mains des seigneurs. Les tribunaux ecclésiastiques n'avaient pas été plus heureux. Il était de jurisprudence que tout crime, sujet à une peine afflictive, était privilégié, et sortait de la compétence ecclésiastique (1), excepté dans les cas de police où la condamnation ne valait pas l'appel ; le pouvoir royal avait concentré ces deux juridictions qui, au moyen-âge, avaient tout envahi ; il les avait supprimées de fait et non de droit. Dans les ordonnances de d'Aguesseau, il est encore parlé des seigneurs hauts-justiciers.

La justice royale s'exerçait elle-même de deux manières : d'un côté, étaient les baillis, les présidiaux et les cours souveraines ; de l'autre, les

(1) Fleury, Disc. sur l'Histoire ecclésiastique.

prévôtés des maréchaux. Dans le premier cas, la compétence dépendait du lieu du délit (1); dans le second, de la nature du délit et de l'état de l'accusé. Les vagabonds, les gens sans aveu étaient soumis à la justice prévôtale (2).

Les prévôts des maréchaux n'avaient eu d'abord d'autre mission que de punir les crimes commis à la suite des armées; plus tard, leur juridiction s'étendit à une foule de cas. Ils prononçaient sur l'assassinat prémédité, sur l'altération des monnaies, si toutefois ces crimes étaient commis hors de leur résidence. L'exercice de cette justice ambulatoire est encore ordonné sous le règne de Louis XIV (3) : elle devenait pour les coupables puissants un moyen d'impunité. Le marquis de Canillac, accusé d'un meurtre, avait fait traîner son procès pendant douze ans (4). L'ordonnance de 1670 mit fin à cet abus; elle donna aux présidiaux le droit de prévention sur le juge prévôtal, obligea ce dernier à faire juger sa compétence par le présidial le plus prochain (5). Ainsi c'était

(1) Ord. crim., tit. I, art. 1.

(2) Ord. crim., tit. I, art. 12.

(3) Ordonnons aux prévôts des maréchaux de faire leurs chevauchées, sans demeurer ès villes, et nettoyer les pays de leurs établissements de voleurs et vagabonds.

Isamb., tome XVII, page 390, an 1660.

(4) Procès-verbal de l'ord. de 1670.

(5) Tit. I, art. 17.

Cette disposition remonte à L'Hôpital.

Elle avait été répétée dans l'art. 184 du Code Michaud.

moins une nouvelle juridiction qu'une autre manière de juger.

La différence caractéristique était que le jugement prévôtal était sans appel. L'accusé pouvait seulement appeler du jugement de compétence. Sept juges étaient nécessaires pour la validité de ce jugement (1) et pour la sentence définitive. Cette justice expéditive s'appliquait aux nobles comme aux roturiers. Dans le projet primitif, les prêtres eux-mêmes y étaient soumis (2); mais cette dernière disposition fut retirée. Un édit de 1731 en affranchit les gentilshommes (3). Les crimes commis par les gens sans aveu, les gens de guerre, les condamnés, les vols sur les grands chemins étaient prévôtaux ; les autres suivaient les degrés de la hiérarchie judiciaire, pour aller se terminer dans les cours souveraines. Aucune condamnation, soit à une peine afflictive, soit à la torture (4), ne pouvait être exécutée sans leur approbation.

Un procès criminel ne ressemblait en rien à ce que nous voyons aujourd'hui : rien n'était public; toute la procédure, les conclusions même de la partie publique étaient secrètes. Il était même défendu au procureur du roi de les motiver (5), tant

(1) Tit. II, art. 18, 24.
(2) Proc.-verb. de l'ord. crimin.
(3) Guyot, Voc. Noble.
(4) Ord. crim., tit. XIX, art. 7.
Ibid., tit. XXVI, art. 6.
(5) *Ibid.*, tit. XXIV, art. 3.

on craignait que l'accusé ne pût préparer sa défense. « Les accusés seront tenus de répondre, par » leur bouche, sans le ministère de conseil, qui » ne pourra leur être donné, si ce n'est pour crime » de péculat, concussion, banqueroute frauduleuse, vol de commis ou associés en matière de » finance ou de banque, supposition de part, ou » fausseté de pièces (1). » La faculté de donner un conseil était même, en ce cas, laissée à la conscience du juge. Si le crime était capital, l'accusé était tenu en secret; ses moyens de défense diminuaient en raison du danger qu'il courait.

On croit lire le Code de l'inquisition. La seule garantie, donnée à l'accusé, était le nombre des juges : trois étaient nécessaires en premier ressort, sept en dernier ressort, pour que le jugement fût valable (2). Nous ne sommes pas assez reconnaissants envers la révolution française; les droits qu'elle a consacrés, l'humanité introduite dans nos lois, nous semblent si naturels, qne nous ne pouvons les prendre pour des innovations. Il y a eu un temps en France, où l'accusé n'était pas défendu, où le choix de la peine était laissé à la conscience du juge, où les philosophes seuls élevaient la voix contre cette tyrannie, et étaient écoutés avec le dédain habituel des praticiens pour la théorie; et ce temps, nos pères l'ont vu.

(1) Tit. XIV, art. 8.

(2) Tit. XXV, art. 10 et 11.

Sous quelque point de vue qu'on considère la France à cette époque, qu'on regarde ses finances, ses lois, elle était profondément diverse ; elle n'était une que sous le rapport administratif. Cette unité était due à la création des intendances. Tout le royaume, pays d'élections et pays d'États, pays de droit écrit et pays de coutumes, était divisé en trente-deux généralités d'une étendue très inégale. Chacune de ces divisions était administrée par un intendant et par ses subdélégués. Au dessus des intendants était le conseil du roi, lien commun entre les diverses parties. L'autorité royale était partout servie par des agents révocables. Nous avons déjà parlé de plusieurs de leurs attributions : ils avaient, en outre, la direction des travaux publics, la surveillance sur toutes les provinces. Depuis Louis XIV, les gouverneurs, princes du sang, ou grands seigneurs, ne vivaient que de la vie de Versailles, et ne paraissaient qu'à de longs intervalles dans leurs provinces ; ils n'avaient conservé du pouvoir que les apparences et les prérogatives de l'étiquette.

Malgré la plénitude de cette autorité, son titre était mal défini. Ainsi les subdélégués des intendants n'avaient aucun caractère légal (1) : toutes leurs décisions devaient être rendues au nom de l'intendant; ce pouvoir leur était acquis par une espèce de prescription.

(1) Remontrances de 1774. Mat. d'impôts, page 657.

La centralisation administrative existait sous l'ancien régime, et elle excitait alors les mêmes plaintes qu'aujourd'hui.

« On est venu, de conséquence en conséquence,
» jusqu'à déclarer nulles les délibérations des ha-
» bitants d'un village, quand elles ne sont pas
» autorisées par l'intendant (1); en sorte que si
» cette communauté a une dépense à faire, quel-
» que légère qu'elle soit, il faut prendre l'attache
» du subdélégué de l'intendant, par conséquent,
» suivre le plan qu'il a adopté, employer les ou-
» vriers qu'il favorise, les payer suivant son arbi-
» trage; et si la communauté a un procès à soutenir,
» il faut aussi qu'elle se fasse autoriser par l'in-
» tendant; il faut que la cause de la communauté
» soit plaidée à ce premier tribunal, avant d'être
» portée à la justice. Et si l'avis de l'intendant est
» contraire aux habitants, ou si leur adversaire a
» du crédit à l'intendance, la communauté est
» déchue de la faculté de défendre ses droits. »

Sans cette institution créée par Richelieu et mise en œuvre par Louis XIV, la France révolutionnaire eût, avec peine, échappé au fédéralisme; si les hommes n'eussent pas été façonnés à l'obéissance, elle n'eût pas réalisé les prodiges de la révolution et de l'empire. Il n'y avait de changé que le nom et le titre de celui qui commandait : depuis longtemps, le bras de l'autorité centrale s'étendait

(1) Remontrances de 1774. Mat. d'impôts, page 654.

sur toute la France. La division par départements, de Sieyes, fut la conséquence et non l'origine de ce système : la révolution l'a achevé, pour ainsi dire, en portant dans les autres parties du gouvernement l'unité bornée à la seule administration.

CHAPITRE IX.

ÉTAT DE LA FRANCE AVANT LA RÉVOLUTION. — GOUVERNEMENT.

Le pouvoir judiciaire séparé du pouvoir exécutif. — Empiètements de celui-ci sur la justice réglée. — Commissions. — Magistrature. — Son opposition. — Son autorité. — Elle est impuissante. — Pourquoi. — Sa cause n'est plus celle du peuple. — Langage élevé de Malesherbes. — Causes particulières qui limitent le pouvoir absolu. — Les fonctionnaires propriétaires de leurs charges. — La nation divisée en corps. — Liberté dans les mœurs. — Traditions féodales. — État de la société. — Gentilshommes. — Causes qui affaiblissent l'aristocratie. — La diffusion des lumières rapproche la bourgeoisie de la noblesse. — Peuple des campagnes. — Son affranchissement ne date que de la révolution. — Résumé. — L'égalité politique consacrée en 1789. — Bornée en fait à la bourgeoisie. — Elle doit s'étendre à tous. — Liberté politique. — Seule garantie aujourd'hui de la liberté civile.

Nous avons examiné quel était le mode d'action du gouvernement ; comment il administrait, comment il percevait l'impôt, comment il rendait la justice; il nous reste à jeter un coup d'œil sur le gouvernement lui-même, sur la constitution politique du pays. Ici une grave difficulté se présente ; les faits et les textes de lois sont dans une contradiction perpétuelle : l'autorité royale est absolue dans la théorie, limitée dans l'application, sans qu'on aperçoive clairement la nécessité qui la force à s'arrêter à un point précis.

Le pouvoir exécutif avait renoncé à exercer l'autorité judiciaire, et il l'avait abandonnée à un corps de magistrats héréditaires. Les charges étaient une propriété particulière ; une place supérieure ne pouvait devenir une récompense. L'indépendance du juge était donc réelle, puisqu'il n'avait rien à craindre ni à espérer du gouvernement.

Si le gouvernement se fût borné à statuer par des lois générales, et ne fût jamais intervenu dans les cas particuliers, il y eût eu sécurité et liberté civiles pour le citoyen. Dans les affaires privées, dans les poursuites des crimes ordinaires, le besoin de l'ordre naturel à tous les pouvoirs lui faisait désirer que la justice fût bien rendue ; il en laissait donc la poursuite aux tribunaux réguliers. Mais il est certains attentats où il ne s'agit pas uniquement de la sécurité publique : ce sont ceux dans lesquels la personne et l'intérêt de ceux qui gouvernent sont attaqués. Le nombre de ces procès où le pouvoir était partie était alors bien plus commun qu'aujourd'hui en matière fiscale. Ceci tenait à la multiplicité et à la confusion des taxes publiques.

Il semble naturel que la puissance même de l'accusateur eût dû doubler les garanties données à l'accusé. Il en était tout autrement. Les ennemis de Richelieu, au XVIIe siècle, les gentilshommes révoltés de la Bretagne, sous la régence, furent jugés par des commissaires. Si cette arme ne fut pas employée plus souvent, on doit l'attribuer à la rareté même des insurrections politiques; ce qui prouve que ce n'était pas modération de la part de l'autorité, c'est le fréquent usage qu'elle en fit dans les affaires de finances, où elle avait à perdre ou à gagner à chaque décision.

Le lecteur se rappellera les deux dernières chambres de justice; mais même, dans le cours ordinaire des choses, l'ordre judiciaire fut peu respecté. On nommait des commissaires pour juger les délits de contrebande. L'intendant était souvent autorisé à traduire les prévenus devant le présidial qu'il choisissait (1). Les commissions de Saumur, de Reims et de Valence s'étaient emparées de presque toutes les affaires criminelles sur le sel et le tabac (2). Cet abus durait depuis dix-neuf ans. En 1760, tout ce que la chambre des aides put obtenir fut que les commissaires seraient pris dans son sein (3). Souvent les affaires étaient évoquées au conseil du roi et décidées par le seul contrôleur général; enfin, souvent les formes étaient dédaignées, et des lettres de cachet infligeaient une peine sans jugement (4). L'abus avait

(1) Table des édits, an 1710.

(2) Mat. d'impôts, pages 13, 32.

(3) Mat. d'impôts, page 370, an 1764.

(4) Mat. d'impôts, page 634.

été porté loin sous Louis XV; elles étaient délivrées pour des causes bien minces, quelquefois sur la simple demande d'un commis des finances. « Personne, disait Malesherbes, n'est assez grand » pour être à l'abri de la haine d'un ministre, ni » assez petit pour n'être pas digne de celle d'un » commis. »

La liberté civile n'existait donc pas. En effet, elle suppose toujours la liberté politique, c'est à dire la liberté dans les institutions. Qui dit pouvoir absolu dans la législation dit pouvoir arbitraire. Nul ne peut empêcher le législateur de détruire aujourd'hui ce qu'il a fait hier, et de légitimer ses violences par ses lois. L'inconséquence de tout l'ancien régime a été de s'opposer aux abus dans un cas particulier, sans s'élever à la cause générale : la magistrature l'a cependant essayé.

Son opposition a ce caractère particulier qu'elle s'est toujours exercée malgré des textes formels; l'interdiction des remontrances n'était pas imaginée par Louis XIV, c'était le retour aux anciens principes. L'Hôpital avait été aussi absolu que lui ; « et cependant nos dites ordonnances tien» dront ce que nous voulons avoir lieu, tant pour » les ordonnances faites qu'à faire (1). » Mais il y avait en France un instinct plus fort que toutes les lois positives; c'était cet instinct que Montesquieu appelait *honneur*, et qui séparait la monar-

(1) Ord. de Moulins, art. 1.

chied'avec le despotisme. Il soutenait les magistrats, et la cour osait rarement en venir à des moyens extrêmes. Arrêter un Parlement, priver un conseiller de sa charge n'était pas seulement un acte de rigueur, c'était encore une spoliation, car le magistrat avait payé, soit au prince, soit à son prédécesseur, le prix de son office.

L'autorité des magistrats ne se bornait pas à l'application de la loi; tous les tribunaux avaient le pouvoir réglementaire. Dans les enregistrements, ils ajoutaient souvent aux ordonnances des dispositions qui devenaient obligatoires comme le texte primitif. La part qu'ils voulaient prendre à l'exercice de la souveraineté n'étonnait donc personne, puisqu'ils en jouissaient en partie; car elle n'a pas d'attribut plus essentiel que celui de faire la loi.

Comment expliquer l'impuissance de l'opposition parlementaire avec un si grand retentissement, et sa chute complète avant les orages de la réforme dont elle avait donné le signal? Il y a de ceci plusieurs causes. Le Parlement de Paris n'était qu'une fraction du pouvoir judiciaire; il pouvait agir sur les autres cours par voie d'influence, mais non pas d'une manière directe; car il n'était pas leur supérieur. Au XVIIIe siècle, on essaya bien de faire un seul corps de toute la magistrature française, et l'on inventa le mot de *classes*, dont chaque cour souveraine était membre; mais c'était là une création sans aucun précédent. Si la cour plénière, dont parle l'édit de 1774, qui, sous ce rapport, resta inexécuté, eût remplacé les Parlements, elle eût pu faire une résistance plus sérieuse, elle eût représenté la France entière. L'origine même de la magistrature était un embarras pour elle; les Parlements n'étaient que le conseil du roi, les dépositaires d'une autorité que celui-ci pouvait toujours ressaisir. Les magistrats cherchaient à se débattre contre l'évidence, à se payer de subtilités, mais sans pouvoir échapper aux conséquences logiques de leur institution même. Si une portion considérable du droit civil et presque tout le droit politique n'eussent pas alors été laissés à la jurisprudence, l'objection eût encore été plus forte.

Enfin il n'est pas dans la nature des choses que le juge, pour qui le respect de la lettre est un devoir, soit l'organe du progrès dans le gouvernement. Le tribunat va mal à des magistrats, et surtout à des magistrats héréditaires; sa force réside dans un contact continuel avec le peuple : il est fort de toutes les passions qu'il représente et qu'il partage. Or, les Parlements ne se sont pas associés au mouvement des idées, opéré autour d'eux; ils ont proscrit les ouvrages philosophiques, arrêté les réformes de Turgot, interdit l'inoculation en 1763, comme ils avaient, au siècle précédent, interdit la philosophie de Descartes. Ils étaient fidèles à leur rôle naturel, celui de défenseurs du passé; leur vertu même, l'austérité de leur vie, conservées dans un temps où les mœurs étaient faciles, les isolaient de leurs contemporains. Il y a certains vices qui sont des qualités chez des chefs de parti.

La constitution spéciale de la magistrature française séparait sa cause de celle du peuple. Louis XIV lui avait rendu le privilége de la noblesse transmissible, qu'il lui avait enlevé dans un moment de colère. Elle formait donc une classe intermédiaire, se rapprochant de plus en plus de la noblesse; chaque pas qu'elle faisait dans cette voie lui enlevait cette qualité de bourgeois qui lui avait valu tant de sarcasmes dans la Fronde, et qui était le secret de sa puissance; elle restait elle-même un des abus qu'il fallait détruire.

L'abnégation de l'intérêt privé, si rare chez les particuliers, l'est encore plus dans les corps, parce que l'égoïsme peut s'y cacher sous les apparences du dévouement. Les Parlements furent plus opposés à la révolution française que la noblesse elle-même; ils y perdaient autant qu'elle en privilége, et de plus le pouvoir politique.

Toutefois, grâce à l'opposition de la magistrature, l'obéissance en France n'a jamais été muette; il y a toujours eu des voix pour rappeler au peuple ses droits, et pour évoquer devant l'autorité absolue le souvenir des États généraux.

« Et, dans un temps où le joug imposé sur la » tête des peuples devient de plus en plus difficile

» à porter, est-il prudent de leur ôter jusqu'à la » consolation de penser qu'ils jouissent encore du » premier de leurs droits, de l'avantage d'avoir » des juges, organes incorruptibles de la loi, et » qu'on ne peut pas les traiter en esclaves. . . . » La propriété, sire, est le droit essentiel de tout » peuple qui n'est pas esclave. L'impôt souvent » nécessaire est néanmoins une dérogation à ce » droit; mais, dans l'origine, les impôts n'étaient » établis que du consentement des peuples, donné » dans les assemblées des États; que ces assem- » blées aient cessé d'avoir lieu, la condition des » peuples n'a pas dû changer pour cela; leurs » droits sont aussi imprescriptibles que ceux du » souverain. Ses domaines peuvent s'accroître, les » bornes de son empire peuvent s'étendre; mais » il ne croira jamais pouvoir mettre la possession » de ses sujets au nombre de ses conquêtes; et » depuis que les peuples ne peuvent plus se faire » entendre par leurs représentants, c'est à vos » Cours, sire, à remplir cette importante fonc- » tion (1); les Cours sont aujourd'hui les seules » protections des faibles et des malheureux; il » n'existe plus depuis longtemps d'États généraux, » et dans la plus grande partie du royaume, point » d'États provinciaux. Tous les corps, excepté les » Cours, sont réduits à une obéissance muette et

(1) Remontrances de 1770. Mat. d'impôts, page 530.

» passive; aucun particulier dans le royaume n'ose-
» rait s'exposer à la vengeance d'un commandant,
» d'un commissaire du conseil et encore moins à
» celle d'un ministre de Votre Majesté.

» Les cours sont donc les seules à qui il soit
» encore permis d'élever la voix en faveur des
» peuples, et Votre Majesté ne veut point enlever
» cette dernière ressource aux provinces éloi-
» gnées.....

» Mais s'il existe dans un pays des lois ancien-
» nes et respectées, si le peuple les regarde comme
» le rempart de ses droits et de sa liberté, si elles
» sont réellement un frein utile contre les abus de
» l'autorité, dispensez-nous, sire, d'examiner si,
» dans aucun État, un roi peut abroger de pa-
» reilles lois : il nous suffit de dire, à un prince
» ami de la justice, qu'il ne le doit pas....

» Ce peuple avait autrefois la consolation de
» présenter ses doléances aux rois vos prédéces-
» seurs; mais depuis un siècle et demi les États
» n'ont point été convoqués.

» Jusqu'à ce jour au moins, la réclamation des
» cours suppléait à celle des États, quoique im-
» parfaitement; car, malgré tout notre zèle, nous
» ne nous flattons point d'avoir dédommagé la
» nation de l'avantage qu'elle avait d'épancher
» son cœur dans celui de son souverain.

» Mais aujourd'hui, l'unique ressource qu'on
« avait laissée au peuple lui est aussi enlevée.

» On a cru pouvoir anéantir la première cour
» de France par un seul acte d'autorité arbitraire.

» D'autres cours ont fait en vain les plus grands
» efforts pour faire parvenir la vérité jusqu'au
» trône : les avenues en sont occupées par les en-
» nemis de la justice, et ces cours ne retirèrent de
» leurs démarches que la stérile consolation d'avoir
» vu l'Europe entière applaudir à leur zèle et à
» leur courage.

» Votre Cour des aides vient aujourd'hui se jeter
» aux pieds de Votre Majesté ; mais peut-elle se
» flatter d'un plus heureux succès ? La magistra-
» ture entière vous a été rendue suspecte, parce
» que la magistrature entière est attachée aux lois
» qu'on veut détruire, et nous n'ignorons point
» qu'on a formé le projet de nous détruire nous-
» mêmes avec ces lois dont nous sommes les dé-
» fenseurs.

» Mais ceux qui vous ont déterminé à anéantir
» la magistrature vous ont-ils persuadé, sire,
» qu'il fallût livrer à leur despotisme la nation
» entière, sans lui laisser aucun défenseur, aucun
» intercesseur auprès de Votre Majesté ?...

» Interrogez donc, sire, la nation elle-même,
» puisqu'il n'y a plus qu'elle qui puisse être écou-
» tée de Votre Majesté.

» Le témoignage incorruptible de ses repré-
» sentants vous fera connaître du moins s'il est
» vrai, comme vos ministres ne cessent de le pu-

» blier, que la magistrature seule prend intérêt à » la violation des lois, ou si la cause que nous » défendons aujourd'hui est celle de tout ce peuple » par qui vous régnez, et pour qui vous régnez (1). »

Ce langage ferme et élevé empêchait la prescription de la liberté; au XVIIIe siècle, temps où les idées étaient si puissantes, émettre un principe, c'était créer une force.

Le pouvoir absolu de la royauté était modifié par diverses causes dans l'application; ses agents n'étaient pas soumis à une dépendance aussi complète que de nos jours. Sans parler des magistrats, les receveurs des finances, des tailles étaient propriétaires de leurs charges par achat ou par hérédité; les intendants eux-mêmes étaient toujours pris parmi les maîtres de requêtes. Tout fonctionnaire public prenait l'esprit du corps dont il faisait partie, et cet esprit, par les préjugés mêmes qui tiennent à la nature, formait obstacle à la servilité administrative. Aujourd'hui l'obéissance absolue est une condition de l'administration; mais il ne faut pas oublier que nous avons placé les garanties autre part. La liberté, introduite au sommet de l'État, nous dispense d'y songer dans les degrés inférieurs.

L'état même de la société, en France, protégeait les individus. Tout homme était classé, enrégi-

(1) Remontrances de 1771. Mat. d'impôts, page 548.

menté dans une profession; il appartenait ou à la noblesse, à l'armée, à la magistrature, ou aux corporations des arts et métiers (1). Il y avait comme une espèce de solidarité entre les membres d'une même classe. La violence contre un seul d'entre eux était faite contre tout le corps, et le pouvoir hésitait avant de se charger de cette inimitié collective. Ce sont là, sans doute, de faibles garanties, si on les compare à celles dont nous jouissons; mais que la France garde bien sa liberté! Si elle la perdait, elle subirait un despotisme qu'elle n'a pas encore connu. Il ne serait arrêté ni par la magistrature, ni par la noblesse, ni par les corps privilégiés; ce serait le régime de l'Orient : nous l'avons vu ébauché au commencement du siècle.

Certaines idées, pour n'être pas écrites dans les lois positives, n'en étaient pas moins puissantes. La féodalité, dans sa chute, avait entraîné le pou-

(1) Tous vos sujets, sire, sont divisés en autant de corps différents qu'il y a d'états différents dans votre royaume. Le clergé, la noblesse, les cours supérieures, les officiers attachés à ces tribunaux, les Académies, les Universités, les compagnies de finances, les compagnies de commerce, tout présente et dans toutes les parties de l'État des corps existants, qu'on peut regarder comme les anneaux d'une grande chaîne, dont le premier est dans la main de Votre Majesté, comme chef et souverain administrateur de tout ce qui constitue le corps de la nation.

La seule idée de détruire cette chaîne précieuse devrait paraître effrayante. Les communautés de marchands et d'artisans font partie de ce tout inséparable qui contribue à la police générale du royaume.

Disc. de l'avocat général Séguier dans le lit de justice de 1776. Isamb., tome XXIII, page 423.

voir individuel; mais l'indépendance s'était conservée par une tradition non interrompue. Dans l'antiquité, où l'individu n'était rien en face de l'État, le service militaire était un devoir impérieux dont celui-ci pouvait exiger l'accomplissement; l'obéissance du gentilhomme, au contraire, était volontaire. Il lui était toujours permis de se retirer, et, en le faisant, il ne renonçait qu'à la faveur; il ne reconnaissait que lui pour juge dans ce qui intéressait son honneur. Ces idées étaient, pour ainsi dire, l'atmosphère au sein de laquelle la société vivait, dont l'influence agissait sur le souverain, comme sur les sujets. Les princes même les plus absolus n'y échappaient pas : Louis XIV, à qui la jalousie du pouvoir, les idées religieuses avaient dicté des lois si sévères contre le duel, renvoyait du régiment de ses gardes les officiers dont le courage avait été soupçonné. Il justifiait comme homme ce qu'il avait proscrit comme législateur. La liberté, chassée des lois, s'était réfugiée dans les mœurs. Cette dernière liberté, toute bornée qu'elle est, n'est pas méprisable. Les actes de notre vie où la loi nous atteint sont toujours assez peu nombreux, tandis qu'il n'en est pas un où nous ne soyons dirigés par cet ensemble d'opinions et d'habitudes qui forme les mœurs.

Quelle était la société dirigée par ce gouvernement dont nous venons de donner une idée? Elle était, comme nous venons de le dire, divisée en classes nombreuses dont chacune formait comme un petit peuple dans la nation elle-même. Il fallait même appartenir à l'une de ces divisions pour être compté pour quelque chose dans la société légale. C'était, en quelque sorte, le régime des castes, avec cette différence toutefois qu'elles n'étaient pas seulement héréditaires, et que ces priviléges pouvaient s'acheter.

De tout son ancien pouvoir, le gentihomme n'avait conservé que des priviléges; ils lui donnaient le droit exclusif aux fonctions brillantes du gouvernement. Louis XIV a pris la plupart de ses ministres parmi des parvenus; mais tous ses généraux appartenaient à la noblesse militaire. Une ordonnance de Louis XVI interdit au roturier d'aspirer à un grade plus élevé que celui de capitaine. L'égalité était donc bannie de la carrière où il semble qu'elle devrait le plus régner, de celle où les devoirs, les dangers, les privations sont les mêmes : tout était commun, hors l'espérance. Avant que les grandes armées fussent en usage, les gentilshommes pouvaient, à la rigueur, obtenir seuls les grades supérieurs. Plusieurs d'entre eux étaient soldats; mais, quand Louis XIV tint 400,000 hommes sous les armes, qu'en temps de paix, sous Louis XVI, l'armée s'élevait à 200,000 hommes, le tiers-État fournissait un contingent nombreux. Cette inégalité de traitement devait le blesser dans ce que les hommes ont de plus sensible, l'amour-propre.

Quatre mille charges donnaient les priviléges de la noblesse (1). Il est vrai que plusieurs compagnies refusaient d'admettre des roturiers parmi leurs membres. Chaque famille était obligée, en quelque sorte, à faire, pendant une génération, un noviciat dans une place inférieure, avant d'arriver à la première. Mais, en dernière analyse, l'argent, après des délais plus ou moins longs, était la voie qui donnait la noblesse. Il ne faut point douter que ce mode de recrutement n'ait contribué, pour beaucoup, à affaiblir l'aristocratie. Son pouvoir consiste surtout dans l'opinion publique. Les parvenus du tiers-État, en dépouillant leur roture, excitaient au dessous d'eux l'envie qui s'attache à la supériorité de fortune; leur création ne rappelait ni l'autorité des services rendus, ni le respect naturel pour ce qui est ancien et inconnu, toutes choses incompatibles avec la noblesse achetée. De toutes les inégalités, celle qu'on accepte le moins est celle que l'on voit faire, et à laquelle on peut arriver; c'est même un des inconvénients inhérents à la démocratie. Comme les priviléges acquis étaient aussi étendus que les héréditaires, l'ancienne noblesse de naissance était confondue avec la nouvelle dans la même défaveur.

(1) Necker. Administ. des finances.

L'aristocratie anglaise s'est conservée par une conduite opposée; elle s'est rajeunie par les illustrations qu'elle a admises; elle recevait d'elles, en éclat et en autorité, autant qu'elle leur donnait.

Une cause générale, qui tient aux progrès mêmes de la civilisation, rapprochait le tiers-État et les gentilshommes. Nous voulons parler de la diffusion des lumières. Les hiérarchies de caste, qui se sont maintenues, ne l'ont fait qu'en s'assurant le monopole des connaissances. Voyez les prêtres de l'Égypte, de nos jours encore, les brames de l'Inde; la civilisation européenne n'a jamais été constituée d'après ces principes égoïstes. C'est pourquoi dans ses deux phases principales, dans l'antiquité et dans les temps modernes, elle a toujours abouti à l'égalité. Le siècle où les lumières étaient les plus grandes a vu disparaître, à Rome, les restes du patriciat; la même cause a emporté, en France, ceux de la féodalité.

La vie intellectuelle n'a jamais été plus active, n'a jamais eu autant d'influence qu'au XVIIIe siècle. Dans l'examen de toutes les questions, une seule autorité était reconnue, celle de la raison; le point par lequel tous les hommes se touchent, c'est sans contredit, l'intelligence. Elle est l'inégalité naturelle des temps policés, comme la force matérielle est celle des temps barbares. Dès que eette mesure commune est reçue, toutes les autres différences doivent s'effacer; elles tirent leur force des lois, des institutions, causes temporaires, tandis que la suprématie de l'intelligence tient au fond même de la nature humaine. Voltaire, par exemple, et les encyclopédistes exerçaient sur leur siècle une action plus énergique que les grands seigneurs, leurs contemporains. Ils étaient à la fois supérieurs comme philosophes, inférieurs comme roturiers. Mais, à cette époque, la noblesse n'était plus une puissance, c'était simplement un préjugé; il y avait donc lutte entre la société légale et la société réelle. La révolution a fait cesser cette contradiction; toutes les inégalités conventionnelles se sont évanouies. Le pouvoir a été donné comme l'empire d'Alexandre, au plus digne.

C'était un intérêt politique qui soulevait le tiers-État contre la noblesse; il s'agissait pour lui plutôt de conquérir le gouvernement du pays que de se garantir de l'oppression. La supériorité du gentilhomme sur le bourgeois se manifestait par le mépris, et non pas par des vexations : elles étaient réservées pour le peuple des campagnes. Celui-ci n'avait aucune place dans cette hiérarchie de castes, régime où tous les droits étaient des exceptions : il était le paria de cette politique.

La féodalité détruite dans les villes s'était maintenue autour des châteaux. Comme, par sa faiblesse, elle n'excitait pas la jalousie de l'autorité royale, elle avait conservé bien des droits oppressifs. Sans doute, le sort du paysan au

XVIIIe siècle n'était plus ce qu'il était au XIIe; il n'était plus serf, il pouvait se marier, quitter le fief sans la permission du seigneur; mais si on prend pour type de comparaison l'ordre des choses actuel, on trouvera une différence presque aussi grande. Une portion considérable de la taille, toutes les corvées pour la confection des routes, étaient portées par lui seul. Comme l'impôt du sel se répartissait d'après la population des consommateurs, sans avoir égard à leur richesse, c'était aussi lui qui en sentait le plus la rigueur. La vraie mesure de l'impôt n'est pas dans le chiffre, mais dans le rapport du chiffre avec la pauvreté du contribuable. Le pauvre, taxé à la même somme, payait donc réellement plus que le riche; outre les charges générales, il y en avait de particulières dans chaque seigneurie; le droit de chasse, celui de garenne, de colombier étaient la cause d'une foule de tyrannies. Dans plusieurs paroisses, les seigneurs avaient conservé le droit de forcer les habitants à se servir de leur four, de leur pressoir, de leur moulin. Certaines corvées étaient dues par les roturiers, pour la culture des terres du seigneur; certains droits qui, à leur origine, avaient été peut-être les conditions d'un don et d'une vente, atteignaient le paysan jusque dans le produit de son champ. Le principe général était que nulle terre n'était sans redevance; cette redevance tantôt s'appelait cens, et alors c'était une somme d'argent; tantôt champart, et c'était une portion déterminée dans les fruits, comme le nom l'indique (1). Dans les ventes de biens roturiers, le seigneur percevait le douzième ou le huitième du prix, sous le nom de lods et ventes. La justice seigneuriale n'avait conservé de pouvoir que sur ces matières, si minces aux yeux de celui qui gouverne, si graves pour celui qu'elles intéressent. Devant le juge du seigneur étaient portées toutes les contestations entre celui-ci et ses paysans; et celles des paysans entre eux. Il y avait bien la faculté d'appeler; mais pour le pauvre, il n'y a guère qu'un degré de juridiction.

Un seul fait nous montrera combien les paysans étaient comprimés. Parmi ces parvenus qui, soit dans les lettres, soit dans le clergé, ont illustré le XVIIe et le XVIIIe siècle, nous trouverons beaucoup de fils d'artisans; aucun d'eux n'est sorti d'un village.

La nature même des armes employées par le tiers-État contre la noblesse confondait sa cause avec celle du peuple; comme ce n'était pas en vertu de titres ou de priviléges qu'il demandait l'égalité et la liberté politiques, mais au nom des droits éternels de l'humanité; qu'il en appelait à la loi naturelle, sans s'occuper de la loi écrite, il plaidait la cause du peuple tout entier. Celui-ci l'a senti par l'effet de cet instinct si sûr dans ses

(1) Campi pars.

amours et dans ses antipathies, qui anime les masses, et il a chaudement appuyé la révolution française.

Un double mouvement à cette époque s'est donc fait entre les classes de la population française; la noblesse s'est confondue avec la bourgeoisie, la bourgeoisie avec le peuple.

Il faut revenir sur nos pas et rappeler brièvement quel était l'état de la France à l'époque ou nous avons commencé ces recherches; en rapprochant les deux points extrêmes, nous jugerons mieux l'étendue du chemin parcouru.

La France morcelée était à peu près dans la position où se trouve l'Europe aujourd'hui; les divers États indépendants les uns des autres en appellent à la guerre pour terminer leurs différends; car la force est le seul juge possible là où n'existent ni une loi ni un tribunal pour l'appliquer. Comme chacun des fiefs possédait les prérogatives souveraines, qu'il formait un état séparé, les rapports entre eux étaient plutôt réglés par le droit des gens que par le droit politique. La souveraineté du roi, placé au sommet de la hiérarchie féodale, était le principe qui devait concentrer toutes ces impulsions divergentes; mais alors c'était moins une force qu'un titre. Sous ces petits gouvernements vivaient deux nations : l'une, les possesseurs de fief, avait part au pouvoir politique; l'autre, les serfs, ne jouissait même pas de la liberté civile : ils étaient la chose de leur maître; il n'existait donc à vrai dire, en France, ni une nation ni un gouvernement.

Le travail de la société française pendant huit siècles a été d'élever les serfs jusqu'aux gentilshommes, et de donner à la royauté un droit exclusif au pouvoir politique; en un mot, de créer la nation et le gouvernement chargé de la représenter. La royauté a touché le but la première; elle tournait les principes de la féodalité contre la féodalité elle-même. Le roi, comme souverain, était le supérieur de tous les vassaux; ce droit, oublié pendant la longue nuit où s'ensevelirent les derniers Mérovingiens et les premiers successeurs de Hugues-Capet, n'était nié par personne; il ne lui manquait que la force pour prévaloir. La bourgeoisie, au contraire, n'avait pas les mêmes précédents; elle avait surgi comme un fait nouveau dans la féodalité; elle avait donc contre elle toute l'autorité qui s'attache aux traditions.

Heureusement pour elle, les progrès de la royauté la servirent; chaque prérogative enlevée aux gentilshommes l'élevait par cela seul que ceux-ci étaient abaissés. Quand il ne leur resta de leur pouvoir détruit que des priviléges d'opinion, ce fut une faible différence entre les sujets d'un même maître.

Nous avons dit comment, après les États généraux, le roi substitua son autorité à celle des seigneurs dans la perception de l'impôt, comment Charles VII se réserva le droit exclusif de lever des hommes et de l'argent; dès lors la souveraineté de particulière devint générale. L'influence laissée aux grands seigneurs dépendit, comme celle de toute aristocratie de leur fortune, de leur considération personnelle ou héritée; ils n'eurent plus la force d'un gouvernement; toutefois les souvenirs de leur grandeur passée furent ménagés dans tout ce qui ne gênait pas le pouvoir royal; ils conservèrent de leurs priviléges le droit de justice dans leurs terres, l'exemption des impôts. Ce ne fut même que dans le XVIIe siècle qu'on essaya de les atteindre dans leur fortune. Richelieu avait consommé la ruine de l'aristocratie par des supplices; la Fronde avait fait plus; elle avait donné la preuve de son impuissance. La noblesse n'était plus en réalité le premier corps politique; cette place avait été prise par la magistrature sortie du tiers-État. Quand Louis XIV leva la capitation et le dixième sans aucune distinction de classe, il ne fit que reconnaître une révolution opérée; il n'y avait plus en France qu'un souverain absolu et des sujets. L'inégalité entre ces derniers ne reposait plus que sur la vanité; elle n'a été jetée à terre qu'en 1789.

La gloire de la révolution française est d'avoir écrit le droit naturel dans le droit positif; elle s'est emparée d'un fait accompli, l'unité de la nation et l'unité du gouvernement, et l'a poussé jusqu'à ses dernières conséquences. Les inégalités entre les provinces, les modes divers d'administration, les priviléges des divers ordres, tout a disparu, et ce qui prouve combien cette réforme radicale était conforme à l'état des choses et des esprits, c'est qu'elle a été respectée par les gouvernements les plus divers. L'œuvre de l'assemblée constituante est passée intacte au travers de l'empire et de la restauration.

L'égalité politique a donc été le principe consacré en 1789. Comme, de tous les changements dont l'histoire fasse mention, c'est peut-être le seul qui ait eu lieu en vertu de théories arrêtées, le seul dont les auteurs aient vu toute la portée, ils ne se sont pas bornés à sanctionner le présent, ils ont proclamé la loi de l'avenir. Ce n'a pas été seulement entre la noblesse et le tiers-État que l'égalité a été établie, elle l'a été encore entre le tiers-État et le peuple (1). Réaliser ce dernier résultat, telle est la tâche laissée par la révolution à ses héritiers. Il n'a pas dépendu d'elle que le but ne fût atteint du premier bond. Mais, pour avoir voulu devancer les faits, il a fallu plus tard reculer. Si la bourgeoisie n'eût pas été l'égale de la noblesse par la lumière, la richesse, par tout ce qui donne

(1) Nous connaissons d'avance l'objection que fait naître cette distinction entre le peuple et la bourgeoisie; mais tout le monde, ceux même qui la souleveront, nous comprendra.

l'autorité, elle n'eût pas gardé ses conquêtes; telle n'était pas la condition du peuple. Comme l'égalité n'existait pas dans les choses, celle de la loi n'était qu'une lettre morte.

C'est à la bourgeoisie de voir si elle veut appeler à elle les classes inférieures, les relever de la déchéance morale, ou bien lutter contre le cours irrésistible des événements. Le dernier parti serait plus que de l'égoïsme, ce serait une folie. L'esprit exclusif a tué, en France, l'aristocratie; et cependant elle était entourée de défenses autrement fortes que les barrières mobiles qui séparent la bourgeoisie du peuple. Les idées ont acquis aujourd'hui un empire plus absolu que jamais; tôt ou tard elles se feront jour. Le peuple a pour lui le droit; pour encouragement, l'exemple de la victoire; la fusion de la classe moyenne et de la classe inférieure est le problème qui agite tous les esprits : dire quelle en sera la solution définitive, quels changements cette solution amenera dans les distributions du travail et des richesses, serait une grande témérité, à la distance qui nous sépare encore du résultat. Nous ne pouvons voir que le fait général, les détails nous échappent ; mais cette incertitude sur les moyens et sur le mode n'est pas une raison suffisante pour le nier. Si l'on eût dit aux esprits les plus éclairés de Rome ou d'Athènes qu'une société sans esclaves était possible, que d'objections n'eussent-ils pas eues contre cette chimère ? L'avenir n'est pas tout entier dans le passé.

Il faut donc préparer cette révolution la plus grande à laquelle la société ait été destinée depuis l'esclavage aboli, lui épargner ces secousses violentes dans lesquelles le bien général est payé par tant de maux particuliers : nous n'appuierons pas davantage sur ces considérations. Il nous répugne de n'invoquer ici que le calcul. Relever les classes pauvres et laborieuses de l'incapacité qui pèse sur elles, les appeler à prendre leur part dans les bienfaits de la civilisation, les lumières, le bien-être, héritage commun de l'humanité, n'est-ce pas un résultat qui vaille la peine d'être désiré pour lui-même. Une cause si élevée doit rallier tous les esprits généraux.

L'égalité, quelque étendue qu'on lui suppose, ne va pas aussi loin que le mouvement démocratique de 1789. Il y a aussi égalité absolue sous le despotisme, et c'est là le danger d'une situation où la force est tout entière au gouvernement. Maintenant qu'il n'y a plus ni corps privilégié, ni magistrature héréditaire, que l'autorité ne voit au dessous d'elle que des individus, la résistance d'un particulier serait une folie. La seule garantie à espérer est dans la nature du pouvoir lui-même; les auteurs de la révolution l'ont bien vu. Ce n'est pas assez qu'il n'y ait en France que des sujets et un gouvernement, il faut que ces deux classes se confondent, qu'il y ait une véritable démocratie dans le sens littéral du mot. C'est là ce que doit réaliser la liberté politique, c'est à dire le concours des citoyens aux affaires publiques. En introduisant ce principe nouveau dans notre histoire, la révolution a clos le passé et ouvert l'avenir. Cette intervention peut s'allier avec des formes diverses; elle peut s'exercer d'une manière directe comme en Amérique, ou par voie d'influence comme dans la monarchie représentative. Ce dernier mode présente même des avantages qu'il serait superflu d'énumérer ici. Mais quels que soient les noms, la suprématie de la démocratie est dans tous les esprits : le gouvernement du pays est devenu la chose publique. Qui pourrait prétendre à gouverner la France malgré elle, et autrement qu'elle ne veut? Tous les pouvoirs ont toujours cédé ou tombé devant la volonté nationale; sans doute, cette volonté ne s'est manifestée encore que dans de grandes et rares circonstances. Elle ne sait pas bien encore s'interroger et se reconnaître. Mais à mesure que les institutions politiques seront mieux comprises, qu'elles seront passées des lois dans les habitudes et dans les mœurs, elle s'appliquera à plus d'objets : apprendre à vouloir, c'est l'éducation des peuples comme celle de l'individu.

NOTES ET PIÈCES JUSTIFICATIVES.

Comme plusieurs des autorités sur lesquelles nous nous sommes appuyé ne sont pas généralement connues, nous allons en donner une idée au lecteur : autant que nous l'avons pu, nous ne nous en sommes rapporté qu'à des témoignages contemporains. Il y a dans les originaux une réalité qui se perd après plusieurs interprétations. Pour les premiers chapitres de cet ouvrage, Beaumanoir, la collection des ordonnances, les notes de Laurière sur Loisel, qui sont bien supérieures au texte; Ducange, qui par son érudition semble avoir venu dans les temps dont il rapporte les usages, nous ont fourni des matériaux nombreux. A dater du règne de Charles VIII la collection du Louvre nous a manqué ; nous avons eu recours à celle de Fontanon. L'ordre de matières que l'auteur a substitué à l'ordre chronologique a l'inconvénient de morceler et d'éparpiller les ordonnances, il fait plutôt connaître l'esprit du compilateur que celui du texte ; mais pour nous c'était un avantage. Comme la première édition de cet ouvrage a paru en 1588, nous avons pu le considérer pendant tout le XVIe siècle comme un témoignage contemporain. L'édition de 1611 contient plusieurs pièces relatives au règne de Henri IV ; depuis cette époque, les documents législatifs se multiplient, la collection de M. Isanbert, les diverses ordonnances de Louis XIV, les baux des fermes ; les économies royales de Sully, ouvrage confus, médiocre comme œuvre littéraire, nous donnent les premiers renseignements authentiques sur les finances; depuis ils ne nous manqueront plus, grâce surtout à l'ouvrage de Forbonnais. Cet auteur a pu consulter plusieurs pièces qu'il serait impossible de retrouver aujourd'hui; il a eu à sa disposition les papiers de Colbert, ceux du duc de Noailles président du conseil des finances sous la régence; il avait lui-même vu le système de Law. Soit par lui-même, soit par les documents officiels qu'il a recueillis, il éclaire toute l'histoire financière du XVIIe et du commencement du XVIIIe siècle.

Plus tard nous avons l'ouvrage de Necker, sur l'administration des finances, composé par lui après qu'il eut quitté le contrôle général; les divers comptes de plusieurs de ses prédécesseurs, entre autres de Turgot et de M. Boulloagne. Enfin le gouvernement a publié en 1788, à l'imprimerie royale, un ouvrage en quatre volumes sur les impositions en France; on voit donc que, depuis la fin du XVIe siècle, les documents authentiques sont assez nombreux. Nous nous sommes aussi beaucoup servi d'un volume intitulé : *Matière d'impôts, recueil de pièces, arrêts, remontrances* relatives à ce qui s'est passé à la cour des aides, depuis 1758 jusqu'en 1776; c'est le mécanisme financier et judiciaire en action. Le lecteur pourra s'apercevoir, en lisant cet ouvrage, que nous avons puisé à beaucoup d'autres sources; comme ce sont des ouvrages plus répandus, nous n'en parlerons pas ici. Il n'est pas une citation qui n'ait été faite d'après les originaux; nous avons pu nous tromper sur l'appréciation des faits, mais les faits eux-mêmes sont hors de doute. Toutes les fois que nous avons voulu en tirer des conséquences, et passer du connu à l'inconnu, nous avons exposé nos raisons. Il nous eût été facile de grossir ce volume, mais sur des matières aussi arides il ne faut dire que le nécessaire, et ne pas rebuter par des longueurs le petit nombre de lecteurs qu'elles intéressent.

NOTE I. *Chapitre I, page* 17.

On trouve dans César un passage fort curieux : « Viri, quantas pecunias ab uxoribus dotis nomine acceperunt, tantas ex suis bonis, æstimatione facta communicant. Hujus omnis pecuniæ conjunctim ratio habetur, fructusque servantur ; uter eorum vita superarit, ad eum pars utriusque cum fructibus superiorum temporum pervenit. » N'est-ce pas là la communauté légale telle que le Code civil l'établit ? Cette permanance d'une législation qui a résisté à la conquête romaine et à l'invasion barbare, qui s'est maintenue sous la religion des druides et sous le christianisme, qui, après avoir gouverné nos ancêtres dans une civilisation à peine ébauchée, s'applique encore aujourd'hui, mérite d'être signalée : elle prouve combien la connaissance de l'histoire est nécessaire à l'étude des lois. Il y a dans chaque peuple un certain fonds d'idées, d'habitudes, que les changements politiques modifient sans le dénaturer : c'est ce qui forme le caractère national.

Il y aurait aussi plus d'un rapprochement à faire entre l'état de la nation gauloise, avant les Romains, et la France féodale. Dans l'une comme dans l'autre, le peuple était presque esclave, les chevaliers et les prêtres étaient seuls comptés pour quelque chose. Les clients dont les chevaliers s'entouraient ne rappellent-ils pas les vassaux ? César, liv. VI, chap. XVII et XV. Il semble que la domination romaine n'ait fait qu'effleurer le pays. Les deux civilisations qui se sont succédé dans les Gaules ont eu le même point de départ.

La féodalité est née des mœurs germaines et des mœurs gauloises combinées : « In pace, » dit César en parlant des Germains, « nullus communis est magistratus ; sed principes regionum atque pagorum inter suos jus dicunt et controversias minuunt. »

NOTE II. *Chapitre I, page 19.*

Nous croyons devoir prévenir une objection qui se présentera peut-être à l'esprit du lecteur. Dans le tableau que nous avons donné de la jurisprudence, Beaumanoir est presque la seule autorité citée ; cependant il n'avait écrit que sur les coutumes du Beauvoisis. On pourrait donc supposer que les dispositions des autres coutumes étaient tout à fait différentes. Mais la diversité ne portait pas sur les points importants : la féodalité, cause de la division, était cependant un caractère commun à tout le territoire ; les droits et les obligations consacrés par elle étaient presque partout les mêmes. Quelques citations suffiront pour le prouver : Il est coustume en Champaigne que se eschoite vient de costé que l'on en doit relief, c'est à savoir la valeur de l'issue d'un an. Art. 18 de l'anc. cout. rédigée vers 1220. Le droit de relief est revenu d'un an. Art. 47 de l'anc. cout. de Paris. Art. 26 de la nouvelle coutume de Champagne rédigée en 1509. Art. 193 de la coutume de Sens rédigée en 1550.

La représentation était proscrite dans toutes les anciennes coutumes. Art. 11 de l'anc. cout. de Champagne.

Art. 66 de Vitry-le-Français. Art. 41 de Meaux. Art. 100 de Melun. Art. 72 de Sens : elle ne fut admise que dans les nouvelles rédactions.

Il nous serait aisé de démontrer de même que le douaire, la communauté, le droit d'aînesse, le retrait lignager et le retrait féodal étaient reçus avec de légères différences dans toute la législation coutumière.

NOTE III. *Chapitre I, page* 29.

Nous n'avons pas voulu surcharger le texte de notes trop nombreuses ; nous pensons qu'on ne sera pas fâché de trouver ici quelques nouvelles preuves de nos assertions sur l'état du peuple.

« Les serfs ne sont pas tous d'une condition ; car si uns » des sers sont si souget à leur seigneur que leur sire puet » penre quanque ils ont à mort et à vie, et les cors tenir » en prison toutes les fois que il leur plest soit à tort soit à » droit, que il n'en est tenus à repondre fors à Dieu. Et si » autres sont demenés plus debonnairement ; car tant » comme ils vivent, les seigneurs si ne leur puent rien de- » mander se ils ne meffont, fors leurs cens, redevanches » que ils ont accoustumé à payer pour leurs servitudes ; et » quant ils se muerent, ou quant ils se marient en franches » femes, quanques ils ont eschiet à leur seigneur. » Beaum., page 257.

Dans l'ancienne coutume de Champagne, si un seigneur abonnait ses hommes, c'est à dire s'il substituait une somme déterminée à des taxes arbitraires, ceux-ci devenaient la propriété du seigneur supérieur. Art. XVII.

La distinction des serfs et des bourgeois du roi subsistait encore au commencement du XVIe siècle. Cout. de

Champagne rédigée en 1509, art. II, III, IV, V, VI et IX. Cout. de Chaumont-de-Vitry, art. CXLV; de Meaux, art. I, LXXXVIII, LXXXIX.

Il est probable que la mainmorte a été, pendant un temps, la condition légale d'une partie de la France : nous allons entrer à ce sujet dans quelques détails. Le mainmortable avait pour héritier celui qui demeurait en commun avec lui ; Loisel, règle 74 : dans ce cas, c'était plutôt une continuation de propriété qu'un héritage. Dans tous les autres cas, le seigneur lui succédait. L'homme de mainmorte ne pouvait disposer de ses biens par acte de dernière volonté ; il ne pouvait les aliéner à un homme de franche condition. Arrêt du Parlement de Dijon de 1672. Bretagne, sur la cout. de Bourgogne. Le mainmortable ne pouvait prescrire sa liberté ; la mainmorte était un droit seigneurial qu'aucun laps de temps ne pouvait périmer. Dans la coutume de Bourgogne, l'homme franc qui allait demeurer en mainmorte et y demeurait an et jour, devenait mainmortable ainsi que ses enfants.

Dans toutes les coutumes, la mainmorte n'était pas aussi absolue : il y en avait quelques unes où elle s'appliquait seulement aux biens : le seigneur héritait tantôt des meubles et tantôt des immeubles ; en ce cas, le mainmortable, en renonçant à ses propriétés, devenait franc. De Laurière sur Loisel.

NOTE IV. *Chapitre II, page 32.*

Il n'y avait au moyen-âge, à proprement parler, qu'un degré de juridiction ; l'appel était une accusation contre le juge. Le juge se défendait, et l'appel se terminait par un combat. Le changement de la procédure sous saint Louis ne toucha pas à ce principe ; le juge était toujours la partie principale, il était appelé, la partie n'était qu'intimée. L'appelant ou le juge étaient condamnés à une amende ; car il y avait un délit ou de la part du juge pour avoir prononcé un mauvais jugement, ou de la part de l'appelant qui mettait à tort le juge en cause. Cette amende était considérable ; elle était de 60 livres, du temps de Beaumanoir ; elle fut réduite à 60 sols, en 1356. Ord., tome III, page 144.

L'appel était donc une chose grave ; le délai pour le faire était des plus restreints. Il fallait appeler dans l'audience avant que le juge fût sorti du tribunal. Font., an 1453, tome I, page 629. Tel fut toujours le principe de l'ancienne jurisprudence ; mais, dans la pratique, cette rigueur fut adoucie. La chancellerie délivrait des lettres appelées *reliefs d'illico ;* et le délai était, en réalité, de trente ans. Henrion de Pansey, de l'Autorité judiciaire. L'usage d'appeler les juges ne fut plus qu'une vaine formalité qui se perdit peu à peu ; dans les pays de droit civil, le juge n'avait jamais été obligé de venir défendre sa sentence.

NOTE V. *Sur le rapport de l'argent avec les denrées. Chapitre IV, page* 160 ; *chapitre VI, page* 204.

On a généralement choisi pour terme de comparaison, entre les valeurs des diverses époques, le prix du blé ; c'est une denrée de première nécessité, dont la production et la consommation sont limitées ; enfin la vente et l'achat du blé sont des actes tellement répétés que plusieurs de ces marchés nous ont été conservés. De tous les rapports, c'est celui qui approche le plus de la vérité, cette vérité n'est cependant pas absolue. Plusieurs causes qui ne tiennent pas à la richesse générale ont une influence sur le prix du blé. Sans sortir du sujet qui nous occupe, il est certain que les entraves mises au commerce des grains ont dû le maintenir pendant l'ancien régime au dessus de son cours naturel ; dans le moyen-âge, où le commerce existait à peine, les alternatives de hausse et de baisse devaient se succéder dans une proportion beaucoup plus forte qu'aujourd'hui. L'abondance de la récolte d'un pays ne pouvait pas aussi facilement suppléer à la disette d'un autre. Pour réduire ces chances d'erreur, nous avons, autant que nous l'avons pu, donné, outre les changements dans le prix du blé, ceux qui ont porté sur d'autres valeurs. Cette précaution nous a paru inutile pour les deux derniers siècles, où la sécurité plus grande, le commerce plus avancé établissaient entre les diverses années une moyenne plus exacte.

Prix du setier de blé.

Dates.	Monnaie du temps.		Rapport de cette monn. avec la nôtre.	Monnaie actuelle.	
1289	6 s.	3 d.	comme 17 est à 1	5 f.	30 c.
1290	8	4	*id.*	6	65
1294	9	8	*id.*	8	15
1304	40		comme 6 et 7 est à 1	14	
1312	16		comme 12 est à 1	8	60
1314	10		*id.*	6	

Il convient d'élaguer l'année 1304 : le prix de 40 sols était un maximum fixé par ordonnance dans une année de disette excessive.

La moyenne des autres prix est de 6 liv. 94 c. Dans le même temps, un mouton se vendait :

en 1312,	6 s.	8 d.
1313,	6	3
1316,	6	
1320,	8	

La moyenne est de sept sols, dans notre monnaie, 3 fr. 60 c.

Prix du blé.

en 1390,	20 s.	6 d.
1398,	14	
1405,	18	
1410,	22	

La moyenne est de 18 sols, la monnaie valait huit à neuf fois la nôtre.

Le prix moyen du blé était de 7 à 8 francs. Un mouton, à la même époque, se vendait, 10 sols ou 4 fr.

Prix du blé.

en 1443,	4 liv.	
1444,	20 s.	
1450,	11 s.	
1459,	14	
1462,	11	
1465,	12	
1466,	21 s.	8 d.

La moyenne est de 24 sols : la monnaie valait six à sept fois la nôtre.

Le prix moyen est donc de 7 à 8 fr.

Prix du blé.

en	1499,	26 s.	8 d.
	1501,	30	
	1508,	27	
	1510,	8	
	1511,	8	8
	1513,	20	
	1515,	55	
	1519,	22	
	1520,	35	

La moyenne est de 25 sols, ou 6 fr. 25 c. de nôtre monnaie.

Ce résultat mérite d'autant plus de confiance qu'il s'accorde exactement avec le prix donné par Budée, auteur contemporain, dans un ouvrage de statistique.

en	1558,	66 s.	8 d.
	1559,	77	6
	1560,	75	
	1561,	83	
	1562,	100	
	1564,	66	
	Id.,	86	
	Id.,	86	
	1565,	100	
	Id.,	130	

Prix moyen, 4 livres 5 sols.

Dans notre monnaie, 14 fr. 75 c.

Dans un demi-siècle, le blé a donc passé de 6 f. 25 c. à 14 f. 75 c.

On pourrait attribuer ce résultat, s'il était isolé, à la

guerre civile qui désolait la France ; mais les autres valeurs subirent une augmentation analogue. La découverte de l'Amérique, l'importation des métaux précieux est la cause générale qui a changé tous les rapports des choses. Ainsi une messe d'obit, qui, en 1501, 1504, 1515, 1519, se payait 6 sols de notre monnaie, se paie, au milieu du siècle, 11 sols, en 1584 et 1594 15 sols.

Les gages d'un vicaire, qui, en 1566, étaient de 3 livres 6 sols par mois, sont, en 1576, à 6 francs 4 sols ; à la même époque, le prix commun du blé était de 8 livres le setier, environ 20 francs de notre monnaie.

Toutes les données qui ont servi de base aux calculs précédents sont extraites de l'ouvrage de Dupré de Saint-Maur ; dans le même ouvrage, on trouve un tableau détaillé du prix du blé, depuis 1596 jusqu'en 1746. L'auteur a donné pour chaque année le prix du blé vendu à quatre marchés de Rozoy, en Brie ; il s'est appuyé sur des registres authentiques. Il eût été inutile de grossir ce volume de la table primitive, puisque chacun peut la consulter ; nous nous sommes borné à publier le résultat général, extrait par l'auteur lui-même. Chacun des chiffres de cette table est calculé sur dix années ou sur quarante marchés ; il présente donc toute l'exactitude désirable. La valeur du blé dans les trois dernières périodes nous a été fournie par M. Preschez, juge de paix, à Rozoy ; il a eu la patience de consulter plusieurs milliers de chiffres. Comme le setier de Rozoy n'est pas celui de Paris, nous avons eu recours au rapport employé par Dupré de Saint-Maur lui-même, et nous avons augmenté d'un cinquième le prix du setier de 1780 à 1789.

Le lecteur connaît maintenant d'après quels éléments est formée la table que nous donnons ; elle diffère sensiblement de celle de Say, dans son *Cours d'économie politique ;* il a choisi ses chiffres au lieu de prendre des moyennes. Il faut aussi faire attention qu'il ne s'agit pas du blé commun, mais du plus beau. Dupré de Saint-Maur n'évalue le blé ordinaire qu'à 15 livres, tandis qu'il porte le blé d'élite à 18 livres.

On peut remarquer que le prix du blé croît dans les temps de désordre : l'administration de Sully le fit baisser d'un cinquième. Le plus haut prix qu'il ait atteint dans le XVIIe siècle coïncide avec les désordres de Mazarin, le plus bas avec les beaux temps de Colbert.

Prix du setier de blé, depuis le XIIIe *siècle jusqu'à nos jours.*

Années.		Monn. du temps.			Monnaie actuelle.	
		l.	s.	d.		
1289	à 1314				6f.	94 c.
1390	1410		18		7 à 8	
1443	1466		24		7 à 8	
1499	1520		25		6	25
1558	1565	4	5		14	75
1596	1605	9	16	9	26	45
1606	1615	8	1	9	21	70
1616	1625	9	2	3	23	85
1626	1635	12	8	9	32	95
1636	1645	12	5	1	23	25
1646	1655	16	19	2	32	20
1656	1665	17	16	1	33	80
1666	1675	9	15	4	18	
1676	1685	13	4	9	25	
1686	1695	14	13	4	24	60
1696	1705	16	12	3	26	55
1706	1715	22	1	5	29	50
1716	1725	17	18	4		
1726	1735	15	13	11		
1736	1745	19	0	9		
1780	1789	24	0	80		
1801	1810	25	0	52		
1826	1835	30	0	65		

La différence entre le franc et la livre est si faible, qu'elle ne vaut pas la peine d'être calculée.

Prix du plus beau blé vendu sur le marché de Rozoy, en Brie, savoir :

Années.	liv.	s.	
1779	18 liv.	10 s.	Le setier, ou 14 décalitres.
1780	18	12	
1781	18	13	
1782	17	11	
1783	18	6	*Nota.* En retranchant l'année
1784	23	2	1779, le prix commun des dix an-
1785	11	18	nées est de 20 fr. 66 c. le setier.
1786	17	5	
1787	18	3	L'ancien setier de Rozoy se
1788	22	16	composait de 8 boisseaux.
1789	30	6	

Ann.	f.	c.		Ann.	f.	c.	
1800	20 f.	61 c.	Le setier ou	1825	24 f.	19 c.	Le setier ou
1801	30	91	15 décalitres.	1826	24	62	15 décalitres.
1802	40	15		1827	28	83	
1803	26	06	*Nota.* En re-	1828	36	09	*Nota.* En re-
1804	21	08	tranchant l'an-	1829	40	82	tranchant l'an-
1805	25	20	née 1800, le prix	1830	35	09	née 1825, le prix
1806	24	»	commun des dix	1831	35	36	commun des dix
1807	26	64	autres années est	1832	34	50	autres années est
1808	21	81	de 25 f. 52 c. les	1833	24	87	de 30 f. 65 c. les
1809	16	29	15 décalitres.	1834	22	83	15 décalitres.
1810	23	06		1835	23	54	

Ce relevé a été fait sur les registres des gros fruits tenus à la mairie de Rozoy.

NOTE VI. *Sur la population de la France.*

Abrégé du dénombrement des peuples en l'état qu'il était à la fin du dernier siècle. Ce dénombrement comprend les hommes, les femmes et les enfants de tout âge et de tout sexe.

NOMS des intendants.	NOMS des généralités.	Nombre des peuples.	Années du dénomb.
Tiré d'un dénombr. fait en 1694.....	Paris.............	720.000	1694
M. Phelippeaux....	Généralité de Paris.	856.938	1700
M. de Bouville. ...	Général. d'Orléans.	607.165	1699
M. de Mirosménil..	Général. de Tours..	1.069.616	1698
M. de Nointel.....	Bretagne..........	1.655.000	1698
MM. de Foucaut et de Pommereu....	Normandie divisée en trois général..	1.540.000	1698
M. Bignon.........	Picardie...........	519.500	1698
	Artois.......... ..	211.869	1698
MM. Desmadris et de Barentin......	Flandre Flamningante...........	158.836	1698
M. de Bagnols.....	Flandre Wallonne..	337.956	1698
M. de Bernières....	Pays de Hainaut...	85.449	1698
M. de St-Contest...	Les trois évêchés...	156.599	1698
M. Larcher l'a commencé et M. de Pomereu l'a achevé.	Champagne compris les souverainetés de Sedan, de Raucourt, de Château-Regnault, duché de Bouillon, ce que nous tenons du Luxembourg, les prévôtés de Stenay, Jamets, Dun, et le comté de Clermont	693.244	1698
M. Sanson.........	Génér. de Soissons.	611.004	1698
M. Ferrand........	La Bourgogne, duché compris, la Bresse, le Bugey et le pays de Geix.	1.266.359	1700
	Lyonnais..........	363.000	
M. Ferrand.......	Comté de Bourgogne	340.720	
M. de la Grange...	Alsace............	245.000	1697
M. le Boucher	Dauphiné.........	543.585	1698
	A reporter....	11.981.840	

SUITE.

Noms des intendants.	Noms des généralités.	Nombre des peuples.	Années du dénomb.
	Report.	11.981.840	
M. Le Bret.	Provence.	639.895	1700
M. de Basville.	Languedoc.	1.441.000	1698
Tiré de feu Rousselot, directeur des fortifications, et du grand-vicaire de l'évêché d'Elne, à Perpignan	Roussillon.	80.369	1697
M. d'Ormesson. ...	Auvergne.	557.068	1697
M. de Besons.	Génér. de Bordeaux, compris le comté de Bigorre, le Mont-de-Marsan, pays de Labour et de Soulle.	1.482.304	1698
M. Guyet.	Béarn et B.-Navarre.	241.094	1698
M. Le Gendre.	Gén. de Montauban.	788.600	1699
M. de La Bourdonnaye.	Gén. de Limoges...	585.000	1698
M. Bégon.	Gén. de la Rochelle.	360.000	1698
M. de Maupeou....	Gén. de Poitiers...	612.621	1698
M. d'Argouges.....	Gén. de Moulins...	324.332	1698
Total.		19.094.146	

(Dime royale, page 180.)

Population des pays de grande gabelle à trois époques.

Recens. de Vauban.	Recens. de Necker.	Recensem. de 1831.	
1.540.000	1.913.000	2.645.798	Normandie.
1.576.938	1.781.000	2.415.945	Paris et Ile-de-France.
607.165	709.400	749.314	Orléans.
1.266.359	1.087.300	1.357.757	Bourgogne, duché.
693.244	812.800	1.122.886	Champagne.
611.004	437.200	513.000	Soissons.
519 500	533.000	543.000	Picardie.
1.069.616	1.338.700	1.117.113	Tours, Anjou et Maine.
291.232	512.500	501.348	Bourges.
324.332	564.400	669.870	Moulins.
8.499.390	9.489.300	11.636.391	

On remarquera sans doute que, d'après ce tableau, la population des pays de grande gabelle, dépasse le chiffre de 8,300,000, qui, selon Necker, comprend tous les habitants soumis à cet impôt : ceci tient à ce que, dans certaines généralités, il y avait des pays exempts de l'impôt du sel. Ces habitants privilégiés comptaient dans le dénombrement de leur généralité. Nous avons pris, pour former la troisième colonne de ce tableau, le recensement de 1831, *Ann. du bureau des longitudes;* comme les frontières des départements ne s'accordent pas toujours avec celles des anciennes provinces, il a été impossible d'éviter toute inexactitude.

La population totale du royaume, d'après le même document, est de 32,560,934.

Résumé de l'étendue de la population de chaque généralité.

Noms des généralités.	Lieues carrées.	Nombre des habitants par généralit.	Nombre des habitants par lieue carrée.
Aix	1.146	754.400	658
Amiens	458	533.000	1.164
Auche et Pau	1.347 1/2	813.000	603
Besançon	871 1/2	678.800	779
Bordeaux et Bayonne	1.625 1/2	1.439.000	885
Bourges	686 1/2	512.500	747
Châlons	1.226 1/4	812.800	663
Dijon	1.184 1/4	1.087.300	918
Grenoble	1.024	664.600	649
La Rochelle	464	479.700	1.034
Lille	414 1/2	734.600	1.772
Limoges	854	646.500	757
Lyon	416 1/4	633.600	1.522
Metz	514	349.300	680
Montauban	583 3/4	530.200	908
Montpellier	2.140 3/4	1.669.200	794
Moulins	897	564.400	629
Nancy	894	834.600	934
Orléans	1.021 1/4	709.400	695
Paris	1.157	1.781.700	1.540
Perpignan	286 1/3	188.900	660
Poitiers	1.057 1/4	690.500	653
Rennes	1.774 1/2	2.276.000	1.282
Riom	651	681.500	1.047
Normandie.. Rouen	587 1/2	740.700	
Normandie.. Caen	583 1/2	644.000	1.170
Normandie.. Alençon	464	528.300	
Soissons	445 1/3	437.200	982
Strasbourg	529 2/3	626.400	1.183
Tours	1.388 1/4	1.338.700	964
Valenciennes	257 3/4	265.200	1.031
Corse		124.000	
	26.950 7/12	24.676.000	

Résumé des contributions de chaque généralité, et de leur rapport avec le nombre des habitants.

Noms des généralités.	Contributions par généralités.	Contributions par individus.	
Aix, y compris la contribution pour les chemins.	15.000.000 liv.	19 liv.	18 s.
Amiens	15.200.000	28	10
Auch et Pau	11.300.000	13	18
Besançon	9.300.000	13	14
Bordeaux et Bayonne	23.000.000	16	00
Bourges, y compris la contribution pour les chemins	8.000.000	15	12
Châlons	21.800.000	26	16
Dijon	20.800.000	19	3
Grenoble	11.800.000	17	15
La Rochelle	9.100.000	18	9
Lille, y compris la contribution pour les chemins	14.800.000	20	3
Limoges, *idem*	8.900.000	13	15
Lyon	19.000.000	30	00
Metz	6.800.000	19	9
Montauban, y compris la contribution pour les chemins	11.800.000	22	5
Montpellier, *idem*	37.500.000	22	1
Moulins	9.800.000	17	7
Nancy	10.800.000	12	19
Orléans	20.000.000	28	4
Paris, la dép. des chem. payée.	114.500.000	64	5
Perpignan	2.600.000	13	15
Poitiers	12.300.000	17	16
Rennes	28.500.000	12	10
Riom	12.800.000	18	16
Norm. { Rouen. 27.400.000 l. / Caen. . 15.200.000 / Alenç. . 14.400.000	57.000.000	29	16
Soissons	11.300.000	25	17
Strasbourg	8.800.000	14	1
Tours	30.000.000	22	8
Valenciennes	5.500.000	20	15
	568.000.000		

Ces deux tableaux n'ont pas été composés de la même manière : celui de Vauban a été fait d'après un recensement général fait par les intendants à la fin du XVIIe siècle. Ce n'était qu'une portion d'un immense travail ordonné par Louis XIV pour l'instruction du duc de Bourgogne. On avait demandé à chaque intendant une description exacte de la généralité qu'il administrait; c'est le premier essai de statistique officielle tenté en France. Malheureusement, la nouveauté même du travail l'a empêché d'être complet : comme chaque intendant était libre de choisir l'ordre des matières et les matières elles-mêmes, aucun des mémoires n'a été fait sur un même plan. On trouve sur certaines provinces des renseignements qu'on cherche en vain pour d'autres. Boulainvilliers a eu la patience d'analyser cet immense recueil, et d'en donner un extrait en six volumes. *État de la France*, Londres, 1752.

Encore qu'à cette époque les registres de l'état civil fussent tenus par le clergé, que l'administration n'eût pas un agent dans chaque village, on pouvait cependant appuyer un dénombrement sur des bases assez solides : le peuple était compté depuis longtemps dans les provinces de grande gabelle. Comme l'impôt se distribuait en raison du nombre des habitants, le fermier avait un grand intérêt à connaître tous les changements de la population. Enfin, par les rôles de la taille, et surtout par ceux de la capitation que tous les habitants payaient, on pouvait obtenir des renseignements exacts. Vauban a cependant fait une omission, il a oublié la généralité de Bourges. Elle comptait 291,000 habitants. Boul., tom. VI, pag. 261. Il s'est de même trompé sur la population des trois évêchés : l'intendant l'évalue à 356,000. *Ibid.*, tom. III, pag. 356. Ainsi, à la fin du XVIIe siècle, la France contenait 19,500,000 habitants.

Necker a pris pour base de ses recherches le rapport entre le nombre des naissances et celui des habitants; il a choisi celui de 25 et trois quarts : la proportion est maintenant de 32,2, *Ann. du bureau des longitudes.* La proportion des naissances aux décès était alors de 1,14, elle est aujourd'hui de 1,23. L'accroissement de la population suit donc une loi plus forte.

La différence entre 1,14 et 1,23 ne doit pas être imputée tout entière à une diminution dans la mortalité. Les curés, qui étaient, avant 1789, chargés des registres de l'état civil, omettaient quelquefois les décès d'enfants pauvres : la nécessité du baptême faisait qu'ils n'oubliaient guère de naissances.

Quelle que soit l'exactitude de ces rapports, on sent qu'ils ne peuvent avoir la même autorité qu'un recensement : il y a toute la différence qui sépare un raisonnement d'un fait.

Avant de faire quelques comparaisons entre les divers tableaux que nous venons de donner, il y a une remarque à faire sur les changements survenus dans le territoire. Dans le XVIIIe siècle, la France avait gagné la Lorraine et la Corse. Ce que Louis XIV céda de la Flandre à la paix d'Utrecht n'était pas à beaucoup près aussi important. Il faut donc, pour comparer la population aux deux époques, retrancher 500,000 sur le chiffre de Necker; augmentation due à une adjonction de territoire.

Entre la France de Louis XVI et la nôtre, il y a parité complète : la réunion du Comtat compense à peu près ce que nous avons perdu en 1815.

Le rapport entre la population du XVIIe siècle à celle du XVIIIe est de. 1,24

Le rapport de la population actuelle à celle du XVIIe siècle est de. 1,64

Le rapport de la population actuelle à celle du XVIIIe siècle est de. 1,33

Ainsi, en soixante ans, la population a plus gagné qu'elle n'avait fait en un siècle.

Si maintenant nous considérons séparément la population des pays de grande gabelle, nous trouverons :

Que depuis Vauban jusqu'à Necker elle a augmenté dans la proportion de. . . . . 1,11 (treize centièmes au dessous de l'accroissement moyen).

Depuis Necker jusqu'à nous, dans la proportion de. 1,22

Le rapport qui, pour la population générale, n'a augmenté que de neuf centièmes sur 124, a augmenté de onze sur 111. Ce résultat prouve l'influence des lois financières sur la population : il y a une liaison nécessaire entre la richesse d'un pays et le nombre des habitants.

Nous allons maintenant essayer de déterminer le nombre des habitants de la France à une époque sur laquelle nous n'avons point de renseignements officiels, le règne de Henri IV.

Il faut d'abord tenir compte des accroissements de territoire : depuis le XVIIe siècle, la France avait conquis ou obtenu par des traités :

Noms des provinces.	Population.
Franche-Comté.	340,720
Roussillon	80,369
Alsace	245,000
Flandre Wallonne.	337,000
Flandre flammingante.	158,000
Hainaut	85,449
Total.	1,266,538

Elle avait fait, en outre, dans la généralité de Châlons, dans l'Artois et dans la Picardie, des acquisitions nouvelles: on ne se trompera donc pas en évaluant ces adjonctions à 1,500,000. La France dans les limites laissées par Henri IV comptait donc, au siècle de Louis XIV, 18,000,000 habitants. Combien le même territoire en avait-il un siècle plus tôt ?

La loi d'accroissement observée entre le XVIIe et le XVIIIe siècle est de 1,24 : nous croyons qu'elle peut s'appliquer sans inconvénient aux époques précédentes : rien n'était changé ni dans les lois, ni dans la condition du peuple. Ce serait donc une population de 15,000,000 d'habitants.

Essayons de voir si, par une autre voie, nous pourrons arriver au même résultat. Necker dit que les provinces de gabelle consommaient de son temps 15,000 muids de sel ; d'après le bail de Jousse rapporté par Fontanon, le roi garantit au fermier une vente de 8,000 muids. Mais c'était là une limite inférieure; ainsi, dans le bail de 1668, on ne garantit à l'adjudicataire qu'une consommation de 9,000 muids, quoique la vente réelle eût été de 9,700.

On peut donc évaluer la consommation des pays de grande gabelle à 9,000 muids. Si l'on admet que la population de ces provinces ait cru dans la même proportion que la vente du sel, qu'en outre le reste du royaume fut soumis à la même loi d'accroissement que ces provinces, on trouvera, pour le règne de Henri IV, 13,200,000 habitants. Avant de faire le calcul, nous avons retranché un huitième pour les accroissements de territoire sous Louis XIV et sous Louis XV.

Nous pourrons, du reste, essayer cette méthode indirecte pour le règne de Louis XIV sur lequel nous avons des renseignements positifs, et juger par là du degré de confiance qu'elle mérite.

L'impôt sur le sel, qui, en 1668, Forb., tom. I, p. 407, rapportait 13,700,000 f., rapporta, en 1683, 17,800,000. Comme le prix du sel n'avait pas changé, Forb., p. 565, ce résultat est uniquement dû à un accroissement dans la consommation : cet accroissement était d'environ un tiers. La consommation du sel, d'après le bail de 1668, était de 9,700 muids; elle était donc de 12,000 en 1683. Si maintenant nous répétons le calcul que nous avons fait plus haut, nous trouverons, pour la population de la France, 19,000,000, chiffre qui coïncide presque avec celui de Vauban.

Le chiffre de 13 à 14 millions, adopté dans le texte, page 159, a donc toute la certitude qu'on peut exiger dans des recherches de ce genre.

NOTE VII. *Valeur du marc d'argent pur, d'après Dupré de Saint-Maur.*

Ann.	Prix du marc d'arg. pur. l.	s.	d.	Ann.	Prix du marc d'argent pur. l.	s.	d.		Ann.	Prix du marc d'argent pur. l.	s.	d.	
1295	3	8	3	1359	12				1704	33	11	2	2/11
1304	8	7	1	1360	16				1704	38	18	1	1/11
1306	4			1360	12				1707	34	10	9	9/11
1322	4	7	9	1360	15				1707	47	8		
1327	6			1360	6				1708	42	13	2	2/5
1330	3			1372	6				1708	36	14	8	2/5
1336	4	10		1391	6	15			1709	33	5	5	5/11
1338	6			1413	11	14			1709	31	12	4	4/11
1339	7	10		1417	15				1713	43	12	8	8/11
1339	9			1418	24				1713	42	10	10	10/11
1340	10	10		1420	40				1714	41	9	1	1/11
1340	12			1423	7	10			1714	34	18	2	2/11
1342	15			1431	8				1715	33	16	4	4/11
1343	3	15		1446	9				1715	30	10	10	10/11
1345	3	14		1467	11	5			1718	43	12	3	
1348	9			1475	10	11			1718	65	9	1	1/11
1350	6			1476	12				1719	63	5	5	5/11
1350	9			1478	10	16			1719	61	1	9	9/11
1351	12			1483	12				1720	61	1	9	9/11
1351	13			1488	11				1720	65	9	1	1/11
1351	7	10		1514	12				1720	61	18	2	2/11
1352	10			1519	13				1720	65	9	1	1/11
1352	12			1540	15				1720	87	5	5	5/11
1353	11			1563	16	13	4		1720	98	3	7	7/11
1353	6	10		1575	21	5	8		1720	76	7	3	3/11
1354	6			1582	20	12	4		1720	70	18	2	2/11
1355	12			1602	22				1720	90			
1355	16			1636	27	10			1720	81	16	4	4/11
1355	18			1641	29	3	7	7/11	1720	173	12	8	8/11
1355	20			1643	28	13	8		1720	130	18	2	2/11
1355	6			1689	32	2			1720	14	11	9	9/11
1356	12			1690	32	11	8	8/11	1720	98	3	7	7/11
1358	8			1692	31	12	3	3/11	1720	85	1	9	9/11
1358	9			1693	31	4	6	6/11	1720	68	14	6	6/11
1358	10			1700	34	19	7	7/11	1724	75	5	5	5/11
1358	12			1700	34	10	7	7/11	1724	67	1	9	9/11
1359	15			1701	32	11	8	8/11	1724	54	10	10	10/11
1359	18			1701	36	19	3	3/11	1724	43	12	8	8/11
1359	24			1702	35	19	9	9/11	1726	45	5	5	5/11
1359	45								1726	54	6	6	6/11

Nous avons peu d'observations à faire sur ce tableau ; un simple coup d'œil suffit pour justifier ce que nous avons avancé dans le texte sur les falsifications de monnaie. Les autorités sur lesquelles s'appuient ces résultats ne permettent aucun doute. Dupré de Saint-Maur n'a fait qu'abréger, pour les premiers siècles, le travail détaillé publié par Secousse dans le recueil des ordonnances. Le Blanc, sous Louis XIV, s'était déjà occupé de ces matières.

Cependant plusieurs variations brusques ne sont pas portées dans ce tableau, Dupré de Saint-Maur n'a calculé le prix de l'argent fin monnayé que pour celles qui, par leur durée, avaient eu une influence sur le prix des denrées; il a négligé celles qui furent simplement des banqueroutes.

Ainsi, dans l'année 1359, le marc d'argent fin reçu aux monnaies valut, au 23 février, 53 liv., au 3 mars 72 liv., au 18 mars 102 liv., au 24 mars 11 liv.

Dans l'usage que nous avons fait de cette table, nous avons, autant que possible, pris des nombres entiers, et laissé de côté des fractions ; le prix du marc aujourd'hui dépasse 54 francs de quelques centimes. Il nous a paru que, dans ces recherches, la simplicité était préférable à une trop grande précision, et le chiffre de 54 francs a été celui que nous avons choisi pour type de comparaison ; il suffit d'en avertir le lecteur.

NOTE VIII. *Des finances de la France à l'époque de la révolution.*

Necker sera sur ce sujet notre guide principal ; l'exactitude de son ouvrage est incontestable. Il est d'accord avec tous les autres documents authentiques, le compte de Boullongne, celui de Turgot; les attaques qu'il a soulevées n'ont porté que sur des détails insignifiants; mais comme, par la nature même de son esprit, il préférait des améliorations partielles à une réforme radicale, il a négligé quelques articles assez importants dans les charges publiques. La dîme ecclésiastique, les droits sur les marchés possédés par le roi ou par les seigneurs n'étaient, à ses yeux, que des propriétés : c'étaient cependant de véritables impôts prélevés sur la richesse générale. D'autres auteurs nous permettront de suppléer à son silence.

Voici le tableau des impositions selon Necker.

1.	Vingtièmes.................	55,000,000
2.	Troisième-vingtième........	21,500,000
3.	Taille......................	91,000,000
4.	Capitation.................	41,500,000
5.	Impositions locales..........	2,000,000
6.	Fermes générales...........	166,000,000
7.	Régie générale..............	51,500,000
8.	Administration des domaines.	41,000,000
9.	Fermes de Sceaux et Poissy...	1,100,000
10.	Administration des postes...	10,300,000
11.	Fermes des messageries......	1,100,000
12.	Monnaies...................	500,000
13.	Régie des poudres..........	800,000
14.	Loterie royale..............	11,500,000
15.	Revenus casuels............	5,700,000
16.	Droits de marc d'or.........	1,700,000
17.	Droits perç. par les pays d'État.	10,500,000
18.	Clergé.....................	11,000,000
19.	Octrois des villes, hôpitaux et chambre de commerce....	27,000,000
20.	Aides de Versailles..........	900,000
21.	Impositions de la Corse......	600,000
22.	Taxe attribuée aux gardes françaises et suisses.......	300,000
23.	Objets divers...............	2,500,000
24.	Droits recouvrés par les princes ou les engagistes..........	2,500,000
25.	Corvées ou impositions qui en tiennent lieu............	20,000,000
26.	Contraintes, saisies, etc.....	7,500,000
27.	Milice.....................	Mémoire.
28.	Logement des gens de guerre.	*Id.*
29.	Impôt indirect par la contrebande.................	*Id.*
	Total.............	585,000,000

A ce chiffre il convient d'ajouter la dîme ecclésiastique, les diverses taxes perçues par les seigneurs. L'appréciation de ces divers articles présentera toujours quelque incertitude; le lecteur prononcera.

La dîme était répartie de la manière la plus inégale; elle ne se levait même pas partout sur les mêmes objets. Ainsi les étangs, les bois et les prés étaient exempts; mais cette exemption n'était pas générale, elle n'était pas reçue dans certaines paroisses. Il y avait quelquefois une dîme des agneaux, de la laine. Guyot, *Répert.* : en Normandie, le décimateur levait la onzième gerbe; dans d'autres provinces, il n'avait droit qu'à la quinzième ou à la vingtième. Vauban, *Dîme roy.*, page 52. Dans la même élection de Vézelay, la dîme variait du treizième au vingt et unième, selon la paroisse. Ib., page 121. On sent combien ces variétés font obstacle à une estimation générale; nous allons cependant le tenter, mais en choisissant toujours le chiffre le plus bas.

Il résulte de deux tableaux par paroisses, rapportés par Vauban, pages 142-147, que, dans cinquante trois paroisses de Normandie, d'une fertilité médiocre, la taille s'élevait à 46,370 liv., et la dîme à 73,080; que, dans les cinquante-quatre paroisses de l'élection de Vézelay, qui est, dit l'auteur, un des plus méchants pays du royaume, la taille était de 45,025 liv.; la dîme de 37,458. Vauban fait, en outre, observer que, l'année 1699, pendant laquelle fut fait ce travail, la récolte fut très mauvaise; en effet, le blé se vendit 26 liv., monnaie du temps. Dupré de Saint-Maur, page 176. La disette diminuait la dîme, mais ne faisait rien à la taille.

Comme dans l'élection de Vézelay, la dîme variait

selon les paroisses, mais sans jamais monter au chiffre élevé de la Normandie; on peut, sans s'exposer à des chances d'erreur, supposer que le rapport donné par Vauban était la condition commune du royaume. En 1700, l'impôt direct dépassait 42,000,000 : en admettant que la dîme n'eût pas augmenté depuis Vauban, ce serait, d'après la différence des monnaies, environ 70,000,000 ; d'un autre côté, Sully évalue la dîme à 12,000,000, somme inférieure de 2,000,000 à la taille qui se levait de son temps; depuis le commencement du XVIIe siècle, les conquêtes de Louis XIV avaient augmenté la France d'un huitième. En tenant compte de cette différence, on arriverait au même résultat que Vauban, l'égalité de la taille et de la dîme. Si l'on objectait que les curés de campagne étaient loin de toucher une somme aussi forte, nous ferions observer qu'une partie considérable des dîmes ne leur appartenait plus. Elle avait passé depuis longtemps entre les mains des évêques, des chapitres et même des seigneurs évêques.

Guyot, ib., dîme.	70,000,000
Les droits de mutation perçus par les seigneurs sont évalués par M. de Boullongne à.	4,500,000
Les droits sur les marchés, sur les péages sont évalués par Cormeré, à..	5,000,000
	79,000,000

Les corvées dues aux seigneurs étaient encore une charge considérable dont il est impossible de fixer le chiffre.

C'est donc une somme de 79,000,000 qu'il faut ajouter aux 585,000,000 de Necker, c'est à dire, en tout,

664,000,000. Mais Necker a retranché des impôts tout ce qui n'était pas payé par le contribuable, le prix d'acquisition du tabac, du sel, le produit des bois, les salaires des employés aux poudres, 20,000,000 sur les fermes, 12,000,000 sur les domaines, une somme qu'il ne fixe pas sur les postes et sur les poudres. Avant de faire aucune comparaison avec notre budget, il faudrait opérer sur les recettes des réductions analogues qui seraient bien plus considérables, ou rétablir dans le budget de l'ancien régime ce que Necker en a ôté. Nous avons pris ce dernier parti.

Il se levait donc, en France, environ 700,000,000 d'impôts; ils étaient payés par une population de 24,800,000, la moyenne était donc de 28 liv. par tête. Comme le prix des choses a augmenté d'au moins un cinquième depuis 1789, l'impôt payé alors équivaudrait à 33 francs 60 centimes; ce fait répond à bien des déclamations.

Le tableau de Necker que nous avons donné précédemment prouve combien le fardeau était plus lourd sur certaines provinces que sur d'autres.

L'impôt direct était le tiers de l'imposition générale.

Voici maintenant le tableau des dépenses :

1.	Intérêts de la dette publique	207,000,000
2.	Remboursements	27,500,000
3.	Pensions	28,000,000
4.	Partie des dépenses de la guerre	105,600,000
5.	Dépenses de la marine	45,200,000
6.	Affaires étrangères	8,500,000
7.	Maison du roi	13,000,000
8.	Prévôté de l'hôtel	200,000
9.	Bâtiments	3,200,000
10.	Maisons royales	1,500,004
11.	Maison de la reine	4,000,000
12.	Famille royale	3,500,000
13.	Les princes, frères du roi	8,300,000
14.	Frais de recouvrement	58,000,000
15.	Ponts et chaussées	8,000,000
16.	Secrétaire d'état, et employés dans l'administration	4,000,000
17.	Intendants de provinces	1,400,000
18.	Police	2,100,000
19.	Pavé de Paris	900,000
20.	Frais de justice	2,400,000
21.	Maréchaussée	4,000,000
22.	Dépôts de mendicité	1,200,000
23.	Prisons et maisons de force	400,000
24.	Dons et aumônes	1,800,000
25.	Dépenses ecclésiastiques	1,600,000
26.	Frais du trésor royal et de diverses caisses	2,000,000
27.	Traitements divers	400,000
28.	Encouragements au commerce	800,000
29.	Haras	800,000
30.	Universités, colléges, etc	800,000
31.	Académies	600,000
32.	Bibliothèque du roi	300,000
33.	Jardins du roi	100,000
34.	Imprimeries	72,000
35.	Constructions et entretien des palais de justice, etc	200,000
36.	Intendant des postes, et dép. secr.	800,000
37.	Autres dépenses relatives aux postes	450,000
38.	Franchises et passe-ports	600,000
39.	Ordre du Saint-Esprit	800,000
40.	Dépenses dans les provinces	600,000
41.	Ile de Corse	6,500,000
42.	Dépenses diverses	800,000
43.	Dépenses part. du clergé de France	1,500,000
44.	*Id.*, du clergé étranger	750,000
45.	Dépenses particulières aux pays d'états	50,000
46.	Entretien et confection des routes	1,500,000
47.	Dépenses des villes, hôpitaux et chambres de commerce	20,000,000
48.	Supplément additionnel, pour former une somme ronde	26,000,000
		78,000
	Total	610,000,000

252,000,000 sur 610 servaient à l'acquittement des charges publiques. La guerre et la marine formaient à peu près le quart de la dépense totale.

Note IX. *Chapitre* VII, *page* 255.

La population des provinces de petite gabelle était de 4,600,000 ames : le sel s'y vendait 33 liv. 10 s. le quintal : ces provinces étaient le Lyonnais, le Màconnais, le Forêt, le Beaujolais, le Bugey, la Bresse, le Dauphiné, le Languedoc, la Provence, le Roussillon, le Rouergne, le Gévaudan et une partie de l'Auvergne. Necker, t. II, p. 8 et 9. Le droit n'était pas uniforme. Imp. en fran., tom. III, page 151.

Dans l'enceinte même des grandes gabelles, un petit pays de la Basse-Normandie ne payait que le vingt-cinquième du prix du sel, sous le nom de quart-bouillon.

Dans le pays de *Salines*, c'est à dire en Franche-Comté, en Lorraine, dans les trois évêchés et dans une portion de l'Alsace, le sel était vendu par le roi à raison de 21 l. 10 s. le quintal : quelques seigneurs ou des villes d'Alsace jouissaient de ce droit de gabelle. Imp. en fr. *ib.* La population de ces provinces était de 1,900,000 ames.

Le pays *rédimé* comprenait le Poitou, l'Aunis, la Saintonge, la plus grande partie de l'Auvergne, du Périgord, du Quercy, de la Guienne et du pays de Foix ; 4,625,000 habitants. Il n'y avait sur le sel qu'un droit à l'extraction. Necker.

Les provinces *franches*, la Bretagne, l'Artois, le Hainaut, la Flandre, une portion de l'Aunis et de la Saintonge et quelques districts compris dans les pays de grande gabelle jouissaient d'une immunité complète. La population de ces pays était de 4,700,000. Necker.

Sur une zone de frontières qui était de deux lieues en Bretagne et de trois dans les autres provinces, il était défendu aux habitants de conserver chez eux plus de sel que leur provision de six mois calculée à raison de 7 livres par personne. Imp. en fr., tom. II, pag. 230.

NOTE X. *Chapitre* VII, *page* 210.

Le nom de la taille et la manière dont elle se percevait n'étaient pas, dans les provinces récemment réunies, les mêmes que dans le reste du royaume. Dans les trois évêchés, la taille s'appelait imposition ordinaire : elle était levée d'après les mêmes principes que dans les pays d'élection. Il y avait seulement plus d'arbitraire : toutes les contestations étaient portées devant l'intendant. En Alsace, l'intendant répartissait seul un impôt de 300,000 livres : les deux tiers étaient payés par les fonds de terre, le reste par l'industrie. La première partie de cette imposition était réelle.

Dans l'Artois, pays d'États, les impôts étaient établis d'après la valeur des fonds : on levait un ou plusieurs *centièmes*, selon les besoins de la province. Les nobles ne devaient qu'un des centièmes ordinaires ; mais ils étaient soumis à tous les centièmes extraordinaires. C'était avec ces fonds qu'on payait le don gratuit.

Dans la Flandre Wallonne, le roi déclarait la somme dont il avait besoin : les États, ou plutôt les baillis des quatre seigneurs hauts-justiciers qui représentaient les États, votaient un certain nombre de vingtièmes et une ancienne taille. Les nobles et les ecclésiastiques ne payaient qu'un vingtième et demi; la province en donnait tous les ans quatre ou cinq.

Dans la Flandre maritime, tous les fonds contribuaient. Ceci tient peut-être à ce qu'elle avait fait partie des quatre membres de Flandre, lorsque Artevelle fit le premier essai de démocratie au XIVe siècle.

Dans le Hainaut, d'anciens impôts, des vingtièmes, un impôt sur les feux et les cheminées remplaçaient la taille.

Dans la Franche-Comté, les principes étaient les mêmes que dans les pays d'élection ; seulement il n'y avait pas de collecteurs.

En Lorraine, les exemptions des privilégiés étaient plus nombreuses qu'ailleurs : ceux-ci ne payaient point de taille pour les lieux qu'ils occupaient. Le seigneur de la justice du lieu exemptait même son fermier. Dans ces petites principautés, le noble était fort de la faiblesse même de son souverain, le peuple était plus foulé. Imp. en fran., tom. II.

Note XI. *Chapitre IV, page* 159.

L'état de tous les deniers qui sortent de la bourse des sujets du roi, de toutes conditions et pour toutes sortes de dépenses soit volontaires, soit nécessaires; réservé la vie, le vêtement, le logement et l'entretien des choses nécessaires pour iceux, le tout par estimation, étant impossible d'en rien supputer avec certitude, ce que se pouvant faire les sommes en seraient effroyables, et partant s'est-on contenté de prendre une espèce de pied sur lequel il s'en peut former quelques unes, sinon vraies, à tout le moins vraisemblables.

Premièrement à gens d'église pour baptêmes, confessions, confirmations, distributions de sacrements, prédications, visitations de malades, services extraordinaires, consécrations et frais pour huiles, eaux et pains bénits, cires, flambeaux, cierges, bougies, huiles de luminaires et autres frais de marguilleries, à raison de 200 écus par paroisse l'une portant l'autre; et de quarante mille paroisses qu'il y peut avoir par tout le royaume, compris les églises qui ne sont point paroisse; le tout par estimation 8,000,000 d'écus valant. . . . . 24,000,000 liv.

Plus pour aumônes générales et particulières à dévotion, constructions

d'églises, monastères et autres lieux saints; legs testamentaires pour œuvres pies, obits, fondations de services, consécrations d'églises et gens d'églises; magnifiques sépultures, processions, ornements d'églises, images et croix; fêtes, confréries à patrons et bâtons, voyages et pèlerinages ès-lieux saints; par estimation à raison de 300 écus par paroisse et sur le même nombre de quarante mille églises ou paroisses, 12,000,000 d'écus qui valent.	36,000,000
Plus pour les dîmes payées aux prêtres et curés, et dedans des églises fondées à raison de 100 écus par paroisse et église, et sur le pied de 4,000,000 d'écus valants.	12,000,000
Plus pour les décimes payées au roi par les gens d'églises et autres dépenses du clergé, ou décimes extraordinaires avec les frais pour toutes ces choses par estimation, 1,500,000 écus valants. .	4,500,000
Plus pour argent porté à Rome pour toutes sortes d'expéditions et annates; pour indulgences, dispenses, consécrations de prélats, dédicaces d'églises et autres semblables dépenses par estimation.	4,000,000
Plus pour achats d'offices, quarts	
	80,500,000

deniers pour résignations et marcs d'or, expéditions de lettres et réceptions d'officiers, obtentions d'honneurs, dignités, noblesses, exemptions, droits, prérogatives et privilèges que le roi confère par estimation.. 12,000,000

Plus pour toutes sortes de frais qui se font par toutes sortes de conditions, de personnes pour affaires de procès et plaidoieries pour avoir justice, tant pour les juges et présents qu'il leur faut faire que pour les voyages et chômages des parties, salaires de solliciteurs, avocats, procureurs, huissiers et sergents; les sommes en sont inestimables, et néanmoins ci par estimation. . . 40,000,000

Plus pour toutes sortes de tailles qui se lèvent pour le roi, en vertu de ses commissions et dont ses officiers font les états, selon ce qui se monte en cette année. 20,000,000

Plus pour toutes sortes de deniers qui se lèvent par forme de tailles et lettres d'assiette, tant du grand sceau que des petits sceaux, pour les affaires particulières des paroisses, tant pour l'expédition qu'enregistrement desdites lettres, qu'attaches sur scellés et frais de l'imposition par estimation. 4,000,000

156,500,000

Plus pour toutes sortes de deniers qui se dépendent ou dépérissent au dommage des particuliers, pour chômages de fêtes, pertes de journées de marchands, artisans, laboureurs et manœuvres, et dépenses qu'à l'occasion d'icelles ils font ès-tavernes, jeux et brelans, ensemble pour les maîtrises et confréries des artisans, et métiers par estimation à raison de 100 écus par paroisse sur le pied ci-devant pris. .	12,000,000
Plus pour tous deniers levés sur le sel par le roi, tant pour ses droits que ceux des officiers, prix de marchand, archers, droits de passeports, d'embouchures, péages de rivière et autres par toutes les provinces de France, par estimation..	14,000,000
Plus pour tous deniers qui se lèvent pour le roi par forme d'aides nommés quatrième, huitième et vingtième à prendre sur le vin, pommé, poiré et cervoise, compris tous les frais des officiers par estimation.	5,000,000
Plus pour tous deniers qui se lèvent pour le roi par forme d'entrée dans les villes ; péages sur les rivières, ponts et passages, traites foraines, domaniales, rues, haut passage, douane, entrées	
	187,500,000 liv.

de drogueries et épiceries, impôts, billots, ports, havres, brieux, traites de bêtes vives, droits d'ancrage et d'amirauté par estimation.	8,000,000
Plus pour toutes sortes de deniers qui se lèvent par les villes et bourgs, tant par forme de deniers communs et patrimoniaux que d'octroi, pour les employer en leurs menues nécessités. .	4,000,000
Plus pour toutes sortes de deniers qui se déboursent par toutes sortes de conditions de personnes, mais surtout par les grands et riches de la cour et des bonnes villes, outre ce qui est nécessaire de l'honneur et bienséance en cérémonies de jours solennels, étrennes, gâteaux des rois, chandeleur, festins, banquets, ivrogneries et crapules, amourettes, chasses, habits, meubles, équipages, bâtiments, jardinages, dorures, diaprures, bagues, joyaux, comédies, mascarades, ballets, danses, jeux, brelans et autres bombances, somptuosités, luxes et dissolutions superflues, au moins.	40,000,000
	239,500,000 liv.

(Économies royales, tome III.)

Dans ce tableau Sully a fait entrer les dépenses volontaires à côté des dépenses publiques et forcées; nous n'avons eu égard qu'aux dernières. Malgré l'inexactitude inévitable de certains chiffres, c'est un renseignement assez curieux : l'exagération même nous révèle le caractère de Sully, son antipathie de huguenot contre le clergé, et son esprit d'économie opposé au luxe.

NOTE XII. *Chapitre V, page 176.*

		Charges.	Parties de l'épargne.
Tailles.	44.000.000 l.	26.650.000 l.	17.350.000 l.
Ferme des aides...	4.000.000	3.600.000	400.000
Toutes les gabelles.	19.000.000	13.750.000	5.250.000
Parties casuelles. .	2.000.000		
Domaines et bois. .	1.100.000		
Cinq grosses fermes.	2.400.000		
Ferme de Bordeaux.	1.800.000		
3 livres par muid de vin à Paris, 30 sols anciens, et nouveaux 10 sols....	1.280.000		
Ferme des 45 sols au lieu des péages et droits.......	530.000		
9 liv. 18 sols de Picardie..........	174.000		
Ferme de Brouage.	254.000		
Foraine de Languedoc. Epiceries et droguer. de Marseille, et 2 pour 100 d'Arles.....	380.000	2.000.000	10.000.000
Tiers sur taux de Lyon.	60.000		
Nouvelles imposit. de Normandie. .	240.000		
Impositions de la rivière de Loire.	225.000		
Ferme du fer.....	80.000		
Autres fermes non détaillées.	177.000		
Subv. du clergé...	1.300.000		
Total...	79.000.000	46.000.000	33.000.000

(Richelieu, Testament politique.)

NOTE XIII. *Chapitre VI, pages* 192, 195, 202.

Etat des revenus en 1661.

		Charges.
Gabelles	14.500.000 l.	13.351.000 l.
Fermes des 35 sols de Brouage	324.000	8.669
Cinq grosses fermes	4.430.000	2.641.438
Convoi de Bordeaux	3.420.000	1.186.484
Patente de Languedoc	566.000	211.750
Aides	4.520.000	3.419.559
Entrées	3.690.000	2.008.198
Subvention de Rouen	120.000	
Gabelles de Languedoc	1.890.000	1.173.417
Idem de Lyonnais	1.048.000	678.361
Idem de Provence et Dauph.	2.050.000	1.112.981
Tiers sur taux de Lyon	60.000	
Quarantième de Lyon	120.000	
Recettes générales des pays d'élections	42.028.096	25.931.360
Idem des pays d'États		
Metz	126.000	36.000
Alsace	60.000	20.000
Domaine de Blois	20.000	
Don gratuit de Languedoc	1.500.000	220.000
Idem de Bretagne	1.500.000	220.000
Idem d'Artois	420.000	18.000
Idem de Bourgogne	700.000	140.000
Idem de Bresse et Bugey	150.000	
Revenus casuels	800.000	
Total	84.222.096	52.377.172

(Forb., tome I, pages 281, 304, 445, 555.)

Revenus de 1662.

		Charges.
Gabelles.	13.500.000 l.	8.933.049 l.
Ferme des 35 sols de Brouage.	350.000	8.669
Cinq grosses fermes.	5.650.000	2.065.083
Convoi de Bordeaux.	3.600.000	792.860
Patentes de Languedoc.	566.000	211.760
Aides.	5.211.000	3.409.976
Entrées.	4.720.000	2.455.390
Subvention de Rouen.	120.000	
Gabelles de Roussillon, Languedoc, Provence, Dauphiné.	5.670.000	2.988.750
Gabelles de Metz.	277.000	157.476
Postes.	100.000	
Domaines d'Alsace.	80.000	
Tiers sur taux et quarantième de Lyon.	180.000	
Ferme du tiers des domaines et droits aliénés.	1.000.000	
Domaines de Roussillon.	10.000	
Recettes générales des pays d'élections.	41.398.807	22.078.434
Idem des pays d'États.	206.000	36.000
Dons gratuits des pays d'États.	4.164.000	14.000
Revenus casuels.	800.000	
Total.	87.602.807	43.151.547
Net... 44.451.360		

Etat des revenus et des charges en 1670.

		Charges et diminutions.
Domaines.	3.475.000 l.	524.033 l.
Gabelles, aides et cinq grosses fermes.	40.031.000	12.202.392
Gabelles de Languedoc et Roussillon.	2.335.000	852.779
Idem de Lyonnais	1.471.000	218.032
Idem de Provence et Dauphiné.	2.027.000	572.453
Idem de Metz.	130.000	130.000
Tiers sur taux et quarantième de Lyon.	350.000	60.000
Recettes générales des pays d'élections.	34.019.709	7.090.220
Idem des pays d'États.	2.806.378	2.062.946
Dons gratuits des pays d'États.	3.493.136	142.417
Bois.	1.002.900	279.826
Revenus casuels.	3.198.183	1.719.754
Etapes et secondes parties.	1.999.579	
Total.	96.338.885	25.855.051 dont

environ 3.000.000 en diminution aux provinces qui souffraient.

Net.... 70.483.834.

Parties du trésor royal en 1683.

		Charges et diminutions.
Ferme générale des domaines..	4.470.036 l.	1.069.964 liv.
Ferme générale des gabelles...	8.730.707	
Secondes parties de ladite ferm.	52.927	9.019.293
Ferme des cinq grosses fermes.	10.923.854	
Secondes parties............	116.266	466.146
Ferme générale des aides.....	21.112.027	
Secondes parties............	6.650	887.973
Second quart des 2.260.000 l. en déduction des 7.300.000 l. dues par le précéd. fermier..	565.000	
Ferme des gabelles de Lyonnais.	1.402.244	141.756
Idem de Provence et Dauphiné.	1.549.774	530.226
Ferme du tiers sur taux et quarantième de Lyon.........	340.000	60.000
Ferme des gabel. de Languedoc.	1.456.393	899.607
Secondes parties............	4.665	
Ferme des droits de l'Amérique et du Canada.............	119.442	230.558
Recette générale de Metz et impositions d'Alsace.........	633.696	246.077
Recette générale et don gratuit de Béarn.................	25.108	94.078
Recette générale de Bourgogne et impos. pour les garnisons.	86.000	1.055.135
Don gratuit de Bourgogne et subsistance..............	883.333	
Subsistance de Bresse.........	205.265	
Impositions de Franche-Comté.	814.125	15.875
Impositions pour les garnisons de Languedoc.............	193.183	
Don gratuit de Languedoc....	2.326.294	73.706
Don gratuit de Provence et terres adjacentes..........	630.000	
Recette générale de Bretagne..	104.473	398.073
Don gratuit de Bretagne......	1.100.000	
Don gratuit d'Artois, reste de 1682.....................	133.333	
Idem en 1683...............	266.666	
Aides et dons grat. de Flandre.	1.250.600	
Revenus casuels............	2.000.000	
Bois.......................	1.014.373	300.854
Recett. génér. des pays d'élect.	2.195.996.216	
Principale seconde partie.....	1.980.625	10.400.368
Autre seconde partie.........	530.000	
Total...............	86.907.021 l. 16	25.889.689 dont

4.000.000 environ en diminution sur les tailles.

Dans le dernier tableau, les charges et diminutions ne sont pas comprises dans la première colonne; l'ensemble de la recette était donc de 112,876,706 liv.

Le lecteur peut juger par lui-même les résultats de l'administration de Colbert; il convient peut-être d'expliquer ce qu'on entendait par charges et diminutions. Toutes les dettes de l'État avaient pour gage un revenu, les aides, les gabelles par exemple; on commençait par payer les dettes perpétuelles, et ce qui restait était seul compris dans les *parties* du Trésor royal. Les gages de la magistrature étaient compris dans les charges; en effet, ce n'était pas une fonction publique qu'il s'agissait de rétribuer, mais une véritable dette. Le magistrat était devenu propriétaire de son office en payant le droit annuel; en outre, dans plusieurs occasions, ils avaient pris part à des emprunts déguisés sous le nom d'augmentation de gages; ils étaient donc créanciers de l'État.

On peut suivre dans la colonne des charges et diminutions le progrès des réductions; de 1661 à 1662, elles furent de huit millions environ.

NOTE XIV. *Chapitre VI, page 195.*

Relevé de tous les offices de justice et de finances du royaume en 1664.

Généralités.	Prix courant.	Gages.	Évaluation.	Annuel.	Nombre des officiers.
Offices de Paris...	157.402.100 liv.	2.447.542 liv.	58.911.955 liv.	504.167 l.	5.149
De la généralité...	7.211.090	176.365	4.656.500	42.860	3.111
Soissons..........	4.764.200	201.751	3.289.236	43.220	1.718
Amiens..........	6.178.790	176.945	3.442.877	50.413	1.705
Châlons..........	8.194.900	236.792	4.897.654	65.859	2.868
Orléans..........	9.282.460	361.080	5.944.933	61.167	1.895
Tours..........	15.008.900	314.739	8.451.898	95.467	3.012
Bourges..........	3.697.000	166.904	2.404.801	28.106	1.125
Moulins..........	6.626.500	178.656	3.538.844	41.048	2.062
Lyon..........	10.870.750	302.468	5.102.039	46.753	1.598
Riom..........	6.897.700	193.898	3.292.544	37.081	1.143
Poitiers..........	6.861.100	183.760	4.378.330	52.979	1.007
Limoges..........	5.504.350	179.433	2.864.668	32.442	1.052
Bordeaux..........	18.143.800	353.401	11.048.901	121.915	2.831
Montauban..........	6.057.650	176.985	3.248.493	40.800	1.497
Rouen..........	26.373.750	380.141	12.843.516	171.603	2.220
Caen..........	5.684.099	158.567	2.941.236	42.843	1.113
Alencon..........	5.577.550	125.685	3.298.463	37.789	1.056
Grenoble..........	12.693.600	288.765	4.918.803	64.337	1.049
Dijon..........	18.851.200	312.453	7.475.859	79.889	2.479
Toulouse..........	18.977.600	297.550	7.718.113	77.830	1.386
Montpellier..........	16.224.280	369.265	7.889.527	99.871	1.828
Aix..........	13.525.040	265.475	4.076.708	45.514	1.124
Pau..........	2.428.033	35.022	787.038	9.657	267
Metz..........	6.205.600	173.295	2.937.030	14.810	681
Bretagne..........	20.388.800	289.910	6.917.817	94.027	804
Total général...	419.630.842	8.346.847	187.276.978	2.002.447	45.780

Récapitulation des revenus et des charges en 1700.

Domaines	4.500.000 l.	1.635.891 l.
Gabelles de France, aides et cinq grosses fermes	48.726.750	30.205.971
Augmentation des gabelles de France	200.000	
Gabelles de Provence et Dauphiné	2.350.000	671.621
Idem de Languedoc et Roussillon	2.780.000	1.037.931
Postes	2.800.000	1.040.142
Tiers sur taux et quarantième de Lyon	340.000	
Ferme du tabac	1.500.000	155.318
Domaine d'Occident	550.000	192.261
Ferme des poudres, du contrôle des actes, etc	1.500.000	
Ferme du contrôle des bans de mariages	30.000	
Ferme des domaines réunis	600.000	
Recettes générales des pays d'élection	30.727.447	12.812.242
Idem des pays d'États	4.022.458	1.725.404
Dons gratuits des pays d'États	8.141.715	101.208
Bois	2.245.127	621.339
Revenus casuels	3.740.726	
Monnaie	1.062.036	
Etapes et secondes parties	3.424.780	
	119.241.039	50.199.328
Net	69.041.711	

État abrégé des revenus du roi comme ils étaient à la mort du feu roi au 1er septembre 1715, et des charges assignées sur iceux.

	Estimat.	Diminutions et charges.	Parties du trésor royal.
Fonds casuels.	Livres.	Livres.	Livres.
Parties casuelles.......	1.700.000		1.700.000
Bois.................	2.179.542	Charg. 922.276	1.257.266
	3.879.542	922.276	2.957.266
Impositions. Pays d'élections.			
Taille...............	41.287.178	Dim. 3.457 000 Ch. 24.473.635	13.356.543
Capitation, montant des rôles et cotes, affranchissement..........	14.065.915	Dim. 2.109.886	11.956.029
Dixième des biens-fonds.	13.750.627	Dim. 2.062.592	11.688.035
Dixième des charges....	760.779		760.779
	69.864.499	32.103.113	37.761.386
Pays d'États.			
Dons gratuits..........	6.248.183	Ch. 804.514	5.443.669
Capitation.............	8.833.284	Dim. 2.157.407	6.675.877
Dixième des biens......	4.708.366	Dim. 120.000	4.588.366
	19.789.833	3.081.921	16.707.912
Recettes générales desdits pays d'États et provinces réunies....	4.344.453	Ch. 2.905.773	1.438.680
Autres capitations......	2.920.615		2.920.615
Autres dixièmes.......	4.830.200		4.830.200
Fermes générales et particulières.			
Fermes générales.......	47.000.000	Ch. 51.000.000	

SUITE.

	Estimat.	Diminutions et charges.		Parties du trésor royal.
	Livres.		Livres.	Livres.
De l'autre part........	47.000.000	Ch.	51.000.000	
Fermes particulières.				
Domaine de Flandre....	700.000	Ch.	603.000	97.000
— de Longwy....	12.000			12.000
— d'Occident....	420.000	Ch.	197.000	223.000
De Metz et Alsace, et gabelles de Metz et Franche-Comté..........	1.020.000	Ch.	668.100	351.900
Tiers sur taux et quarantième de Lyon.......	240.000	Ch.	134.400	105.600
Francs-fiefs, amortissements, grefs réunis, présentations, affirmations................	723.750	Ch.	206.520	517.230
Postes................	3.100.000	Ch.	480.992	2.619.008
Tabac................	1.625.000	Ch.	18.000	1.607.000
Contrôle des actes......	3.000.000	Ch.	3.000.000	
Contrôle des exploits...	520.000	Ch.	268.000	252.000
Cartes...............	70.000			70.000
Courtiers-jaugeurs.....	300.000	Dim.	300.000	
Trésoriers de la Bourse commune des huissiers de Bretagne.........	20.000			20.000
Huiles...............	550.000	Dim.	550.000	
Rehaussement du sel en Franche-Comté......	120.000			120.000
Inspecteurs des boissons.	527.100	Ch.	327.100	200.000
	59.947.850		57.753.112	6.194.738
Total général..........	165.576.792		96.766.195	72.810.797

Il faut déduire de la partie du trésor royal pour le manque de fonds sur les charges des fermes générales : 4.000.000

68.810.797

TABLE DES MATIERES.

FIN DE LA TABLE DES MATIÈRES.

www.ingramcontent.com/pod-product-compliance
Ingram Content Group UK Ltd.
Pitfield, Milton Keynes, MK11 3LW, UK
UKHW012008240726
13965UKWH00001B/227

9 782013 460484